BREVE HISTORIA DE LA ECONOMÍA

BREVE HISTORIA DE LA ECONOMÍA

Santiago Armesilla

nowtilus

Colección: Breve Historia
www.brevehistoria.com

Título: *Breve historia de la economía*
Autor: © Santiago Armesilla
Director de colección: Luis E. Íñigo Fernández

Camino de los Vinateros 40, local 90, 28030 Madrid
www.nowtilus.com

Elaboración de textos: Santos Rodríguez

Diseño y realización de cubierta: Universo Cultura y Ocio
Imagen de portada: Denarios (monedas romanas)

ISBN edición impresa: 978-84-1305-026-3
ISBN impresión bajo demanda: 978-84-1305-027-0
ISBN edición digital: 978-84-1305-028-7
Fecha de edición: marzo 2019

Impreso en España
Imprime:
Depósito legal: M-6307-2019

A Vicente Caballero de la Torre
y a Alicia Melchor Herrera

Índice

Prólogo

Ningún producto humano se crea al margen de la historia y la geografía que lo contienen. Por ello, antes de hablar del libro, no estarían de más unas pocas líneas acerca su autor, Santiago Javier Armesilla, para quien el método científico es el marco legitimador de un compromiso militante que actúa de motor. Él es joven y es español. Es de esos que vienen a patear el tablero con ímpetu, pero con una propuesta de qué hacer después. DEA, maestría, doctorado, libros, *papers* y divulgación son los soportes que utiliza para encender una luz de esperanza para un mundo que ha perdido el rumbo (o lleva uno con destino horrible).

Breve historia de la economía es un título que no le hace del todo honor a la obra que estáis por leer. Sí, es eso, pero es mucho más también. Es un libro que os mostrará cosas nuevas y sobre todo os enseñará nuevas perspectivas para reentender cosas conocidas.

Imagino leer este libro como quien ve con el médico una radiografía. Uno ya la había visto antes, sabía qué era hueso y que no, pero había cosas que no comprendía sin siquiera ser consciente de ello. Cuando él nos la enseña, la fisura o el proceso infeccioso del que no nos habíamos percatado aparecen con claridad. Lo mismo produce esta obra, nos muestra cosas que habíamos visto, pero dotadas de una comprensión nueva.

Lo primero que —aun sabiéndolo— uno entiende de un modo más claro y más profundo es que Estado y propiedad privada son funcionales entre sí. Y que lo social, el campo económico, el Estado y cualquier institución son históricos. Al arrancar desde la prehistoria entendemos de dónde viene aquello de lo que se nos está hablando. Técnica, poder, economía y política van hilvanándose ofreciendo al lector una mirada no ortodoxa o tradicional (refiriéndonos así a la neoliberal que inunda el sentido común y los medios). Esa que nos enseña que la economía es la ciencia que estudia cómo se distribuyen los bienes escasos. El libro logra presentarnos la economía vista desde los cristales de la antropología y la historia.

Y claro que también muestra cosas que tal vez no habíamos visto y sobre estas hay que volver más de una vez para convencerse, como por ejemplo que es la técnica la que produce al hombre y no al revés (si no lo convenzo, lea el libro y verá que sí).

Es por todo esto que esta *Breve historia de la economía* es un libro que atrapa y que será referencia tanto para legos como iniciados.

José Muzlera[1]

[1] Lic. y Prof. en Sociología (UBA), Mg en Cs. Sociales (UNGS-IDES) y Dr. en Cs. Sociales y Humanas (UNQ). Actualmente se desempeña como Investigador del CONICET y del CEAR UNQ y es coordinador y docente del Área de Sociología de la UNQ.

Introducción. La construcción del campo económico, visto desde una perspectiva histórica

La editorial Nowtilus, tras publicar *La economía en 100 preguntas*, obra en la que trato de presentar, todo lo minuciosamente que puedo, las categorías propias del campo económico en un formato adecuado para combinar el ensayo con la divulgación, me propone emprender de nuevo la redacción de un libro sobre economía. El formato ahora es distinto. Aquí también es viable entretejer ensayo y divulgación, pero mientras que la colección Cien Preguntas Esenciales es óptima para presentar las líneas fundamentales que componen cualquier disciplina o rama del saber, la colección Breve Historia es adecuada para presentar cómo esos lineamientos surgen, se conforman y evolucionan hasta convertirse en categorías objetivas, concretas e históricas, cerrándose como tales, pero no estancándose, sino siguiendo un curso también histórico, con las categorías económicas ya en marcha influyendo en las mismas sociedades históricas que las produjeron. Solo por ello, el primer párrafo de este libro es de agradecimiento a Nowtilus por volverme a dar esta oportunidad, por el apoyo brindado y por la gestión editorial tan profesional que desarrollan.

Breve Historia de la Economía no es un libro sobre la historia del pensamiento económico, aunque en varias partes se traten las aportaciones que, desde dentro o desde fuera se han realizado a la disciplina, y por motivos cronológicos, esto es, porque surgen de manera previa al cierre del campo, aunque se traten también aportaciones posteriores al mismo. Por extensión, no es una historia del análisis económico complementaria de aquella, de la cual ya dio cuenta Joseph Schumpeter en un libro póstumo editado en 1954 que es ya un clásico de la economía política. Tampoco es una historia de la disciplina en sí, desde su surgimiento hasta nuestros días, aunque en parte la incluya. Dedicar un libro solo al desarrollo de la disciplina, sin tener en cuenta cómo esta surge y por qué, acotaría demasiado el marco de exposición de las categorías económicas, y consistiría en una reiteración excesiva de lo dicho ya en *La economía en 100 preguntas*. Lo que exponemos en *Breve Historia de la Economía*, en un formato conciso y apto para alumnos de economía, historia, humanidades o filosofía de bachillerato, de formación y orientación laboral en Formación Profesional, para estudiantes universitarios del grado de economía y otras disciplinas de las ciencias humanas, de la filosofía o del derecho, así como para personas interesadas en historia económica, es la historia de la producción del campo económico, de sus categorías, desde una perspectiva evolutiva, material (no ideal), objetiva y concreta. De ahí que este libro y *La economía en 100 preguntas*, aunque pueden leerse aparte, en buena medida se complementan. Las categorías expuestas en *La economía en 100 preguntas* se han construido de manera objetiva, concreta e histórica, y la raíz, el cuerpo y el curso de esta construcción es lo que, evolutivamente, exponemos aquí. Sin estas categorías, no habría pensamiento ni análisis económico. Por lo que la historia de estas categorías es la historia, y también la prehistoria, del campo económico.

No por breve es menos sistemática la exposición de hechos fácticos que presentamos en el escrito que aquí empieza. Por ello, el recorrido que haremos desde las primeras herramientas técnicas hasta la globalización actual tiene un hilo conductor: el campo económico es obra humana, y no es posible entender al ser humano histórico sin dicho campo, para bien y para mal. El hombre construye categorías históricamente, la mayor parte de las veces sin ser consciente de ello en los inicios de dicha construcción. Es *a posteriori* cuando se puede reconstruir el proceso histórico de esas construcciones. Y de ello va este libro.

1

Paleoeconomía y antropología económica

La paleoeconomía y la antropología económica son las subdisciplinas de la economía política encargadas de estudiar las formas sociales humanas preeconómicas y prepolíticas. Mientras que la primera estudia las reliquias, fósiles y herramientas prehistóricas que fabricaban los homínidos del Paleolítico, el Epipaleolítico o Mesolítico, del Neolítico y de la Edad de los Metales; la segunda investiga las sociedades que, ya durante el período histórico o civilización, desarrollan comportamientos, instituciones y ceremonias que recuerdan a los estadios prehistóricos. Estos estadios fueron clasificados por el antropólogo Lewis H. Morgan (1818-1881) y el filósofo Friedrich Engels (1820-1895) como salvajismo (Paleolítico, Mesolítico) y barbarie (Neolítico, Edad de los Metales). El estadio histórico que llamaron civilización (historia) lo trataremos después, pues es en este en el que surge la economía política como tal. Antes no había economía política, y, por tanto, no había campo económico ni categorías económicas. Pero la semilla de dichas categorías, que germinó con el surgimiento progresivo de las primeras sociedades políticas en la transición de la Edad de los Metales a la historia, nació en la prehistoria. Así pues, la raíz o núcleo del campo económico, que tardó en empezar a gestarse entre hace 2,4 millones de años, con el surgimiento datado del *Homo habilis* como primer homínido capaz de producir las primeras herramientas líticas, y las primeras sociedades políticas surgidas hacia el IV milenio a. C. (antes de nuestra era), es fruto de un larguísimo período de tiempo, correspondiente a la producción de las primeras herramientas hasta llegar a la técnica manufacturera de la Edad de los Metales. La herramienta es, por tanto, la raíz del campo económico y, por extensión, también del político. La producción de herramientas permitió a los homínidos evolucionar como especies hasta llegar al hombre actual, al *Homo sapiens*. Con ellas transformó la naturaleza de su mundo entorno, y a sí mismo, de tal manera que se hizo hombre mediante su propio trabajo.

Antes de describir estos procesos tan extensos en el tiempo, es necesario aclarar algunas cuestiones previas. La primera es que el proceso evolutivo que permitió a las especies de homínidos evolucionar mediante la producción de herramientas a través de técnicas de transformación de su mundo-entorno (primero de manera tosca y primitiva y más tarde de manera cada vez más refinada) es lo que produjo el hombre como tal, y no al revés. Entre estas técnicas y herramientas, además de objetos físico-corpóreos, encontramos elementos como el lenguaje, primero hablado y luego escrito. El proceso evolutivo de la protoescritura entre el Paleolítico Superior —cuando el *Homo sapiens* era la única subespecie de homínido ya existente, tras la extinción del hombre de Neanderthal— y el surgimiento de la escritura cuneiforme hacia el 4000 a. C. y, con ella, de las primeras sociedades políticas, es también un proceso técnico. En él, las palabras son también herramientas que, poco a poco, se ordenan y sistematizan en lenguajes que permiten comprender y clasificar las herramientas físico-corpóreas producidas con las manos y, también, organizar las sociedades humanas de manera cada vez más compleja y eficaz. Al producir estos homínidos los elementos fundamentales para la generación de las diversas categorías que conforman las distintas disciplinas del saber técnico (caza, pesca, recolección, artesanía, alfarería, agricultura, ganadería, regadío, herrería, forja, escritura, primeras formas arquitectónicas, etc.), de las cuales surgen las primeras ciencias (formales, matemáticas, como la geometría en la Antigua Grecia), producían al mismo tiempo al hombre como categoría histórico-filosófica. Y no al revés, insistimos. No es el hombre el que produce la técnica, sino la técnica la que produce al hombre. Esto invierte el razonamiento del *Homo oeconomicus* de la economía neoclásica, que afirma que el *Homo sapiens* ya se mueve en su mundo-entorno tratando de maximizar su placer, evitando el dolor, recabando información y actuando en consecuencia con el objetivo de obtener el máximo beneficio con el menor coste posible. La teoría neoclásica del *Homo oeconomicus* entiende que la especie ya se mueve, de manera natural, con fines lucrativos, económicos, protoempresariales, y que eso es lo que hace que la economía surja. Es al revés: el comportamiento propiamente económico de los sujetos comienza cuando el campo económico, como tal, comienza a conformarse históricamente. Y ese es un proceso más cultural que natural, aunque la raíz de sus categorías sea prehistórica. Para producir las categorías económicas, además, los sujetos han de colaborar, en ocasiones, sacrificando la evitación del dolor y la búsqueda del placer en el sentido que la teoría del *Homo oeconomicus* defiende. De hecho, el *Homo oeconomicus* es un modelo cuyo intento de abstracción no consigue concretarse en ningún comportamiento económico real, a ningún nivel. El sujeto que, naturalmente, maximiza sus opciones vitales de manera supuestamente racional y egoísta —mediante la posesión de dinero con el que puede, a su vez, poseer bienes—, es un sujeto teorizado a finales del siglo XIX que, de manera anacrónica, se ha proyectado a toda la especie humana para justificar el orden capitalista como orden natural de las cosas.

En realidad, la construcción evolutiva de las categorías económicas, desde la prehistoria, ha sido realizada por sujetos que, en diversas sociedades, han carecido en ocasiones de la posesión de bienes y dinero para poder hacerlo e, incluso, si los hubieran tenido no habrían podido conformar dichas categorías, empezando por las herramientas técnicas iniciales. El *Homo oeconomicus* nunca ha existido de verdad, porque la producción histórica de las categorías económicas no ha sido perseguida por fines maximizadores de ninguna inexistente utilidad, sino que han sido producidas y (co) ordenadas categorialmente mediante la cooperación y la acumulación intergeneracional de millones de personas, tanto las ya fallecidas como las vivas, cuyos fines supuestamente egoístas o altruistas son indiferentes a la hora de conformar los nodos que anudan dichas categorías. Y las expectativas personales de éxito son absolutamente irrelevantes, pues son los resultados objetivos, determinados externamente, los que permiten calibrar si los fines perseguidos por los distintos actores han tenido o no sentido alguno.

La segunda cuestión aclaratoria previa, relacionada con la anterior, es que la economía política reconstruye el pasado humano antes de su surgimiento como disciplina en tanto que posee categorías para ello. Lo mismo hace la biología al conceptualizar clasificaciones de seres vivos y al reconstruir la idea de naturaleza como conjunto de clases, órdenes, familias, géneros y especies de seres vivos que no existían como tales antes de la biología como ciencia categorialmente cerrada. Las ciencias no desvelan una realidad previa a su existencia. Lo que hacen es construir operatoriamente, durante generaciones y generaciones, y en diversos períodos históricos, verdades que, entretejidas sólidamente entre sí, configuran los campos que les son propios, y que llegan a ser independientes e indiferentes de las manos que las produjeron. De esta manera, prueban su verdad de manera sistemática a través de sucesivos experimentos que ni se improvisan ni relativizan su curso posterior. Como afirmó el biólogo francés Jean-Baptiste de Lamarck (1744-1829) en su obra *Filosofía zoológica* de 1809:

> [...] debemos reconocer que las clases, los órdenes, las familias, los géneros y la nomenclatura que se refieren a las producciones de la naturaleza, son medios de nuestra invención, de los que no podríamos prescindir, pero que hay que emplear con discreción, sometiéndolos a principios convenidos, con el fin de evitar los cambios arbitrarios que destruyen todas sus ventajas.

La economía también debe ser prudente para evitar cambios arbitrarios en el entendimiento de la construcción histórica de sus categorías. En biología, la materia inorgánica es precondición necesaria para la vida orgánica (abiogénesis), pero no es vida en sí. De igual manera, en economía política, las herramientas técnicas y la cooperación entre sujetos para la transformación de su mundo-entorno natural y para la producción e intercambio de dichas herramientas es precondición necesaria para el surgimiento de categorías económicas. Sin embargo, como parte fundamental y prístina de la raíz o núcleo de dicho campo no constituyen categorías económicas como tales, es decir, no son economía ni doméstica ni política. Para que el núcleo de la razón económica, del campo económico, surja, la técnica prehistórica ha tenido que evolucionar hacia la producción de sociedades políticas complejas, de civilización, de historia. Solo así el hombre puede surgir, y desarrollar categorías económicas. La idea de *Homo oeconomicus*, al afirmar justo lo contrario, resulta ser una idea ahistórica y, por tanto, metafísica y en absoluto económica.

La tercera y última cuestión tiene que ver con las ramas de la economía política que más han estudiado la raíz primigenia que permitió conformar dicha disciplina, las ya mencionadas paleoeconomía y antropología económica. Nombres como los ya mencionados de Morgan y Engels, de Karl Marx (1818-1883), de Marcel Mauss (1872-1950), Karl Polanyi (1886-1964), Marshall Sahlins (1930) o Maurice Godelier (1934) han aportado, desde fuera o desde dentro de estas ramas, conceptos fundamentales para entender el papel que jugó la evolución de la producción técnica de herramientas en la transformación de los homínidos y en el paso de las sociedades humanas salvajes y bárbaras a las primeras sociedades políticas complejas.

Por tanto, la exposición que viene a continuación en este primer capítulo será una combinación de los hallazgos de estos economistas, antropólogos, sociólogos y filósofos de la historia. En otras palabras, expondremos los logros conjuntos de la paleoeconomía y de la antropología económica a la hora de fundamentar la historia de la economía, de las categorías del campo económico, en la larga prehistoria humana. Lo que sigue en este capítulo es una brevísima prehistoria de la economía.

Paleolítico y transición mesolítica. El origen de la herramienta

El *Australopithecus* es comúnmente aceptado como el ancestro del género *Homo*. Pertenece a la subtribu denominada *Hominina*, y surgió hace 4,2 millones de años, fecha en la que se han datado los fósiles más antiguos que se han logrado encontrar y catalogar. Todas las especies de *Australopithecus* categorizadas tienen en común que pertenecen al primer género de homínidos que se desplazaban a dos patas, las traseras. Otra característica común, no menos importante, es que todas vivieron en el continente africano. Desde el sur hasta el este de África, se han encontrado centenares de restos de *Australopithecus*. Su hallazgo explica, en buena medida, por qué comenzaron a andar de manera bípeda. Entre el norte del actual Mozambique y África oriental, llegando al golfo de Adén que separa el mar Rojo del océano Índico, se extienden grandes ríos y lagos, como el lago Victoria, el mayor de África, y lugar donde nace el segundo río más largo del mundo, el Nilo (el primero es el Amazonas, en América del Sur). Toda esa región estaba llena de selvas tropicales hace más de veinte millones de años. Pero la constante actividad volcánica de la zona por aquel entonces, con sus consiguientes movimientos tectónicos, provocó una enorme ruptura geológica en África oriental que originó el llamado Gran Valle del Rift, ocupando toda la región geográfica de los grandes lagos africanos que hemos delimitado en este mismo párrafo. Aunque la mayoría de volcanes del Rift cesaron su actividad hace mucho tiempo, la actividad tectónica no lo ha hecho. Se cree que en un futuro lejano el Rift se agrandará hasta desgajar del todo África oriental del resto del continente, originando un continente nuevo. La generación del Gran Valle del Rift, junto al lento y progresivo enfriamiento del clima, provocó que la selva

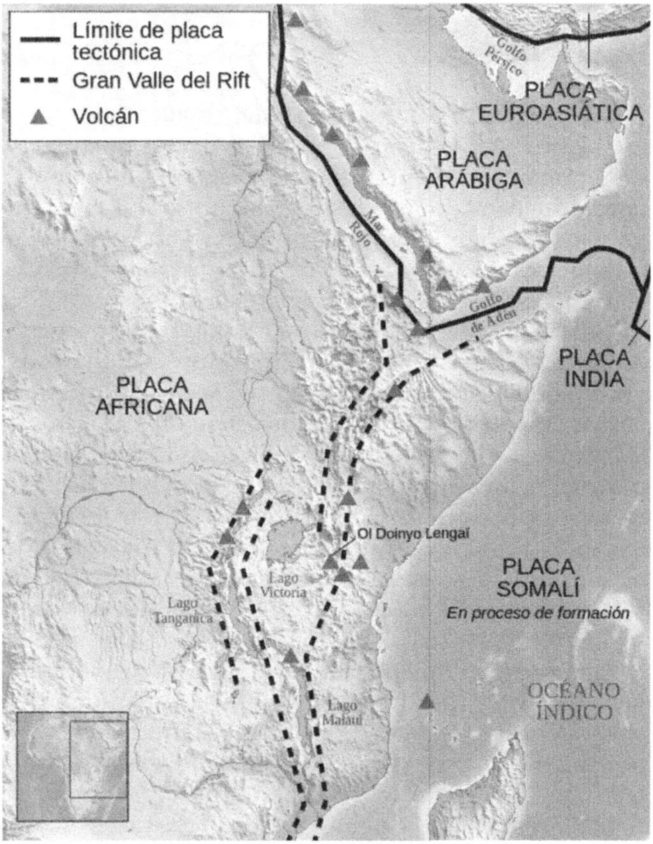

Mapa del Valle del Rift

diera paso a una vasta sabana, árida en muchas zonas, la cual se mantiene a día de hoy. El decreciente arbolado tropical en África oriental y del Sur provocó que algunas especies bajaran de los árboles que quedaban, para poder buscar comida en la sabana. El mayor éxito biológico de esas especies lo alcanzarían aquellas que lograron desplazarse de manera bípeda, pues así podían moverse con mayor seguridad por la gran sabana africana y divisar comida con mayor éxito. Así surgieron los homínidos del género *Australopithecus* mientras, al oeste del Gran Rift, simios de todo tipo siguieron desplazándose a cuatro patas por las grandes selvas que todavía existen en África central y occidental.

Derivado del *Australopithecus* surge el género *Paranthropus*, robusto y con una capacidad craneal mayor. *Australopithecus* y *Paranthropus* son géneros comúnmente denominados como *Australopitecinos*. Ambos eran bípedos, físicamente más robustos que el resto de simios contemporáneos a ellos, y su mayor capacidad craneal suponía un cerebro superior. Tenían las manos libres para coger frutas, piedras y palos, así como huesos de otros animales que comían en sus cuevas. Eran omnívoros, pero no consta que fuesen cazadores. Más bien solían ser presa de depredadores como los dientes de sable, contemporáneos de muchas especies de homínidos durante la era geológica del Cenozoico, en la que todavía nos encontramos desde hace sesenta y seis millones de años. Lo más probable es que los *Australopitecinos* fueran carroñeros, y que la destreza manual que desarrollaron durante los millones de años que vivieron, muchos más que el género *Homo* al que nosotros pertenecemos, la emplearan para el uso de objetos que, en ningún caso, utilizaban como utensilios transformados, o al menos hasta ahora no consta.

Cuando todavía vivía el *Paranthropus* aparecieron unos nuevos homínidos aún más fornidos, con más capacidad craneal y, por primera vez, con una clara asociación con utensilios transformados, no meramente almacenados. Era el *Homo habilis*, el primero en modificar las cosas que se encontraba (palos, piedras...) y en producir herramientas. Estas son, al mismo tiempo, instituciones que, cada vez con mayor complejidad y

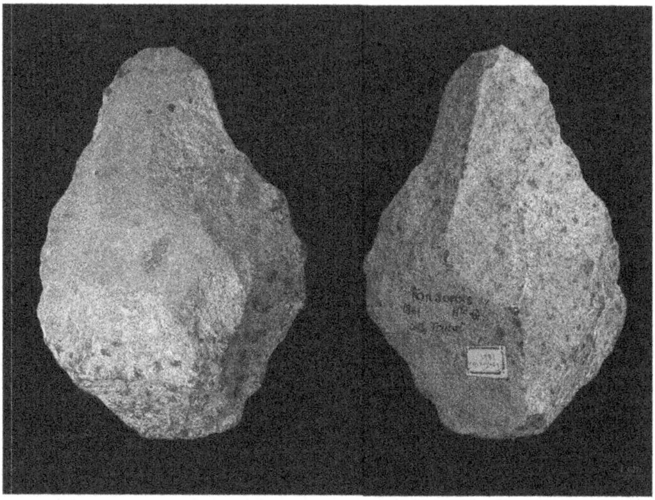

Chopper olduvayense

Chopping Tool olduvayense

precisión, siguen pautas de conformación que acaban siendo regladas. Hace ya 2,4 millones de años, el *Homo habilis* fabricó las primeras herramientas, modificando muy parcialmente su mundo-entorno natural y creando la primera cultura, la olduvayense, llamada así porque las herramientas más antiguas de *Homo Habilis* encontradas se hallaron en el valle africano de Olduvai, al este de la llanura del Parque Nacional del Serengueti, en la actual Tanzania, y dentro del Gran Valle del Rift. El género *Homo*, al cual pertenece la especie *Habilis*, es llamado también con toda justicia *Homo faber*, 'el hombre que fabrica cosas' y que al hacerlo se va conformando como tal. El político y padre de la patria estadounidense, Benjamin Franklin (1706-1790), afirmó que el hombre es el animal que hace herramientas. Así, la primera técnica de producción de herramientas, modificando la naturaleza para gestionar mejor la adquisición de recursos de la misma, fue producto del *Homo habilis*. Esta técnica fue la cultura olduvayense, o de los cantos tallados. El instrumento tipo del olduvayense fue una piedra que, al ser golpeada con otra piedra o percutor para hacer saltar esquirlas o lascas, transforma el extremo de la primera obteniendo un filo cortante. Esta cultura desarrolló tanto el filo por una sola cara (*chopper*) como por ambas caras de la piedra (*chopping-tool*). La tosquedad de estas herramientas a veces hace difícil distinguir si la rotura de la piedra es accidental o intencionada. Pero lo que sí ha quedado demostrado es que las lascas restantes del pulimiento de piedras se utilizaban para el procesado de alimentos. La producción cultural olduvayense demuestra que el Homo habilis utilizó esta técnica rudimentaria de manera reiterada y durante mucho tiempo. También que, en sus desplazamientos, portaban dichas herramientas con las que operaban en todos los lugares en que encontraban comida (carroña si era carne), la cual compartían los sujetos entre sí en el mismo lugar en que la encontraban y la cortaban directamente sobre los huesos de los animales. Con las piedras pulidas podían cortar partes de los animales y vegetales que encontraban para comer, aprovechando lo que más les nutría y desechando lo que menos. Este tipo de técnica pulimentadora de instrumentos fue heredada por especies posteriores de Homo y complejizada durante cerca de dos millones de años, lo que duró todo el período Paleolítico.

Al habilis le sucedieron el *Homo ergaster* y el *Homo erectus*, que aparecieron hace dos millones de años. La taxonomía de esta especie es complicada, debido a la diversidad de rasgos encontrados en diversas partes del mundo que suelen asociarse a la misma, pero lo que sí puede afirmarse es que el clasificado como *erectus* fue el primer homínido en salir de África, continente que acabó poblando casi por completo de norte a sur, llegando a Asia. Este pulió el instrumento cortante, produciendo el bifaz o hacha de mano, algo típico de la cultura Achelense que desarrolló. El *erectus* vivió hasta hace unos setenta mil años, y se considera que la transición entre el *erectus* y el *Homo sapiens* se produjo hace cuatrocientos mil años.

La fabricación de herramientas y la adaptación a un cambiante entorno natural durante todo el Paleolítico fue la tónica habitual de la evolución de los homínidos. Además del bifaz, el *erectus* aprovechó las lascas para generar instrumentos con los que rascar, raer, perforar, hendir, muescar y cortar. También empezaron a utilizar huesos no trabajados como armas y palos de madera con la punta endurecida. El aumento del número de herramientas líticas refleja una cada vez mayor dependencia de la técnica para un mayor aprovechamiento de los recursos alimenticios. El uso del sílex, más duro que la cuarcita, permitió al *erectus* usar materias primas de mayor calidad para fabricar herramientas, lo que denota

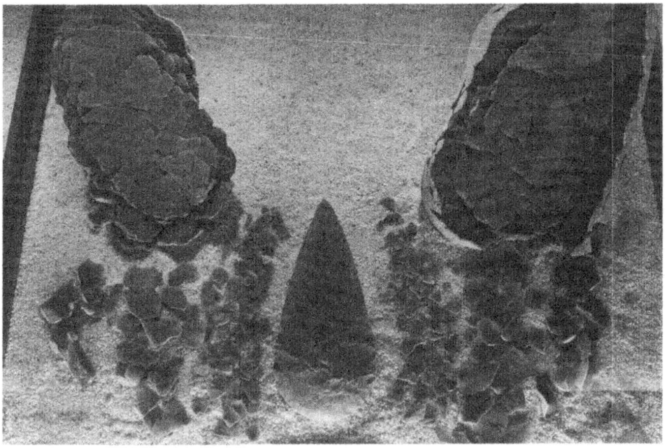

Restos de fabricación del bifaz de sílex del *Homo erectus*

una racionalidad operatoria considerable a la hora de escoger los mejores recursos para conformar su cultura. El desarrollo de la llamada técnica Levallois, llamada así por la localidad francesa donde fueron encontradas herramientas que seguían esta técnica por primera vez, permitió producir lascas estandarizadas de varios tamaños y formas con apenas retoques. Esta técnica puede considerarse el primer trabajo en serie jamás realizado, perfeccionado más tarde con la obtención de láminas a partir de lascas. De esta manera, se ahorraba en el empleo de la materia prima y se aceleraba el proceso técnico de trabajo de la obtención de lascas, aunque se requería una mayor inversión de tiempo de trabajo socialmente necesario para preparar el núcleo productor de láminas. El *erectus* es, también, el primer homínido en dominar el fuego. Junto con la técnica Levallois, el dominio del fuego permitió al *erectus*, al neandhertal y al *sapiens* mejorar la vida de las bandas, clanes y tribus de cazadores y recolectores que solían vivir de manera nómada, asentándose temporalmente en campamentos al aire libre o en cuevas, pues ahora podían obtener para el grupo calor, iluminación, defensa ante depredadores u otros grupos de homínidos, y preparación y cocinado de alimentos. Es probable que el dominio del fuego permitiera a los homínidos poder dormir en el suelo de los campamentos y dejar de subir a los árboles para ello. El fuego permitió delimitar técnicamente el hogar de estos grupos, que lo protegieron y rodearon con pequeñas piedras, cubetas o estructuras de tierra cocida o arcilla. Con el fuego se endurecieron las puntas de los palos de madera dando lugar a las lanzas, muy útiles para la caza. Con el dominio del fuego aparece, también, la iluminación nocturna, muy útil para la vigilia en los campamentos y para proteger al grupo. También aparece entonces el uso de pieles de animales para protegerse del clima (vestimenta), muy útil en los largos desplazamientos que expandieron a los homínidos por todo nuestro planeta. Los instrumentos de caza, de cocina, pieles para ropa y para levantar arcaicas cabañas en las que meter al grupo para protegerse del clima y de depredadores, eran producidos, acumulados, transportados, desechados y renovados a medida que los homínidos evolucionaban, aumentaban su robustez y su capacidad craneal, y se desplazaban por todos los continentes, sobreviviendo a las glaciaciones y otras inclemencias. El trabajo iba produciendo al hombre a medida que el hombre transformaba su mundo-entorno. La población aumentaba, y la capacidad de adaptación a una gran diversidad climática, también. Esta adaptación requería comportamientos diversos porque los recursos eran diferentes, y debían ser obtenidos de distintas maneras, diversificando ya las culturas paleolíticas. Las necesidades objetivas de estos grupos les obligaban o bien a asentarse en zonas ricas en cuevas, por la protección y calor que proporcionaban, o

Lascas producidas con la técnica Levallois

Homo erectus dominando el fuego

bien a instalarse en campamentos al lado de ríos, lagos y zonas pantanosas. En las zonas más frías el procesamiento de alimentos fue tan refinado que la carne empezó a ser congelada para su mejor conservación. Aunque es probable que muchos grupos fracasaran en su intento de gestionar sus recursos, el éxito adaptativo, cada vez más complejo y seguro, es indudable.

El *erectus* se extingue y es sucedido por dos especies *homo*, la *neanderthalensis*, extinta hace unos 30 000 años, y la *sapiens*, a la que pertenecemos los seres humanos actualmente vivos. Ambos heredaron las instituciones técnicas de las especies anteriores, pero solo el *Homo sapiens*, en tanto que *Homo faber* más refinado, evolucionó hacia formas culturales y de administración de recursos que fueron la base para la evolución del salvajismo a la barbarie. Durante el Paleolítico superior, último período paleolítico tras el Paleolítico inferior (iniciado hace 2,5 millones de años y finalizado hace 147 000 años, caracterizado por las culturas olduvayense y achelense) y el Paleolítico medio (finalizado hace 40 000 años, caracterizado por la cultura musteriense de hachas y cuchillos de sílex muy rudimentarios, utilizados por los neanderthales, en una época en la que además surgen los primeros cultos numinosos primarios al oso de las cavernas y diversos rituales funerarios y canibalísticos), el *sapiens* se desarrolló mediante la sucesión, o existencia contemporánea, de varias culturas técnicas:

- La châtelperroniense: hace 36 000 años, en la que aparecen cuchillos más rectilíneos.
- La auriñaciense: entre 40 000 y 30 000 años, en la que el uso de materia orgánica, sobre todo huesos para mangos de armas, empieza a producirse.
- La gravetiense: hace 30 000 años, en la que aparece la arcilla cocida para una arcaica cerámica.

- La solutrense: 21 000 a 18 000 años, período de transición de auge del arte rupestre, de huesos tallados y de la producción de agujas para tejer y anzuelos para pescar.
- La magdaleniense: hace 12 000 años, en la que los grupos se vuelven semisedentarios, muchos alrededor del mar con lo que se producen los primeros arpones y las primeras embarcaciones de madera, así como los primeros templos con decoración numinosa de animales, como el de Göbekli Tepe, en la actual Turquía.

Durante todo el Paleolítico superior, el *sapiens* llega prácticamente a todos los continentes, también llegó a América hace más de 14 000 años por el estrecho de Bering, que separa Alaska de Siberia, y que al deshelarse tras el fin de la glaciación de Würm —que abarcó todo este período prehistórico—, aisló a ambas poblaciones por milenios. El *sapiens* del Paleolítico superior es semisedentario. Se han encontrado restos de hogares, hoyos para postes y otras estructuras, evidencias de adecuación de cuevas y construcción de chozas para vivir, bien sea con ramas y vegetales (algo que todavía hacen pueblos cazadores y recolectores como los bosquimanos), bien con huesos de mamut, que se tardaban más tiempo en edificar y necesitaban de otros materiales, aunque tenían la pretensión de perdurar como asentamientos seminómadas. Estos asentamientos, al durar más tiempo que los más efímeros de antes, permitían actuar sobre un territorio mayor a la hora de explotar recursos de todo tipo para mantener estable el poblamiento. Algunos alcanzaban incluso los 6000 kilómetros cuadrados (por ejemplo, varios grupos de paleoesquimales), y lo que recogían se distribuía en distintos lugares que cumplían diversas funciones: lugares de matanza de animales, de descuartizamiento de los cadáveres, campamento base o estacional, puestos de caza individuales o colectivos, habitáculos puntuales, lugares de extracción de materias primas, almacenes de alimentos o de diversos materiales para elaborar objetos, etcétera.

Durante este período la caza se perfeccionó, surgieron el arco y las flechas, y tenemos constancia de que existió la división de tareas por sexos, pues la recolección la realizaban las mujeres en muchos casos (como ocurre todavía con los pueblos pigmeos). El uso de la técnica y esta división de tareas variaba en cada poblado según el entorno natural y el clima, así como según la alimentación, todos ellos factores que determinaron la aparición de rasgos distintos entre los pueblos de *sapiens* dispersos por todo el globo, que se conservan hasta hoy día. Los enterramientos fueron los primeros asentamientos estables de seres humanos, aunque eso sí, muertos. Incluso, después de abandonar el lugar, al morir alguien cerca del enterramiento, lo llevaban allí.

Hacia el 10 000 a. C., cuando la glaciación de Würm termina y aumentan las temperaturas, se reduce la extensión de las tierras emergidas y la de las costas, lo que afecta a los desplazamientos humanos, los cuales buscaron mayores altitudes tierra adentro, aunque otros permanecieron cerca del mar y los océanos. Cambia también la distribución de la vegetación, por lo que las estrategias de subsistencia del *sapiens* tuvieron que evolucionar, pues el nuevo período geológico surgido —llamado Holoceno o Antropoceno (por ser el período de hegemonía del *Homo sapiens* como especie dominante) y que dura hasta hoy— obligó a las poblaciones humanas a adaptarse a nuevos hábitats surgidos entonces, algo que realizaron con éxito.

El *sapiens* prosperó en todos los ambientes climáticos de la Tierra, y lo hizo gracias a la capacidad de adaptación que tiene y al uso de la técnica para transformar la realidad que se encontraba. Es entonces

Homo sapiens en el Paleolítico superior

cuando se da un período de transición cuasi universal entre el Paleolítico y el Neolítico, llamado Mesolítico o Epipaleolítico, cuya duración varía en cada lugar. En el Mesolítico, la caza mayor (la de animales salvajes grandes) seguía siendo la actividad principal en la que basaban su producción alimenticia cárnica, aunque tras el fin de la glaciación el tamaño de las piezas cazadas era ya menor. Por lo que la caza menor empieza a generalizarse, así como la explotación de recursos vegetales que en épocas anteriores no se consumían y que habían aumentado debido al cambio climático. Se empezó a destinar más tiempo a estas actividades para poder igualar el consumo de alimentos de antes del fin de la glaciación. Y el aumento de tiempo conllevó centrarse en el consumo de animales más abundantes, pero más estacionarios geográficamente. La recogida de frutos secos duraba mucho tiempo, que luego se ampliaba con su procesamiento. Pero aportaban más proteínas, robusteciendo a la especie, y además se podían almacenar.

Aparece la siega de cereales, la trilla y descascarillado antes de su consumo. El trigo empieza también a ser almacenado. En las poblaciones costeras ocurre lo mismo con el marisqueo de toda clase. La pesca requería mayor cantidad de horas de trabajo, pues su consumo debía ser inmediato lo que hizo desarrollar su conservación mediante técnicas de salado y ahumado.

En el Mesolítico, los recursos eran muy abundantes, y la dedicación a su transformación para el consumo humano requería mucho tiempo de trabajo. El almacenamiento de la producción alimentaria conllevó la preparación para épocas de carestía, para el uso ceremonial numinoso y, por fin, para ser utilizados como presentes e intercambios. Comenzó aquí la especialización de poblaciones en actividades concretas (caza, pesca, marisqueo, recolección o almacenamiento), sin centrarse en una sola de manera exclusiva porque las poblaciones eran entonces autosuficientes. Podemos afirmar que estas sociedades humanas eran cazadoras-recolectoras opulentas, complejas, y que lo que la antropología económica ha denominado «comunismo primitivo» (Marx, Engels, Godelier) era la norma por la abundancia de recursos, común a todo el Paleolítico, pero con una explotación ya muy refinada en la etapa mesolítica. Surgen los molinos y mazas para moler, las hoces de sílex para segar, los microlitos para la punta de lanzas y flechas, la acumulación de madera para la construcción o fabricación de armas y canoas (además de otras embarcaciones que permitieron a estas poblaciones asentarse en islas antes inaccesibles). El Mesolítico se caracteriza, por tanto, por la generalización de sociedades humanas que utilizaban recursos de rendimiento aplazado, la reducción de los territorios a explotar y la primera sedentarización, con la consecuente aparición de poblados. En ellos, el nexo de unión era el parentesco, y para asegurar su supervivencia tuvieron que establecerse

Caza y recolección en el Mesolítico

reglas consensuadas que permitieran permanecer en el territorio y establecer alianzas con otros poblados, mediante uniones exogámicas y compromisos sociales diversos a través de dones y contradones que aseguraban alianzas en situaciones de riesgo. El descubrimiento de materias primas o de objetos artísticos propios de unas poblaciones en otras, y viceversa, prueba estos intercambios arcaicos. Desapareció el arte rupestre en cuevas, porque las bases sociales de su surgimiento ya no se daban en el Mesolítico, y se empieza a plasmar en superficies rocosas al aire libre, en pieles, etc. Hacia el 6000 a. C., surgen los primeros pastores de bóvidos y, la ornamentación, el arte mobiliar y la personalización de la vestimenta según los roles sociales en los poblados empieza a ser un hecho, sobre todo en la actual Europa y en Oriente Próximo.

Neolítico, revolución agrícola, ganadera y alfarera

El Paleolítico, que abarca el 99 % del tiempo de la existencia humana, termina con una triple revolución agrícola, ganadera y alfarera (artística), que multiplica los logros productivos acumulados del período anterior. Esa triple revolución, que marca el paso del salvajismo a la barbarie, se llama Neolítico. Última etapa de la Edad de Piedra tras el Paleolítico ('vieja piedra'), la técnica aparecida ahora, en la era de la nueva piedra, se caracteriza por pulir la superficie del hacha tallando el núcleo de la piedra. Debemos al arqueólogo australiano Gordon Childe (1892-1957) los conocimientos más sistemáticos sobre el Neolítico, sobre los cuales, junto a estudios posteriores, basaremos nuestra exposición.

La revolución neolítica fue el paso de la obtención de recursos mediante la extracción de materias primas y alimentos en un sentido depredador a otro en sentido más generador, produciendo alimentos propios mediante la domesticación de algunos animales (ganadería) y el cultivo de tierra y vegetales (agricultura). Ambas proporcionaron a las poblaciones sedentarias seguridad alimenticia, por lo que la sedentarización se volvió permanente para trabajar la cosecha, con lo que la caza, la pesca y la recolección (que se mantuvieron) empezaron a depender de la agricultura y la ganadería. Esto repercutió en la organización social, pues los poblados permanentes rebasaron el mero parentesco entre sus habitantes. La costumbre se convirtió en tradición, y los diversos elementos culturales de cada pueblo empezaron a ser heredados por generaciones, también en el ámbito familiar.

Esta revolución se inició en el Creciente Fértil, valle del río Nilo y Mesopotamia, donde se encuentran los ríos Tigris y Éufrates. Desde ahí, de manera lenta pero constante, se extendió al resto del mundo, consolidando el contacto entre pueblos. En el Creciente Fértil, los tres grandes ríos proporcionaban a las tierras que bañaban gran fertilidad tras la glaciación, cuando la aridez se extendió al Oriente Próximo y al norte de África. La concentración de seres humanos, plantas y animales en esa zona permitió una dependencia mutua para sobrevivir que operó en la producción artificial de los ciclos vitales de las plantas y, de esta manera, en la organización de las primeras técnicas agrícolas, particularmente la domesticación del trigo y del maíz. Del Creciente Fértil, estas técnicas pasaron al Levante mediterráneo y la península de Anatolia, y de ahí a las islas del Egeo y a la actual Grecia y los Balcanes. Siguiendo el curso del río Danubio se extendió por Europa continental y por vía marítima, a través del Mediterráneo, al sur de Europa y al África noroccidental. De Mesopotamia hacia el este llegó al valle del río Indo y al Lejano Oriente asiático. Mientras en Anatolia y el Levante las plantas y animales domesticados permanecían en estado silvestre, en el Creciente Fértil se construyeron las primeras canalizaciones de agua y se realizaron los primeros trabajos de drenaje para la explotación agrícola.

Los focos de domesticación de animales y plantas fueron universales, variando el tipo de especies que se domesticaban. A la luz de datos de la paleobotánica, las principales en cada zona geográfica fueron el trigo, el centeno y la cebada en Oriente Próximo, el valle del Nilo, Europa y Asia Central; el aceite de palma, el ñame, el arroz y el mijo en África occidental; el arroz y el mijo en el Lejano Oriente; y el girasol, el amaranto, la calabaza, el maíz, las judías, el calabacín, el algodón y la patata en América. La paleozoología ha logrado identificar como primeros animales domesticados en el Neolítico al ganado vacuno y al gato en el Creciente

Fértil; el perro, la oveja y la cabra en Europa, Persia y el subcontinente indio; el cerdo, el perro, la vaca y el gallo en las actuales India y China; el perro en América del Norte y la llama, la alpaca y el conejillo de Indias en América del Sur. El desarrollo de las sociedades humanas neolíticas permitió la paulatina sustitución poblacional en los poblados sedentarios que, al no poder absorber nueva población que llegaba, se asentaban en otro lugar, repitiendo el proceso miles de veces y multiplicando los asentamientos. Personas, plantas y animales, así como la agricultura y la ganadería, iban extendiéndose y ganando terreno a los cazadores-recolectores, hasta que esta técnica de subsistencia acabó prácticamente desapareciendo, o quedaba reducida a lugares muy aislados de la actual Siberia, el África subsahariana, el norte de la actual Europa, América del Norte y la selva amazónica o el Cono Sur americano, y Oceanía, lugares donde sus pobladores no tuvieron ningún contacto durante milenios con sociedades agrícolas o posteriores.

Con el Neolítico, la división del trabajo aumenta, y con ella la especialización respecto al Mesolítico. Se emplea aún más tiempo en producir bienes para abastecer las crecientes poblaciones sedentarias, se cuida la elección de suelo fértil a cultivar, lo que permite alimentar tanto a los seres humanos como a los animales que con ellos vivían, los cuales proporcionaban grandes cantidades de abono natural para los campos. Se inventó el barbecho, técnica que permite dejar campos sin cultivar para su regeneración, mientras otros se cultivaban. El palo de cavar y la azada permitían labrar la tierra y sembrar semillas, las cuales, tras el período de crecimiento y maduración, daban cultivos que se segaban, trillaban, aventaban, transportaban y almacenaban. El grano recogido o se acumulaba para la siguiente siembra, o se consumía. No eran infrecuentes las inclemencias climáticas que provocaban malas

Agricultura neolítica

cosechas y hambrunas, intentando paliarlas con la caza y la recolección. Sin embargo, la sedentarización permitió el surgimiento de los primeros campesinos, los cuales trabajaban para la comunidad (nos encontramos todavía con lo que Marx denominó «el comunismo primitivo»), y perfeccionaron las técnicas agrícolas; se aseguraban así la fertilidad de los campos a pesar de las inclemencias. La manipulación de las leguminosas permitió enriquecer los suelos agotados por los cereales. La agricultura de roza —que explotaba campos hasta agotarlos y abandonarlos después para explotar otras tierras mientras aquellas se regeneraban— también nació entonces.

La revolución neolítica permitió el perfeccionamiento de la caza y la recolección, proliferando la producción de puntas de flecha con aleta curvada y pedúnculo, punzones de hueso, hachas y azuelas pulimentadas. Se amplió el terreno de caza con base en poblados agrícolas, y así pudo servir como forma de relación social entre poblados a través de sus cazadores, que se copiaban mutuamente en sus estilos e intercambiaban bienes y ofrendas, asegurando una relación cultural material estable entre pueblos alejados entre sí. La madera pasa a ser, también, materia para construcción de casas y combustible, para fabricar herramientas de arado, trilla y aventado. Por ello, su acumulación aumentó cada vez más, y la deforestación con hachas empezó a ser ingente. Junto con la madera, las casas empezaron a emplear piedra y barro, acumulado y trabajado previamente incluso, como prueban restos neolíticos de adobe en Oriente Próximo.

Las casas empezaron a ser, también, lugares de almacenamiento de bienes en tinajas, ya disponían de hornos para cocer el pan y tostar cereales, e incluso cocían cerámica, que fue la otra gran revolución neolítica. La cerámica se desarrolló paralelamente al adorno personal o ritual, como collares, colgantes y brazaletes, representando númenes animales o figuras femeninas, cuyos materiales toscos eran intercambiados dentro de cada poblado y, en ocasiones, entre poblados distintos. La revolución neolítica también conllevó un aumento de la esperanza de vida, un mejoramiento en la dieta, en la salud y en la fisonomía corporal de los humanos. Y supuso, de hecho, la primera explotación y circulación de materias primas (obsidiana, sílex, conchas marinas, calaíta, cobre en estado nativo), aunque a un nivel muy doméstico todavía, y de intercambio meramente ceremonial. La división sexual de tareas se afianza en el ámbito de las casas de poblados, que pasan a ser aldeas, normalmente construidas cerca de agua dulce y tierra fértil. También surgen las primeras necrópolis, la arquitectura monumental de piedra (megalitos) y el transporte animal con burros, que llevaban materias primas y productos de todo tipo.

Pero la invención técnica más importante del Neolítico llega casi a su final, y es la rueda. Se trata de una pieza mecánica circular, al principio de madera, que gira alrededor de un eje. Fue fundamental en la producción alfarera neolítica, pues aceleraba el proceso de solidificación de la arcilla y el barro. También se utilizaba

Dibujo de rueda neolítica desgastada

para el transporte dentro y fuera de la agricultura, pues los carros con ruedas permitieron acortar el tiempo de arado en el cultivo además de en los desplazamientos. La rueda fue usada en todos los asentamientos salvo en los de América, donde no hubo vehículos de ruedas hasta el descubrimiento del continente en 1492. Tirados con bueyes, burros o caballos, los carros permitieron el transporte de materias primas a las aldeas desde sitios remotos, lo que fue fundamental en la primera extracción minera, y en el transporte a larga distancia de personas, animales, productos agrícolas y ganaderos y materias primas, aumentando las comunicaciones. La rueda fue fundamental en el paso del Neolítico a la Edad de los Metales.

Edad de los Metales, protopropiedad antropológica y primera manufactura

En Eurasia, la Edad de los Metales es la última etapa de la prehistoria, un período de transición entre esta y la historia. El Paleolítico y Neolítico que vieron surgir la herramienta y la técnica, la división del trabajo, los inicios de una rudimentaria producción en serie, la acumulación de bienes y su intercambio y transporte, dan paso a una era en que las herramientas producidas pasan a ser, mayoritariamente, de metal fundido. Surge la metalurgia —la técnica de procesamiento de minerales metálicos para fabricar herramientas y utensilios de todo tipo—. Así, se cimienta históricamente la manufactura, la transformación de materias primas en productos elaborados y terminados para su distribución y consumo más allá de las manos de sus productores. La Edad de los Metales varía en duración, dependiendo de la región del mundo donde se desarrolló. Pero generalmente abarca desde el VI hasta el I milenio a. C., al menos en Europa. En el Creciente Fértil, el Neolítico dio paso a la Edad de los Metales sin apenas saltos bruscos en las relaciones sociales, y la metalurgia se desarrolló conviviendo ya con sociedades políticas asentadas, con leyes escritas, división del trabajo y de la propiedad privada aseguradas por el poder del Estado. Ergo en Sumeria, Mesopotamia y Egipto, la Edad de los Metales fue plenamente histórica. Al estar a caballo entre la prehistoria y la historia, la Edad de los Metales suele encuadrarse en lo que se ha llamado protohistoria, por lo que podemos afirmar que el proceso acumulativo de técnicas prehistóricas, al complejizarse aquí con la metalurgia, pudo dar origen a una protopropiedad antropológica, inexistente antes, que empezó a generar una división social y a organizar un tipo de poder que ya no era carismático ni tradicional. No obstante, de esto hablamos en el capítulo siguiente.

La Edad de los Metales se subdivide en tres períodos, llamados también edades. Cada una de ellas recibe un nombre distinto según el tipo de producción de objetos de metal que predominó en lo que respecta al mineral metálico utilizado.

El primero de estos períodos es la Edad del Cobre. Aunque la primera pieza de orfebrería de cobre data del año 9500 a. C. (un collar en el actual Irán), y durante buena parte del Paleolítico y el Neolítico el cobre era utilizado en forma de pepitas, no fue hasta el 6500 a. C. cuando el cobre comenzó a ser fundido y martilleado en frío. La manufactura del cobre para piezas ornamentales y alfileres para costura era habitual en los comienzos de este período. Más tarde, se descubrió que el cobre podía ser extraído de la calcopirita y la malaquita mediante fundición en hornos especiales. A través de largos tubos se soplaba en el horno, siendo posteriormente sustituidos ya por fuelles, la temperatura alcanzaba los 1000 grados centígrados. Hacia el 4500 a. C., y también en el actual Irán, existían ya crisoles y moldes en los que colocar el cobre fundido y dar forma a las piezas que se querían conseguir. La fundición del cobre se lograba reduciendo su tamaño, previamente triturado y mezclado con carbón de leña. Con el calor, las impurezas se liberaban, y se licuaba en el interior del horno, quedando allí la escoria. En este período aparecen los primeros lingotes de cobre, los cuales se acumulaban para fundición posterior o, ya, como medida del valor de las piezas producidas. Cuanto más se tardaba en producir una pieza de cobre, más valor tenía y más prestigio otorgaba tanto a su poseedor como a sus productores. La técnica de fundición de cobre se extendió por Sumeria, Mesopotamia y el Antiguo Egipto. En Europa, las culturas gulmenita de los Balcanes, y de los millares en la actual España, en el IV milenio a. C., también lograron desarrollar esta técnica. Y a partir de ellas, en el norte de Europa se pudo desarrollar la cultura de la cerámica cordada y, en Europa Occidental, la del vaso campaniforme.

En segundo lugar, la Edad del Bronce. Al añadir estaño al cobre, la aleación que resulta es el bronce. Fue en Mesopotamia donde se realizó por primera vez, y de ahí se extendió al resto de pueblos, incluidos India (cultura del valle del Indo) y China (cultura de Erlitou), donde no hubo Edad del Cobre. La Edad del Bronce se desarrolló entre finales del IV milenio, llegando a China hacia el 1800 a. C. Coincidiendo con la organización de los primeros Estados, estas sociedades políticas extraían estaño en grandes cantidades para mezclarlo con el cobre y sacar bronce, que empezaban a comerciar con otros Estados o pueblos. Si carecían de minerales metálicos, como los sumerios, los importaban del Estado de Elam, a cambio de otras materias primas, o del Cáucaso. Egipto llegó a comerciar cobre y estaño con pueblos del Egeo, como los etruscos, o con el reino de Nubia. En el II milenio a. C., y debido a la búsqueda de estaño y cobre para obtener bronce por parte de los pueblos del Levante, el intercambio de utensilios de bronce con varios pueblos europeos permitió al continente entrar de lleno en la Edad del Bronce, desde Irlanda al Egeo. Con la Edad del Bronce estamos a caballo entre las sociedades humanas y las sociedades políticas prístinas, sobre todo en el Creciente Fértil, empezando a surgir las primeras formas de comercio. En América, el bronce se fundía también, pero para ornamentos solamente.

En tercer lugar se encuentra la Edad del Hierro: La etapa final de la Edad de los Metales es la de la hegemonía del hierro como metal más utilizado en la fundición. Conocían el hierro desde hacía mucho tiempo y era considerado muy valioso. Pero solo se conocía a través de meteoritos. Sin embargo, el hierro artificial empezó a ser producido hacia el III milenio a. C. De ese período, en la actual Turquía, en territorios del antiguo Estado Hitita, se han encontrado alfileres, esculturas y dagas de hierro con empuñaduras de oro. El hierro fue, sobre todo, forjado para armas, necesarias para proteger las nuevas sociedades políticas prístinas que habían surgido, así como para asegurar el mantenimiento del reparto de la propiedad que se acababa de establecer. El óxido de hierro, muy utilizado en la prehistoria, fue fundamental para forjar estas nuevas herramientas. Los residuos de la fundición de cobre y bronce eran de hierro, y se reutilizaron de tal manera que se formaron las primeras producciones de siderurgia. Los hititas fueron los primeros en producir altas cantidades de hierro, que intercambiaban con Egipto, Asiria, con los fenicios, etc., con intención de entretejer alianzas políticas. Hacia 1200 a. C., los hititas fueron conquistados por los Pueblos del mar, su Estado fue destruido, y sus herreros huyeron por todo Oriente Próximo. Al expandir sus técnicas siderúrgicas de esta manera, la Edad del Hierro abarcó toda la zona. La producción de hierro era más costosa, requería más tiempo, más combustible (carbón de leña), más fuelles para insuflar oxígeno, más tiempo de preparación del material (precalentamiento en horno, la eliminación de impurezas a golpes, meter después lo obtenido en un segundo horno incandescente, segunda fase de golpeo, obtención de una barra forjada maleable y enfriamiento en agua). De esta manera, y debido a que el valor del hierro artificial era menor que el del bronce y del cobre, se produjeron armas (espadas, lanzas), arcaicas armaduras, herramientas agrícolas, artesanía, se abrieron centros siderúrgicos por toda Asia, llegando a Europa hacia el 800 a. C., al igual que en la India. La adaptación del hierro en China fue más pausada, siendo plena hacia el siglo V a. C., en la época

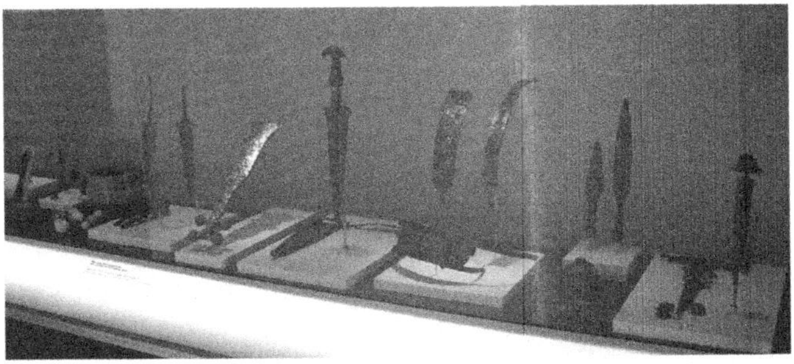

Armas forjadas en la Edad del Hierro

de los Reinos Combatientes. La producción y comercio del hierro fue fundamental en China para unificar dichos reinos bajo la Dinastía Qin (221 a. C.), bajo el gobierno de Qin Shi Huang (260-210 a. C.), primer emperador de China, porque la producción de armas de hierro de gran calidad y en gran cantidad aseguró la victoria de los ejércitos unificadores de China. En el África subsahariana se pasó directamente en muchos casos de sociedades cazadoras-recolectoras o neolíticas al uso del hierro. En Mesoamérica, los mixtecos conocían el cobre y el bronce, pero las lascas de hierro solo se utilizaban si venían de meteoritos. El hierro no llegó a América hasta el descubrimiento.

2

La técnica en el origen de la economía

En la Edad de los Metales se produjeron cambios sociales fundamentales para entender el paso de la protohistoria a la historia. Todos los elementos técnicos acumulados durante millones de años, también al contacto interespecies entre homínidos durante ese tiempo prehistórico permitió alcanzar, ya con los humanos como única especie homínida existente, grados de evolución cultural tremendamente complejos. Especialmente cruciales son los 7000 años que transcurren desde los inicios del Mesolítico hasta el surgimiento de las primeras sociedades políticas. En ese período prehistórico, sin infravalorar todo lo anterior, es cuando la técnica para producir bienes diversos, su acumulación e intercambio, la división de tareas y la apropiación y regulación del territorio, más allá de la mera depredación de las bandas de cazadores-recolectores, asienta los elementos básicos de lo que siglos más tarde daría lugar al campo económico.

Este es el período en el que se produce la transición de las sociedades humanas prehistóricas, del salvajismo paleolítico y la barbarie neolítica, a la civilización histórica. Varias fueron las civilizaciones prístinas que, bajo la forma de estado de sociedad, se organizaron entonces.

En este capítulo no nos centraremos en ninguna sociedad concreta para explicar la influencia de la técnica en el origen de las categorías económicas y de la sociedad política que las posibilitó. Repasaremos, eso sí, las características comunes que se dieron en todos los casos en que se pasó a la conformación de sociedades políticas allá donde se produjeron. Estos son los elementos fundamentales del surgimiento de la vida política, sin la cual no es posible la existencia del campo económico.

Lenguaje escrito, leyes y Estado prístino. Propiedad privada y medios de producción

La relación entre el surgimiento del Estado y de la propiedad privada, entretejida con el surgimiento del comercio, de las mercancías y del tributo, fue y es funcional desde sus inicios. La propiedad privada no existía en el Paleolítico ni en el Neolítico, aun cuando los elementos técnicos para su surgimiento empezaran a darse en la prehistoria, junto a la acumulación técnica de las primeras formas de manufactura. El surgimiento de la propiedad privada y del Estado no es brusco, sino gradual. No fue un descubrimiento, sino una producción efectiva de la cultura material de sociedades humanas que, tras asentarse de manera estable en territorios determinados que explotaban para su supervivencia, recibían cada vez más población, por lo que las alianzas entre poblados y aldeas aumentaron hasta el surgimiento primero de pueblos y, más tarde, de ciudades.

La centralización del poder (su jerarquización) requirió una nueva forma de gestión de los recursos. La protopropiedad antropológica prehistórica no era propiedad privada hasta que el Estado, con sus leyes escritas, organizó legalmente la división de tareas, surgiendo la división del trabajo. Y esta división del trabajo conllevó una división legal entre los propietarios de los medios de producción de la riqueza social (tierra, materias primas, instrumentos de trabajo) que, junto a los hacedores de leyes, las cúpulas religiosas y las dinastías familiares que gobernaban los Estados pudiesen ejercer un poder político sobre los que no poseían nada de eso. Dicho poder político conllevaba capacidad para organizar económicamente el Estado y proteger sus logros mediante una fuerza estable de defensa y ataque (ejército). En los casos en que Estados prístinos eran geográficamente cercanos, empezaban a desarrollarse relaciones diplomáticas y comerciales mutuamente ventajosas que, en caso de crisis, desembocaban en conflictos políticos sangrientos. Surgen, así, las guerras.

El Estado es el conjunto complejo de instituciones que, en materia económica, asegura que la protopropiedad antropológica pueda convertirse en propiedad privada, que el intercambio de presentes y bienes con fines de mutuo beneficio y alianzas se convierta en relación comercial, y que dicha propiedad deba también asegurarse a través del tributo. La garantía del entretejimiento de todas estas técnicas económico-políticas es el desarrollo anterior del lenguaje hablado, que asegura la comunicación y definición de las técnicas acumuladas prehistóricamente. Con el origen del lenguaje escrito, tras milenios de desarrollo de la protoescritura, surge la historia, y ya es posible asegurar económicamente el motor que permite el desarrollo y estabilidad de la vida política. Los primeros sistemas de escritura, surgidos de sistemas simbólicos tradicionales desarrollados alrededor del VII milenio a. C., en pleno Paleolítico Superior, aparecen alrededor del IV milenio a. C. en partes tan alejadas del globo como Sumeria, Mesopotamia, Egipto, China o los Balcanes. La evolución y entretejimiento de la lengua hablada y de la escrita, como técnica de comunicación entre sujetos, está relacionada con la práctica protoeconómica de la prehistoria. Así pues, tanto la manufactura de herramientas, la acumulación de materias primas y otros bienes, las técnicas de caza, pesca, recolección, agricultura, ganadería, intercambio, y la evolución del lenguaje hasta llegar a la escritura y al surgimiento del Estado, son las bases sobre las que se conforma el núcleo del campo económico. La escritura protocuneiforme de los sumerios en el IV milenio a. C., plasmada en fichas de arcilla, representaba tanto unidades de tiempo de trabajo socialmente necesario de bienes (que representan su valor), como el nombre y clasificación de los bienes mismos, según investigaciones de la arqueóloga francesa Denise Schmand-Besserat (1933). La evolución del tipo de bienes y la creciente producción de los mismos, su acumulación y distribución e intercambio, complejizó cada vez más ese lenguaje, hasta desarrollarse plenamente lo que hoy se conoce como escritura cuneiforme. Hacia el año 3500 a. C., y derivado de esta técnica de acumulación de datos y operaciones, encontramos el primer sistema histórico de escritura conocido, y por tanto a la historia, la economía y la vida política como tal. Eran pictogramas o ideogramas, escritura logográfica que, hacia el III milenio a. C., ya contaba con su propia fonología y sintaxis silábica. Fue el intercambio comercial con otros Estados prístinos (hititas, acadios, eblaítas, ugaríticos) lo que permitió a estos adoptar la escritura cuneiforme como técnica de comunicación. Egipto produjo su propia iconografía artística y su propia escritura —plenamente cerrada

Escritura cuneiforme sumeria en tablilla de arcilla, que indica la colocación de cerveza almacenada

hacia el 3300 a. C.— aunque la antropología acepta, en su escuela historicista, el difusionismo como medio por el cual los egipcios conformaron sus técnicas culturales, incluida la escritura jeroglífica. Hacia ese año, se encontraron registros de entrega de lino y aceite en el sur del valle del Nilo. Así pues, la primera escritura egipcia encontrada es, también, un texto de práctica económica. El protoelamita surgió hacia finales del III milenio a. C., mientras que la escritura sistemática llegaría al valle del Indo hacia el 2600 a. C. En China, la grafía era totalmente independiente del resto —aun admitiendo el difusionismo— y se cerró hacia el siglo XII a. C. Las que sí se desarrollaron independientemente fueron las escrituras maya y rongorongo en América y Oceanía, hacia el siglo III a. C. En la isla de Creta, hoy Grecia, se desarrolló la primera escritura helénica, jeroglíficos datados en el II milenio a. C.

Estela del Código de Hammurabi

Si los primeros textos escritos eran textos económicos, comerciales y sobre el valor económico de los bienes, la regulación de toda esta serie de elementos tenía que contemplarse en las leyes. De ahí que la alfabetización de las clases dominantes en los primeros Estados fuese primordial para poder administrar los recursos de los que disponían. Un ejemplo de ello es el Código de Hammurabi, que data del 1750 a. C., realizado en el Estado acadio y en ese mismo idioma. En el Museo del Louvre de París, Francia, se conserva una estela de dicho código, basado en la Ley del Talión, conjunto arcaico de leyes basado en la justicia retributiva, por la que había reciprocidad entre el crimen cometido y su castigo. Sin embargo, copias de esa estela eran colocadas en las principales plazas de pueblos y ciudades del Estado acadio, expresadas en lenguaje popular, para que los alfabetizados de cada lugar pudiesen conocer, y dar a conocer, corpus legales a la población. En dichas estelas se transcribieron hasta 282 leyes acerca de la distribución en clases sociales de la sociedad acadia (hombres libres, siervos y esclavos), precios de los bienes y honorarios de algunas profesiones como los médicos, normas sobre responsabilidad profesional, la normativización de la actividad agrícola, las penas por daño a la propiedad privada, etc. Las leyes acadias no se podían revocar en ningún caso, aunque existía posibilidad de apelación al rey, cabeza del Estado. El Código de Hammurabi es una muestra histórica fundamental para entender cómo el Estado gestionaba los recursos técnicos de los que disponía mediante la técnica de la escritura, cuyos signos son las partes materiales que ayudan a dar forma al derecho, y también a lo que es legal en materia económica.

Origen de la dialéctica de clases y de Estados

La división de la propiedad y del trabajo provocó, en primer lugar, una dialéctica, o lucha, de clases sociales ya en el mundo antiguo que, como ha ocurrido hasta el presente, se movía entre la colaboración y el enfrentamiento por la gestión de los recursos, incluyendo la propia fuerza de trabajo. En el Antiguo Egipto, y durante todo el reinado de la dinastía XX, una serie de huelgas se realizaron hasta que los trabajadores consiguieron sus objetivos, siendo la primera de todas la huelga de Deir el-Medina, un poblado egipcio fundado por el faraón Tutmosis I, de la dinastía XVIII. Ocurrió en el año 1166 a. C., y supone la primera muestra documentada de una huelga de trabajo en la historia. Como cualquier huelga sin organización política revolucionaria, la de Deir el-Medina fue un paro por reclamo de sustento no administrado por las autoridades egipcias a sus trabajadores para realizar obras arquitectónicas. Deir el-Medina era una ciudad poblada por multitud de artesanos, y fue muy influyente en la producción y comercio de artesanía en el Egipto faraónico. Esta huelga, y las que la sucedieron influyeron en el alza de precios de bienes de primera necesidad. El escriba egipcio Amennajet dio crónica de la misma en el llamado Papiro de la Huelga, que se conserva en el museo Egipcio de Turín, Italia.

Cerca de cientoveinte trabajadores con sus familias vivían en Deir el-Medina en aquel año junto a varios artesanos y escribas, todos reclutados de poblaciones de alrededor y todos al servicio de las autoridades políticas. Algunos trabajadores tenían pequeñas propiedades de tierras, de siervos y de animales. Había albañiles, pintores, canteros, tallistas de relieves y escultores. Su trabajo era supervisado por el *primer ministro* o *visir* del faraón, y entremedias de ellos se encontraban capataces, delegados y escribas. Cerca del pueblo los obreros disponían de su propia necrópolis y de pequeños templos a los que adorar a los dioses. Por entonces gobernaba el faraón Ramsés III, y el Estado pasaba por problemas. Las invasiones de los Pueblos del mar, de pueblos libios y de Anatolia eran contenidos a duras penas, y la mala administración de los recursos del Estado, junto a la corrupción, debilitó la economía. La fuerza de trabajo se concentraba sobremanera en las construcciones del Valle de los Reyes, cerca de Lúxor, y el número de funcionarios no dejaba de crecer, gastando sus energías en la gestión de dichas construcciones. Ramsés III tuvo que hacer frente a una conspiración de buena parte de sus funcionarios, al crecimiento de la inflación y al retraso en el pago de los trabajadores por su labor. Esta situación afectó también a los artesanos, que dependían de la administración del Estado. Se les pagaba en Denius de plata o en Deben de cobre (barras que hacían de moneda), y en ocasiones en sacos de cereales, así como en vales de alimentos, de madera pintada con inscripciones en forma de hogaza de pan. Todo ello servía como unidades de valor y medios de cambio. Sin embargo, el trabajo se multiplicaba, pero los pagos decrecían o se retrasaban. Hasta esta carestía, los obreros recibían a diario pan, dátiles, verduras, cerveza y agua potable por parte del Estado, y de vez en cuando carne e higos. También vestidos, calzados, herramientas y vasijas. El salario se pagaba en hogazas de pan, diez para el obrero y quinientas para el artesano, que podían intercambiar por otros bienes. Los capataces y escribas podían ganar setenta y dos sacos de cereales al mes. Pero estas pagas o llegaban tarde o no llegaban, provocando hambre y pobreza en el pueblo. Como consecuencia, el día diez del mes de Peret en el año 29 de Ramsés III (1166 a. C. en el calendario gregoriano cristiano), los obreros, artesanos y escribas, al grito de «¡Tenemos hambre!», cruzaron los cinco muros de la necrópolis y se sentaron a espaldas del templo de Tutmosis III, desafiando a las autoridades. En un templo les entregaron cincuenta panes para tratar de acallarles, pero fue insuficiente. Al día siguiente entraron a la fuerza en el templo y paralizaron las actividades del mismo reclamando agua potable, ropa, grasa, pescado, legumbres y sustento. Un escriba actuó de delegado y portavoz de los trabajadores y fue al templo funerario —que servía de almacén de grano— a exigir las raciones acaparadas por los sacerdotes y los intermediarios entre los obreros y la administración. Acamparon durante el día y tres días después ocuparon el recinto sagrado del templo funerario de Ramsés II, provocando la huida de contadores, policías y porteros. Consiguieron obtener raciones atrasadas, así como que el jefe de policía, un tal Metumosis, fuera con ellos hasta el templo de Tutmosis III junto a sus mujeres e hijos, donde acamparon. Consiguieron la ración del mes en curso, pero quince días después volvieron a reclamar que se cometían abusos y crímenes contra ellos. Se sucedieron tres huelgas más, pero las pagas seguían retrasándose. Se nombró un nuevo *visir*, Ta, salido de su pueblo y de sus filas, que les consiguió las pagas debidas a cambio de no volver a hacer huelga bajo amenaza de castigo, por lo que se declararon ilícitas las siguientes. Once días después, volvieron las huelgas. La situación pareció estancarse, pues varios documentos relatan que los obreros de generaciones posteriores paliarían su situación saqueando las tumbas que ellos mismos construían.

Los trabajadores de Deir el-Medina, organizados por cuestiones económicas, presionaron al poder político de manera coordinada y durante más de un año, pues fueron sucesivos los paros de trabajo similares en la misma localidad con posterioridad, hasta su desaparición. El Valle de los Reyes dejó de ser lugar de enterramiento

Ruinas de Deir el-Medina

real a causa de las huelgas, las crisis económicas sucesivas y las invasiones antedichas. Los efectos a largo plazo en el país fueron considerables. Todo en un contexto de desaparición del Estado hitita, de expansión de los Pueblos del mar y de crisis del llamado Imperio nuevo. Sin duda, uno de los primeros ejemplos documentados en la historia de dialéctica de clases (huelgas de Deir el-Medina, crisis económica, conspiraciones contra Ramsés III) y de Estados (invasiones libias y de los pueblos del Levante, dificultades para financiar las campañas bélicas en el exterior).

Técnica, manufactura y división del trabajo

Ese triple fenómeno de acumulación de bienes, legislación de la propiedad y división del trabajo fue entretejido por el desarrollo de la técnica, que entonces era siempre manufacturera y en muchos casos artesanal.

Cabe decir que por técnica entendemos un conjunto bien definido de procedimientos transmisibles de unos sujetos a otros, cuyo destino es producir resultados determinados que se consideran socialmente útiles a nivel personal y colectivo. La racionalidad humana, desarrollada a medida en que lo hacían también técnicas diversas que impulsaron la evolución social de los homínidos hasta los humanos actuales, permitió también conformar diversos grupos humanos, tanto prepolíticos como políticos. La técnica permitió el surgimiento de la vida política, de la economía, de las leyes y de la dialéctica de clases y de Estados. La técnica produjo instituciones culturales que, como la agricultura, dieron paso al posterior nacimiento de las ciencias, y de las ciencias surgieron las tecnologías, las cuales, a su vez, dieron lugar a nuevas ciencias. En el estadio de surgimiento de las primeras sociedades políticas y de las primeras relaciones plenamente económicas, la técnica produjo instituciones hilemórficas, de primer orden fenoménico y físico, recurrentes y en dialéctica constante entre sí, racionales (dotando al ser humano de razón a su vez), normativas y con carácter axiológico.

La técnica, una vez organizada la vida política, permitió la generación de la manufactura como forma de organización económica de aquella. Desde las primeras formas de producción técnica prehistórica, de relación plena con la naturaleza, poco a poco el hombre pudo producir herramientas que servían de referencia, por ensayo y error, de herramientas posteriores más perfeccionadas. Los hombres se relacionaban entre sí a través de la técnica, de objetos de trabajo, de materias primas, de la forma en que se organizaba dicho trabajo técnico y de las instituciones o medios de producción que organizaban dichas relaciones. El resultado de dicho trabajo era el mantenimiento y perfeccionamiento de lo que había, o la generación de nuevas instituciones, herramientas, técnicas y relaciones sociales que se superponían con las anteriores, o las sustituían. El campo económico empezó a conformarse mediante la técnica, que arrancaba a la naturaleza su materia, la manipulaba y la insertaba en formas nuevas cuyo resultado era una síntesis de dicha producción, cuya circulación empezaba ya a ser independiente de las manos que la forjaron. Y ya, en algunos casos, independiente de las sociedades en que se producían en origen, debido al difusionismo de esos elementos culturales mediante el comercio. La tierra fue la despensa primitiva de los primeros trabajadores técnicos, su primitivo arsenal de materia e instrumentos de trabajo y la fuente primaria de riqueza de las sociedades. Fuente que sigue siendo tan fundamental como entonces. Lo que ha distinguido a unas épocas históricas de otras, y a unas sociedades de otras, ha sido lo que se producía, cómo y en qué proporciones de recurrencia. Así, el grado de desarrollo económico de cada sociedad política y de cada etapa histórica se medía, y se mide, por la forma en que cada sociedad histórica conforma la materia que se encuentra, cuyo resultado es la verdad histórica de dicha sociedad.

La división técnica del trabajo está muy relacionada con el origen de la artesanía. Al mismo tiempo, surgieron oficios independientes diversos que acaban relacionándose entre sí en un mismo proceso productivo, para un mismo fin. La combinación de tareas daba lugar a tareas nuevas. El cierre de la técnica como institución antropológica se produjo en la sociedad política prístina, cuando la repetición de tareas y operaciones, cada vez más complejas, se pudo complejizar mediante avances diversos que optimizaban tiempo y recursos, acumulando lo realizado, en tanto que conjunto de conocimientos, de generación en generación y de sociedad en sociedad. Esto hizo aumentar la productividad y perfeccionó las herramientas de trabajo. La mezcla de oficios técnicos y artesanos manufactureros, poco a poco, fue combinando manufacturas entre sí. Los resultados posteriores a este desarrollo fueron espectaculares.

Esto repercutió a nivel doméstico en las familias. Los varones, coincidiendo con la incorporación de técnicas cada vez más complejas, sobre todo en agricultura y con unas exigencias productivas cada vez mayores, se convirtieron en los máximos responsables de las actividades económico-políticas. La mujer, en buena medida y salvo excepciones, quedó confinada al ámbito doméstico, al cuidado de los hijos y, de manera solo complementaria, a la ayuda en el campo. Las mujeres solo podían adquirir categoría social e importancia económica por nacimiento o matrimonio, ámbito en el que cumplían las funciones sociales que se esperaba de ellas. La transmisión de la herencia y de la cultura se instituye por vía paterna, instaurándose sociedades androcéntricas que, de manera patrilocal en el Neolítico y la Edad de los Metales, con el surgimiento del Estado prístino se vuelven patriarcales. Es con el Estado como surge la institución del patriarcado, y no antes. Aunque había mujeres propietarias de tierras, las cuales eran aportadas por ellas a la unión matrimonial, no necesariamente monógama, tener mujer otorgaba prestigio al varón, y así se convertía a la mujer en un bien más sobre el cual, incluso, se organizaban las haciendas domésticas. Con la vida política surgen las primeras categorías económicas (producción, distribución, intercambio, consumo, materias primas, bienes, comercio, valor, moneda, división del trabajo, manufactura), pero también las primeras desigualdades sociales efectivas, de clase y por sexo. La funcionalidad de estas desigualdades quedaba asegurada por la defensa fortificada de los Estados, a través de murallas con soldados que hacían la vez de fronteras, que tenían puertas para el intercambio comercial de bienes y personas. De esta manera, el modo de producción que Marx o Godelier llamaron «comunismo primitivo», desaparece, dando lugar a nuevos modos de producción más complejos y avanzados, con sus propias contradicciones.

El tributo, orígenes e importancia

Otra institución esencial que surge con el Estado prístino, y que es determinante como categoría económica histórica, es el tributo, llamado más tarde «impuesto». En su origen, el tributo no tuvo solo funciones fiscales, de recaudación de dinero o bienes. También de recurrencia de la sociedad política, pues el tributo aseguraba el mantenimiento de la propiedad privada y de la división del trabajo. Es el propietario de bienes raíces, inmuebles o no y los expresados en dinero, para quien podía tributar, lo que convertía al Estado, en última instancia, en propietario real de la propiedad privada que existía bajo su jurisdicción. El tributo refuerza el poder gestor del Estado, permite disponer de material al poder planificador y genera un poder fiscal o redistributivo que consigue asegurar la continuidad de la estructura social. El tributo permitió educar a los habitantes de la sociedad política, a los súbditos de las clases dominantes, en una cierta disciplina fiscal, aunque su papel como contribución tiene un origen distinto, basado precisamente en el pillaje y la guerra. Al tomar rehenes en incursiones militares, apropiarse de sus ganados y otros bienes, los vencidos eran obligados a pagar tributos al vencedor. De esta forma, la dialéctica de Estados aseguró el tributo como forma de relación económica que, en principio, se lo repartían entre el Ejército, la casta sacerdotal y el monarca. Al ser insuficiente para mantener la defensa y dar fondos a las invasiones externas, se amplió, en la dialéctica de clases, mediante la tributación pacífica y obligatoria dentro de la propia sociedad.

El tributo permitió organizar el interior de los Estados en regiones administrativas que pagaban tributos diferenciados, dependiendo de la especialización económica que cada una ofrecía. El Reino de Israel, durante los tiempos de Salomón (965-928 a. C.), dividió el Estado en doce regiones tributarias. Junto con el saqueo de ganados y cosechas de poblados y tribus de los alrededores, el tributo permitió organizar el reino entre Levante y el Éufrates. En el Imperio Antiguo egipcio, los funcionarios reales, nombrados por el faraón, cobraban tributos al tiempo que vigilaban las actividades agrícolas y militares. Los sacerdotes tenían sus propias instituciones tributarias, y los soldados recogían y se repartían el botín de las conquistas con el faraón. Hacia el 3600 a. C., los egipcios ya contaban con un sistema de contabilidad de tributos. La desigualdad tributaria, establecida en el origen del Estado, fue fundamental para la división de la sociedad política en clases sociales, desigualdad que, en mayor o menor grado, se ha mantenido hasta hoy.

Primeras técnicas comerciales

El incremento de la producción de materias primas de calidad, y de objetos cada vez más complejos en estas primeras sociedades políticas, facilitó el aumento de las técnicas de explotación de las mismas. La minería, por ejemplo, que ya existía de manera rudimentaria desde el Paleolítico (la más antigua se encuentra en Suazilandia, África, y data de hace 43 000 años), se complejizó en el Antiguo Egipto, que incluso ya abrió explotaciones mineras fuera de su territorio, como en Nubia (donde había grandes explotaciones de minas de oro), en la península del Sinaí y en el actual Israel, estableciendo enclaves de explotación que, después, fueron puntos estratégicos que les permitieron expandir sus dominios en la época del Imperio Antiguo (2700-2200 a. C.).

La minería, la orfebrería, la artesanía y la producción de objetos de metales diversos incrementaron las relaciones comerciales entre Estados. Minerales como el oro y el estaño tenían una localización geográfica muy restringida, y obligaba a una reorganización de las actividades extractivas constante, dependiendo del comercio. En función de todo ello, los trabajos mineros y metalúrgicos se convertían en trabajos a tiempo parcial, que los obreros combinaban con el trabajo agrícola cuando este descendía en actividad y en producción según el volumen de las cosechas o por las épocas del año. Sin embargo, la sofisticación técnica de extracción de materias primas y de producción de bienes obligó a liberar a los metalúrgicos de las actividades agrícolas. Surgen así los especialistas a tiempo completo, cuyas actividades, en un primer momento, se financiaban a través del tributo interno con base en el excedente agrícola. Dicho excedente, debido a la mayor especialización de trabajos por la división generada con el Estado, empezó a intercambiarse por los bienes producidos en la siderurgia, la metalurgia, la alfarería y la artesanía. Se empezaron a producir bienes que mejoraban la productividad de otros sectores económicos, y la innovación de unos sectores provocaba la innovación de otros. Cuando estas prácticas excedieron los límites estatales, el comercio se expandía a niveles geográficos enormes, ayudando al difusionismo cultural. Un efecto de esta expansión comercial es la modificación o generación de nuevas formas culturales, como ocurrió durante el período orientalizante (siglos VIII-VII a. C.), de transición a la Época Arcaica en la Antigua Grecia. Al principio,

Tributo en especie al faraón egipcio en Nubia

la forma de comerciar era mediante el trueque, el intercambio de mercancías de igual o menor valor entre sí. Sin embargo, con la introducción del dinero, como mercancía especial que sirve de unidad de medida del valor comercial de los bienes, así como herramienta para almacenar valor, el comercio alcanza su máximo punto de inflexión histórico. El dinero, como unidad de valor, se ha plasmado en todo tipo de materiales (sal, pimienta), desde animales o partes de animales, hasta metales (cobre, bronce, plata), siendo el oro, por su maleabilidad y ductibilidad, así como por su resistencia (no se oxida), el metal que durante más tiempo se ha utilizado como dinero, medida de valor y unidad de atesoramiento y ahorro, conviviendo en buena parte de la historia con la moneda acuñada por el Estado.

3

Primeras formas económicas: despotismo hidráulico

Con la vida política ya organizada, conformada, y con las primeras relaciones sociales y económicas en marcha, el entretejimiento de todo ello con las categorías económicas más elementales dio lugar a formas económicas, políticas y culturales que, de manera generalizada, caracterizaron sociedades políticas y generaciones enteras de sus habitantes durante mucho tiempo. El difusionismo cultural que permitió el comercio, pero también la propia evolución de cada sociedad, ayudó a perfilar esas formas económicas de cada época que Marx definió en el primer tomo del *El Capital* (1867) como modos de producción. Antes de Marx, la idea de «modo» se entendía como la propiedad de todo objeto, inherente solo a algunos de sus estados, diferenciándolo del atributo, que es la propiedad inalienable del objeto en todos sus estados. Sin embargo, Marx modifica la definición de «modo» partiendo del filósofo neerlandés

Baruch Spinoza (1632-1677), afirmando que modo es el estado de la sustancia que tiene la causa de su ser, no en sí mismo, sino en otro, en la sustancia y sus atributos. De esta manera, en los modos se expresará la infinita multiplicidad de las cosas y sus cualidades transitorias, en las que halla su manifestación la única, eterna e infinita sustancia material. Así, el modo de producción será el estado transitorio, histórico, de la sustancia material (de la materia), causado por la forma en que es organizada dicha materia, determinada por la materia misma y sus atributos, que son el conjunto de elementos espacio-temporales, históricos, que le dan forma. El resultado operatorio, la verdad de dicha conformación, será el modo de producción. Un modo de obtener los medios de subsistencia necesarios para la vida humana, para su desarrollo. El *Diccionario Soviético de Filosofía*, en su edición del año 1946, lo describe así:

> Las fuerzas productivas de la sociedad constituyen un aspecto del modo de producción; aspecto que expresa las relaciones existentes entre los hombres y los objetos y las fuerzas de la naturaleza que son empleados para producir los bienes materiales necesarios para la vida. El otro aspecto son las relaciones de producción de los hombres, las relaciones entre los hombres en el proceso de la producción material, las relaciones que responden a la pregunta de en posesión de quién se hallan los medios de producción. Cada modo de producción históricamente determinado (el comunismo primitivo, el régimen esclavista, el feudalismo, etc.) comprende la unidad de las fuerzas productivas y de sus correspondientes relaciones de producción. El modo de producción constituye la base de todo el régimen social y determina su carácter. Cada nuevo modo de producción denota una fase nueva, superior, en la historia de la humanidad. «Esto significa que la historia del desarrollo de la sociedad es, ante todo, la historia del desarrollo de la producción, la

> historia de los modos de producción que se suceden unos a otros a lo largo de los siglos, la historia del desarrollo de las fuerzas productivas y de las relaciones de producción entre los hombres».

Sin embargo, antes del esclavismo, coetáneamente con él y, en algunas sociedades políticas precolombinas, hasta los inicios de la Edad Moderna, se conformó un modo de producción de la vida material que, en materia económica, careció de esclavos en cuanto que clase social propiedad de hombres libres, o si los tuvo no fue en grandes cantidades como para determinar la forma de producción dominante. Ese modo de producción, que en un primer momento Marx denominó «modo de producción asiático» o «despotismo oriental», por centrarse sobre todo en Asia, desde Mesopotamia hasta China, fue renombrado por el historiador alemán Karl Wittfogel (1896-1988) con el más acertado nombre de «despotismo hidráulico», en 1957. Y lo hizo porque este modo de producción también se dio en regiones del mundo que no se circunscribían solo al continente asiático, como veremos ahora al describir sus características.

La división del trabajo en las sociedades políticas antiguas no esclavistas

No hay que confundir despotismo hidráulico con el monopolio estatal de determinadas materias primas o fuentes de energía que ocurre en la actualidad. Como veremos, formas económicas de modos de producción anteriores al capitalismo siguen existiendo hoy día, adaptadas a las relaciones de producción capitalistas típicas. De hecho, Estados esclavistas y feudales también tenían monopolio sobre la explotación de determinadas fuentes de riqueza (los mismos esclavos, mismamente). Pero eso no es lo que caracteriza al despotismo hidráulico.

En cada uno de los sistemas económicos propios de este modo de producción, la propiedad de la tierra es explotada colectivamente por todos los súbditos del Estado, que es propietario de la misma. El objetivo de la comunidad en las formas económicas del despotismo hidráulico no es la producción de valor en el sentido moderno, capitalista, aunque sí se produce plustrabajo intercambiable por plusproductos, esto es, por productos ajenos a los trabajadores. Por regla general, cada súbdito de un régimen cuya forma económica es el despotismo hidráulico, trabaja para el Estado, para la comunidad y para sí mismo, en tanto que, por norma, también es pequeño propietario individual de una pequeña parcela de tierra en la que explota parte de los medios que le sirven para el consumo de su familia, que también puede comerciar a cierto nivel. Otro rasgo común en todas las propiedades explotadas en esta forma económica, aparte de que la técnica de explotación suele ser manufacturera y agrícola, es la conexión por canales hidráulicos y de regadío de los puntos más importantes de producción económica en el campo, bien sea por una interconexión total o por otra de tipo parcial. El agua y la tierra se convierten en medios de producción indispensables para este tipo de formas económicas, sin menospreciar la ganadería, la metalurgia y la siderurgia, así como conatos a varios niveles de comercio de esclavos. Se trata de sociedades políticas en la que la fuerza de trabajo suele ser pequeña propietaria de tierras, siempre bajo el control de un ejército que suele repartirse el botín de guerra con una casta sacerdotal y una nobleza hereditaria que, a gran escala, acaba siendo la dueña total de la tierra y el agua en el territorio estatal. La administración estatal suele ser la mediadora entre los pequeños propietarios u obreros y el poder público, y se garantiza una posición social de gran influencia, también, con propiedades medianas y un mayor salario que la fuerza de trabajo del resto de súbditos.

Este tipo de sociedad es fruto del proceso evolutivo de la técnica de explotación del mundo-entorno desde las sociedades humanas prehistóricas. La propiedad privada es garantizada en tanto que cada propiedad convierte a cada súbdito en miembro de la comunidad política que sostiene el poder despótico. Es el Estado el que garantiza el proceso técnico de apropiación de la tierra, y lo garantiza a cambio de lealtad política, militar y religiosa (en sociedades políticas que son siempre politeístas). Pero la trampa del despotismo hidráulico, respecto a este reparto de la propiedad, estriba en que dado que la unidad política es el propietario efectivo de la propiedad colectiva, esta puede aparecer como algo particular, por encima de las entidades comunitarias particulares y efectivas, por lo que el propietario privado en el despotismo hidráulico resulta, en los hechos, desprovisto de propiedad en tanto que esta es una franquicia del Estado, el cual actúa como dueño patrimonial de cada unidad comunitaria particular (familias, clanes, tribus, y otras instituciones heredadas de la prehistoria). Este tipo de poder del Estado, en realidad, no ha variado en modos de producción posteriores, si bien en los siguientes no han sido la nobleza y la casta sacerdotal los dueños desde el Estado en cuanto que propietarios de las propiedades privadas de la tierra en el límite. En posteriores modos de producción, han sido propietarios privados de tierras y otros medios de producción los que, al alcanzar la suficiente fuerza económica y política para ello, se han hecho con el control del Estado para dominar sobre otras clases sociales y reorganizar el repartimiento legal de la propiedad. La diferencia es que la producción de valor en el despotismo hidráulico no estaba particularizada por ley, sino que era colectiva. Y esto ocurría tanto en Estados antiguos y en unidades políticas precolombinas, como en pueblos todavía sin Estado que, por difusionismo cultural-comercial, asemejaban estas relaciones de producción, como los celtas en Europa. En consecuencia, las condiciones colectivas de la apropiación real de la tierra a través del trabajo, mediante sistemas de regadío, medios de comunicación terrestre (caminos), etc., aparecen como obra de la unidad estatal, cuyo gobierno despótico organiza el trabajo de las pequeñas comunidades sobre las que manda. El despotismo hidráulico es el primero en organizarse en torno a la revolución urbana de la antigüedad. Los pequeños propietarios de tierras de las aldeas y pueblos no solo producían para sí mismos y para sus convecinos, sino también, y de manera cada vez mayor, para las grandes urbes, las cuales se convierten en centros de canalización de sistemas hidráulicos y en bases para el comercio con el exterior. También se convierten en los centros económicos y políticos en que los ingresos por el trabajo de los súbditos son repartidos entre las clases gobernantes, los funcionarios y otras clases aliadas. Las aldeas se convierten en accesorios de las tierras, cuyos productos son gestionados desde las ciudades. De la misma manera, es desde estas de donde parte la defensa militar del Estado, de la propiedad y su explotación, por lo que la guerra se convierte en tarea común de todas las clases, en un trabajo colectivo más; y el sojuzgamiento de otras sociedades humanas o políticas, en otra forma de división del trabajo y de la propiedad.

Primeras civilizaciones del Creciente Fértil: Sumeria, Mesopotamia y Antiguo Egipto

Como ejemplos clásicos de despotismo hidráulico, Wittfogel y Godelier ponen a las consideradas primeras sociedades políticas de la historia surgidas en el Creciente Fértil. Cada una de ellas ha producido sistemas políticos y económicos diversos, influyéndose mutuamente, pero cada una con características particulares. Estas primeras sociedades despóticas e hidráulicas son Sumeria, Mesopotamia y el Antiguo Egipto. Aunque hubo otras sociedades políticas contemporáneas de estas tres en aquellos tiempos en esa misma zona geográfica (Elam, Israel, Pueblos del mar, etc.), nos centraremos en estas tres, por espacio, y para ejemplificar con los casos más conocidos la forma económica del despotismo hidráulico.

Los sumerios, o sumer, son considerados la primera sociedad política de la historia. La primera con categorías económicas estrictas, la primera con escritura, la primera con leyes, con propiedad privada, con dialéctica de clases y con política exterior. Abarcaba el dominio de ciudades muy importantes al sur del valle del Tigris y el Éufrates: Ur, Eridu, Larga, Uruk, Isin, Lagash, Girsu, Umma, Adad, Nipppur, Mari y Asur. Sumer es la primera civilización de la historia, pues el entretejimiento comercial y político entre esas ciudades produjo esta sociedad política hacia el año 3750 a. C. La evolución de la sociedad sumeria se estudia estableciendo la siguiente cronología:

Período de Uruk (3750-3150 a. C.), el más pobre de todos en lo que respecta a la producción mercantil, sobre todo de objetos de metal, aunque sí hubo una gran producción alfarera y se registraron innovaciones técnicas como la rueda, el arado y la vela), así como

la primera escritura y la primera forma de expansión imperial, con asentamientos sumerios en Asiria o en Susa que eran centros importantes de paso y control de materias primas.

Período de Jemdet Nasr (3150-2900 a. C.), en el que aparece la escultura, entraron en contacto con Egipto al que se le transmitió la escritura jeroglífica que luego estos alteraron.

Período de las Dinastías Arcaicas (2900-2334 a. C.), etapa políticamente convulsa, en la que las ciudades estaban interconectadas a través de canales de riego, rodeadas de

Mosaico de Ur, que muestra división de tareas en la sociedad sumeria

estepas para la ganadería, pantanos ricos en pesca, una planificación económica y religiosa centralizada entretejida con una descentralización política entre ciudades, y un enfrentamiento directo con el Estado de Elam.

Tras estas convulsiones surge el primer imperio efectivo de la historia, el Imperio acadio, entre el 2334 y el 2192 a. C., llevados por la necesidad de explotación de materias primas y de expansión de las rutas comerciales desde las ciudades de Mari, Kish y Ebla para asegurar el dominio económico, político y religioso sobre Elam y sobre los hurritas al norte. Los acadios dominaron Sumer, y consiguieron establecer a muchos de sus miembros entre los funcionarios y escribas sumerios. Fue el rey Sargón I de Acad el encargado de instaurar el Imperio acadio sobre Sumer y otras tierras, y su cuarto sucesor, Naram-Sin, el primero en adoptar el papel de rey-dios, típico en el despotismo hidráulico, y el primero en dominar toda Mesopotamia. A la caída del Imperio acadio se produce el renacimiento sumerio (siglos xxii-xxi a. C.), durante el cual se renovaron los caminos y canales de comercio y comunicación, la burocracia, y se estableció el pago de tributos por turnos, o bala, entre Sumer y Acad, en forma de cabezas de ganado. El resto de provincias se sometió al *gun*, un tributo en forma de regalo en plata, ganado, pieles, etc., dependiendo de cada región. El tributo lo controlaba y repartía la administración central religiosa en Nippur y política en Ur. El Estado controló férreamente toda la economía sumeria. La tierra se explotó a través de parcelas alargadas, limitadas por un canal o acequia. Las tierras de gestión pública se sometían a un minucioso catastro, con un cálculo preciso del rendimiento de las cosechas. Y se generalizaron aún más las tierras de propiedad familiar y en usufructo. El crecimiento de las manadas también era controlado públicamente, y se dosificaba el cálculo de la jornada de trabajo y la entrega de materias primas a los artesanos. Los mercaderes solo podían comerciar cuando el Estado les asignaba una cantidad determinada de mercancías a llevar en sus viajes, con la obligación de volver con otras de valor equivalente a entregar a la administración. El Estado contaba con un archivo central de todas las operaciones económicas, en forma de tablillas de arcilla depositadas en Nippur y en Ur.

Sumer se centró en la zona cercana a la desembocadura del Tigris y el Éufrates, y toda la región entre ambos ríos y sus lados fértiles se conoce como Mesopotamia. Es decir, toda la zona no desértica del actual Irak y del noreste de Siria. Tras el Imperio acadio y el renacimiento sumerio, la zona vio el auge, desarrollo y desaparición de una infinidad de sociedades políticas antiguas, todas con sistemas políticos parejos y sistemas económicos dentro del despotismo hidráulico. Sumeria y Mesopotamia, además, son fuente histórica de numerosos episodios que, a través de la Biblia cristiana y de la filosofía griega, se convirtieron en antecedentes históricos de la civilización grecorromana y judeocristiana en la que nos encontramos. Entre las sociedades políticas más importantes de Mesopotamia destacan Asiria, que vivió tres etapas esenciales: Período paleoasirio (siglos XX-XIV a. C.) de predominio de ciudades-Estado, Imperio asirio (siglos XIV-X a. C.) en pleno colapso de la Edad del Bronce, y el Imperio neoasirio (911-612 a. C.) en plena Edad del Hierro, etapa de máximo esplendor del pueblo asirio, que llegó a dominar desde Urartu y Tabal al norte, en Anatolia, hasta el desierto árabe al sur, y desde Elam al este a Egipto al Oeste. Destaca también la ciudad-Estado de Babilonia (1792-539 a. C.), cuyo esplendor se dio con el Imperio caldeo, entre el 626 y el 539 a. C. Tenemos noticias de que en Babilonia surgió una de las primeras familias de banqueros de la historia, los Murashu. Ya en Sumer surgieron los primeros prestamistas, acreedores que conseguían adeudar a personas que, para pagar, vendían su excedente agrícola o ganadero, sus tierras o incluso trabajaban temporalmente como esclavos. Las deudas se recogían en tablillas, y los gobernantes tuvieron que establecer leyes para evitar los abusos. Los Murashu no solo eran acreedores de súbditos del Estado; también cobraban deudas a reyes y ministros, y a varios representantes de la nobleza. En estos Estados se perfeccionó el modelo del despotismo hidráulico, pues se construyeron diques y embalses por primera vez, y el Estado se ocupaba del mantenimiento de los canales más importantes para que no quedaran bloqueados por la arena. Se utilizó el drenaje para evitar la salinización de las aguas. El transporte del grano, después de aventar el cereal, se transportaba por vía fluvial. Se llegaban a sembrar entre cincuenta y cinco y ochenta y cinco simientes por hectárea solo en Babilonia. Primó el cultivo de cebada para consumo animal y humano (para hacer pan), la escanda para galletas y cerveza, y el trigo. El aceite se obtenía del sésamo y también se cultivó mucho el olivo. Los tipos de ganado más criados fueron el bovino, el equino, el ovicaprino y el camelino. Los talleres artesanos y metalúrgicos eran también centros de instrucción, con aprendices y oficiales que desarrollaban una enseñanza práctica y oral. El tejido y trabajo de las pieles para vestidos, la cestería, el trabajo de la madera en zonas montañosas, la fabricación de ladrillos de barro para la construcción arquitectónica, la escultura, los fabricantes de recipientes y vasos con mortero, la talla de piedra y la artesanía metálica eran también sectores económicos importantes. El carácter imperial de Asiria y Babilonia requirió una administración más centralizada y compleja, que se encargó de mejorar las vías de comunicación para el comercio y el desplazamiento del ejército. Se agilizó el transporte de tributos hacia las capitales, y se aseguró el comercio a larga distancia. Por primera vez, hay una jerarquía en la administración de los caminos, los más importantes eran controlados por la administración central y los secundarios por la periférica. Las había terrestres y fluviales. Se hacían listas de mercancías a transportar, contratos y cartas comerciales. El patrón de cambio era la plata en peso, y la palabra para denominarla, *kaspu*, pasó a ser sinónimo de dinero, aunque la primera moneda, como tal, se inventó en Lidia, Anatolia, en el 600 a. C. El *kaspu*

Tabla de arcilla cuneiforme contable de los Murashu

Reconstrucción artística de Babilonia, mostrando la estructura típica de una ciudad en el despotismo hidráulico era útil, sobre todo, en los mercados a pequeña escala, en plazas centrales o aledañas de pueblos y ciudades, o en mercados ambulantes. Para productos cotidianos, consumidos a pequeña escala, se siguió utilizando el trueque. Se puede decir que en Mesopotamia se asientan las primeras categorías microeconómicas, aunque era el comprador y no el vendedor el que fijaba el precio en función de la mercancía.

Cuando hablamos del Antiguo Egipto nos referimos a una civilización asentada sobre la ribera del cauce del río Nilo, que duró más de 3000 años, desde el año 3150 a. C. con el inicio de la escritura en papiro, hasta el 31 a. C., cuando se convierte en provincia del Imperio romano. Su período de máxima expansión fue durante el Imperio nuevo (1550-1069 a. C.). Para no desbordar lo que tratamos en este libro, y reconociendo el Antiguo Egipto como uno de los episodios más fascinantes de la historia, nos centraremos aquí en las formas económicas y sociales que adoptó el despotismo hidráulico en el tiempo en que fue el modo de producción propio de esta civilización. Compartiendo los rasgos típicos de este modo de producción con los ejemplos antedichos, en el Antiguo Egipto la disponibilidad de recursos era abundante, lo que ha influido en la duración de su sociedad durante tanto tiempo. Cuando el Nilo discurría de manera normal, la gran fertilidad del suelo producía cosechas de todo tipo: trigo, cebada, higos, uvas, dátiles, melones, pepinos, cebollas, puerros, rábanos, guisantes, habichuelas y lechugas era lo más común. Se obtenía vino de la vid y se fermentaba zumo de dátiles y palmeras. La cerveza se elaboraba en grandes casas que la producían y comerciaban. Se empleaba aceite vegetal en cocina y alumbrado urbano. El aceite de ricino y la moringa eran la fuente principal para las medicinas y los cosméticos. Abundante fue la planta del papiro, fundamental para la comida, la confección de cordajes con tallos y para la transcripción de texto escrito a documentos, archivos e incluso literatura. La cestería se producía a partir de hierbas y juncos, y la producción de hilo de fibras de lino para vestimenta era abundante. La producción ganadera egipcia era extraordinaria. Vacas, ovejas, cerdos y cabras eran muy consumidos en ceremonias religiosas y ofrendas. En el Período Clásico (535-31 a. C.) ya se producían mantones a partir de tejidos de pelo de cabra y lana de oveja, que se usaban también para arneses, calzados, cubiertas de almohadones y material de escritorio, como el pergamino. La producción de leche era enorme en las granjas, para elaborar queso y mantequilla. La producción de azúcar era abundante, y se obtenía de la miel, la cual también explotaban en grandes cantidades. La sal también era abundante y se utilizaba para salar la carne y el pescado. Egipto carecía, eso sí, de madera para explotar, la cual tenían que importar del Levante (actual Líbano) por vía tanto marítima como terrestre. La madera local solo valía para muebles decorativos domésticos. Los ladrillos de las casas los hacían con barro del Nilo mezclado con paja, cuyos moldes secaban al sol. Las paredes se remataban con adobe. Los grandes templos funerarios, los edificios administrativos y las grandes pirámides se producían partiendo de la explotación de minas de caliza, arenisca, granito, basalto y cuarcita. Poseía grandes yacimientos de oro, que explotaron de manera ininterrumpida en toda su historia. Cuando en la Antigüedad el oro se convirtió en patrón de intercambio entre Estados, Egipto se vio muy beneficiado por ello, otorgándole una prosperidad muy por delante de otras sociedades políticas. Se trató de una sociedad rica y poderosa, con un alto grado de mestizaje sexual, aunque con unas diferencias sociales de clases considerables, como expusimos con la huelga de Deir el-Medina, y con una diferencia social enorme entre el sur (Alto Egipto), en el que vivían más

Trilla del trigo en el Antiguo Egipto

trabajadores y campesinos con pequeñas propiedades, y el norte (Bajo Egipto) donde vivían las clases nobles y sacerdotales dominantes, los funcionarios con mejor salario y donde se encontraban las ciudades más grandes, ricas y prósperas. Esto también se notaba entre las mujeres egipcias, pues las mujeres del Bajo Egipto tenían más derechos (a propiedad, a desplazamiento, a mando político) que las del Alto Egipto, recluidas a tareas domésticas.

El despotismo hidráulico en India y China

El despotismo hidráulico, que tuvo su máximo epicentro en el Creciente Fértil, pudo desarrollarse de manera independiente en otras latitudes geográficas. Por ejemplo, en el África subsahariana, en pueblos como los yoruba en el golfo de Guinea, o en Oceanía, en el sistema de castas del Hawaii previo a la colonización británica en el siglo xviii d. C. Sin embargo, los casos de sociedades políticas que desarrollaron formas económicas de despotismo hidráulico con más éxito fuera del Creciente Fértil, pero en contacto con aquellas de manera directa o indirecta a través del difusionismo cultural que permitió el comercio, son los de las civilizaciones india y china. Tenían en común con el Creciente Fértil su base hidráulica por haberse desarrollado, como civilizaciones, alrededor del cauce de grandes ríos, el Indo en el primer caso y el río Amarillo en el segundo. También tenían en común una fuerte división en clases sociales, con nula movilidad social, el agua como medio de producción esencial para una masiva explotación agrícola, el dominio de una nobleza y una casta sacerdotal que organizaban la fe de sus respectivas sociedades a través de religiones politeístas, al menos hasta el nacimiento del budismo en India, que luego se extendió a China.

La cultura del valle del Indo (3300-1300 a. C.) es la civilización sobre la que se construye un sistema económico autóctono propio del despotismo hidráulico que, con variaciones, consiguió llegar hasta la imposición del capitalismo por vía colonial en el siglo XVIII. Las características definitorias de la sociedad india actual ya empezaron a gestarse con la civilización del valle del Indo. Desde sus inicios, el cultivo de trigo y cebada eran fundamentales para los habitantes del valle. Al extenderse esta civilización hacia el río Ganges, que desemboca en el actual Bangladés, el arroz también se convirtió en un cultivo fundamental. Fueron pioneros en el cultivo de algodón y en la combinación de este con la lana para fabricar ropa. La metalurgia de plata y oro, y el uso de piedras preciosas y del marfil de los colmillos de sus elefantes para ornamentos también produjeron mucha riqueza. Llegaron a abrir minas al norte del actual Afganistán, y comerciaron con los Estados mesopotámicos y con pueblos en Persia y en la península arábiga, lo que permitió el auge de las grandes urbes en el valle, como Mohenjo-Daro y Harappa. Con el fin de esta civilización, el subcontinente indio acabó conquistado por los indoarios, luego por los védicos (iniciadores del hinduísmo), que generaron Estados al norte del subcontinente, los mahajanapadas. En uno de ellos, Magadha, nacieron Buda y Mahavira, iniciadores del budismo y del jainismo respectivamente, hacia los siglos VI y V a. C. Tras la conquista del valle del Indo por Alejandro Magno en el 326 a. C., cuando la civilización helénica se aparta de la región, el valle quedó bajo el dominio del Imperio mauria (320-180 a. C.). Durante todo este período, el despotismo hidráulico indio, ya entonces mayoritariamente hindú, generó un rígido sistema de *varnas*, o castas, basado en la idea religiosa de que los hombres fueron creados de partes del cuerpo del dios hindú Brahmá, creador del universo. De cada parte del cuerpo de Brahmá surgen hombres distintos, clases sociales distintas. De la boca de Brahmá surgieron los *brahmanes*, la casta sacerdotal cuyo poder dependía de la nobleza. De los hombros, los *chatrías*, políticos y funcionarios. De las caderas, los *vaishias*, artesanos y comerciantes. Y de los pies, los *shudrás*, que agrupan a campesinos, siervos, obreros y esclavos. Fuera de estas castas estarían los *dalits*, los intocables, dedicados a tareas denigrantes como la recogida de excrementos humanos con las manos, y los invisibles que solo podían salir de noche, pues de día eran encarcelados hasta morir de inanición. A su vez, todas estas castas tienen yatis o subdivisiones internas.

En lo que respecta a China, más allá de orígenes míticos sobre esta civilización (Pangu, gigante que salió de un huevo cósmico, junto al yin y el yang, los principios opuestos y complementarios del taoísmo, son quienes crearon la Tierra; les siguen los tres augustos y los cinco emperadores que dieron luz a la civilización china), se fueron sucediendo dinastías reales que

Ruinas de Mohenjo-Daro, en Pakistán

dominaron los territorios de los que surgen la actual china (Xia, siglos XXI-XVI a. C.; Shang, 1766-1046 a. C.; Zhou, 1050-256 a. C.; período de las primaveras y los otoños, 722-481 a. C., y de los reinos combatientes, estos dos últimos de fuerte descentralización y guerras entre Estados). Con la unificación de la China imperial domina la dinastía Qin (221-206 a. C.), le sucede la dinastía Han (206 a. C.-220 d. C.), que sufre la rebelión campesina de los Turbantes Amarillos en el 184, que inició el declive de aquella dinastía y el inicio de las luchas entre los Tres Reinos Wei, Han y Wu, unificados por la dinastía Jin en 265, hasta la descomposición que da lugar a los Dieciséis Reinos en el año 304. Las guerras entre estos reinos acaban en el 420, con el establecimiento de los Estados de la Dinastía Wei al norte y Liu Song al sur. Con la unificación de ambos Estados por la Dinastía Sui, en el 581, acaba el período clásico

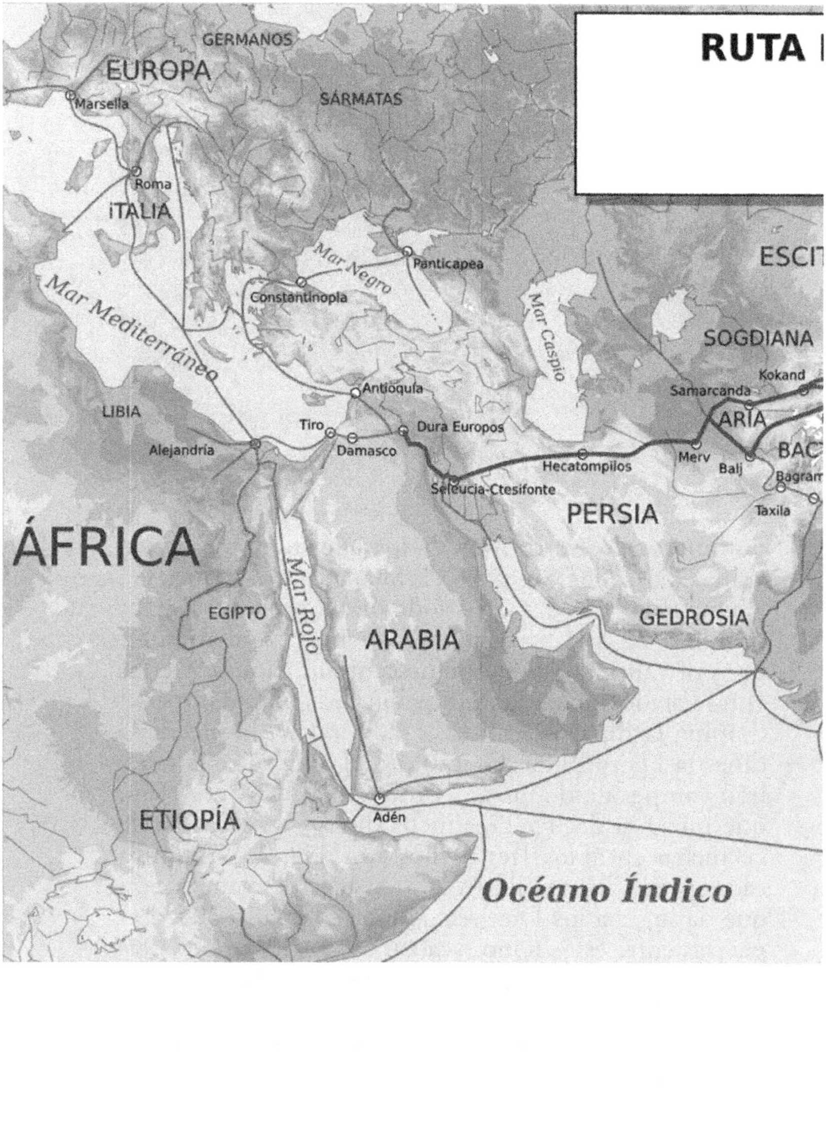
RUTA
GERMANOS
EUROPA
Marsella
SÁRMATAS
Roma
ITALIA
Mar Negro
Panticapea
Constantinopla
Mar Mediterráneo
Mar Caspio
ESCI
SOGDIANA
Kokand
Samarcanda
ARIA
Antioquía
LIBIA
Tiro
Dura Europos
Alejandría
Damasco
Merv
Hecatompilos
Balj
Seleucia-Ctesifonte
Bagram
PERSIA
Taxila
ÁFRICA
Mar Rojo
EGIPTO
GEDROSIA
ARABIA
Adén
ETIOPÍA
Océano Índico

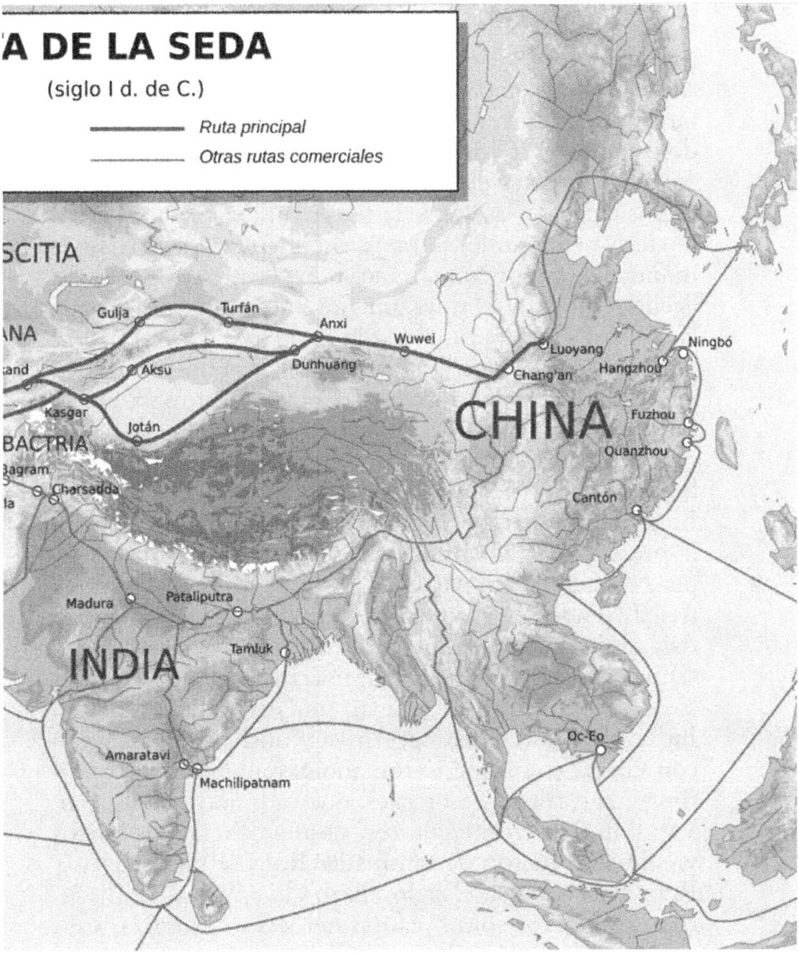

Mapa de la antigua Ruta de la Seda

antiguo de la civilización china. En ese tiempo, con sus peculiaridades propias, China pasa de la Edad del Hierro al despotismo hidráulico, con una agricultura ligada al pequeño propietario, cuya pequeña parcela de dos hectáreas daba ganancias para su familia y para grandes propietarios que los arrendaban. El arroz fue, y es, el cultivo dominante en China, si bien se lograban realizar tres cosechas anuales de arroz, trigo y verduras para evitar plagas cíclicas y asegurar la fertilidad del suelo. El arroz se cultiva en grandes terrazas ascendentes por laderas de montículos y montañas, semejando gigantescos escalones. Tienen que estar continuamente inundados, por lo que la construcción de canales, diques, depósitos y embalses para conservar y correr el agua era constante en todo el territorio. La producción de té también fue importante en la China antigua, y lo sigue siendo hoy día. El cultivo de trigo no fue importante hasta el siglo v d. C., y el maíz llegó por importación de América a través del Pacífico. El comercio de especias, aromas de origen vegetal para la preservación de alimentos, y de seda fue muy próspero en China, y a partir de las rutas comerciales internas al Estado se organizaron rutas comerciales por toda Asia, conectando los mercados de las especias y la seda China con las más importantes ciudades de los kanatos de Siberia y Asia Central, por Anatolia, Arabia, la India, el Sureste Asiático, África y Europa, contactando con Grecia y el Imperio romano, también por vía marítima. Estas rutas comerciales, que cada año movilizaban a millones de comerciantes, de mercancías, de carros y animales, fueron denominadas Ruta de las Especias y Ruta de la Seda en el siglo xix d. C., por los que discurrían productos como plantas herbáceas, mostaza, anís, azafrán, canela, tomillo, pimentón, romero, seda, joyas y cerámica, piedras preciosas, objetos de metal, laca, porcelana, vidrio, coral, marfil, etc. Sin embargo, el arqueólogo francés André Leroi-Gourhan (1911-1986) asegura que los orígenes de dicha Ruta de la Seda se remontan a hace 7000 años. La seda llegó a ser una materia prima muy apreciada en Roma, que les llegaba a través de la conexión de la Ruta con Partia, Estado que ocupaba la actual Persia, situado entre la China Han y Khusán al este, y el Imperio romano al oeste. Pueblos como los Sogdianos de Asia Central se hicieron prósperos cobrando impuestos a los productos que seguían las rutas entre China y el Mediterráneo, dando prosperidad a ciudades por las que pasaba la ruta, como Bujará y Samarcanda, ambas en la actual Uzbekistán.

Despotismo hidráulico amerindio: mayas, incas y aztecas

Varios son los Estados precolombinos en América. Por su importancia histórica, nos centraremos en las sociedades inca, maya y azteca a la hora de ver sociedades políticas plenas, con escritura, leyes, ejército, división de la propiedad, clases sociales, politeísmo y economía propia del despotismo hidráulico fuera de Eurasia. A pesar de la nula interacción comercial o cultural con las sociedades políticas que hemos expuesto antes, incas, mayas y aztecas desarrollaron formas propias de despotismo hidráulico en interacción con otras sociedades menos evolucionadas, que pudieron dominar de manera imperial hasta la llegada de los españoles, en las que el despotismo hidráulico amerindio dio paso a otro tipo de economía y de sociedad política. Que sociedades tan alejadas de las antes mencionadas desarrollaran formas económicas similares dice mucho de la importancia que tuvo el empleo de técnicas de producción manufacturera, en constante evolución desde la prehistoria, en todo el planeta. Pues, en todas ellas, el desarrollo de la técnica confluyó en la explotación de materias primas

Localización diacrónica de los Estados maya, inca y azteca, en época precolombina

metálicas, en la agricultura y la ganadería, así como en la urbanización de la vida, a través de la cual técnicas de gestión de recursos, y la escritura, confluyeron para dar lugar a la vida política y económica de manera muy parecida. Ergo la racionalidad humana es la misma en todas partes, siempre que se produzcan las condiciones para ese desarrollo igual, como se muestra en los tres ejemplos que siguen.

La más antigua de las tres, y la más longeva fue la civilización maya. Esta, a su vez, durante todo su desarrollo precolombino, tuvo contacto con otras sociedades, como los olmecas, la sociedad de venta, la de los totonacas, los zapotecas o la sociedad de Teotihuacán. Todas ellas se influyeron mutuamente entre sí en Mesoamérica, región comprendida entre el norte del actual México y el norte de Costa Rica, teniendo su epicentro más desarrollado en la península del Yucatán. Se trataba de un mosaico de sociedades humanas y políticas, situadas a diferentes alturas respecto del nivel del mar y con climas y vegetaciones muy distintas, con culturas distintas, lenguas y costumbres diferentes, pero con una influencia mutua y una evolución dispar, tan confluyente como conflictiva, que se remonta más allá del 2000 a. C., cuando también allí se dio la revolución neolítica. Es entonces cuando comienza el llamado Período Preclásico de los mayas, que se extiende hasta el 250 d. C., y en el que el cultivo del maíz (base productiva de su economía), los tomates, pimientos, frijoles y calabazas, así como el desarrollo de la alfarería, eran pilares de las relaciones económicas entre todas estas sociedades, sobre todo en pueblos sedentarios como tlatilco, zacatenco, cuicuilco o el arbolillo, ya existentes en el 1000 a. C. Los mayas desarrollaron una imponente arquitectura religiosa, en forma de pirámides escalonadas, así como otros templos decorados con imponentes bajorrelieves de piedra. Olmecas, mayas y demás no conocían animales de tiro para carros y arado (caballos, mulas, búfalos, bueyes, burros, etc.), tampoco la rueda, y por tanto no conocieron el torno alfarero. Tenían figurillas, parecidas a juguetes, que sí tenían ruedas, pero jamás las emplearon para moverse por un terreno orográfico muy accidentado, rodeado de selvas. No conocieron animales de carga como el camello, ni animales de cría (gallinas, corderos, cabras, vacas, cerdos, ya domesticados en Eurasia y el Creciente Fértil). La explotación del cobre fue tardía, y el bronce, el hierro y el acero no se explotaron. El despotismo hidráulico mesoamericano en el caso maya, aun tratándose de una sociedad política histórica, siempre tuvo una economía que no pasó de la Revolución Agrícola y Ganadera, con limitaciones, y una rudimentaria Edad del Bronce. Tenían escritura, conocían el papel y la astronomía, no tan evolucionada como en las sociedades antes citadas, pero sí con capacidad para elaborar exactos calendarios para las cosechas, con períodos de cinco siglos con margen de error de dos horas. También produjeron telas de algodón, y medicinas muy básicas. Al igual que en el resto de sociedades hidráulicas, la maya estaba dirigida por la nobleza y la casta sacerdotal. Los sacrificios humanos masivos, sobre todo en el Período Postclásico (950-1539), proporcionaban también alimento a la población, al practicar el canibalismo con los sacrificados. Es durante el Período Clásico (600-950), cuando los mayas alcanzan su cénit económico. Ciudades como Q'umarkaj o Kaminaljuyú eran centro de paso obligado para el intercambio agrícola y para los objetos de cobre. Pero sobre todo destacó Chichén Itzá, por donde pasaban todos los bienes que iban y venían de multitud de pueblos amerindios, también en América del Sur, al menos hasta las actuales Panamá y Colombia. Incluso tenían un dios del comercio, Ek Chuach.

Los incas, en Sudamérica, eran los habitantes del Tawantinsuyu, o Imperio inca (1438-1533), un extenso Estado que cubría la cordillera montañosa de Los Andes desde el sur de la actual Colombia hasta la mitad del actual Chile. Surgió fruto de la victoria del curacazgo del rey Pachacútec (1400-1471) sobre la Confederación Chanca, en 1438, iniciando un período imperial de casi un siglo de duración. El Imperio estaba dividido en tres clases sociales principales, subdividido a su vez en

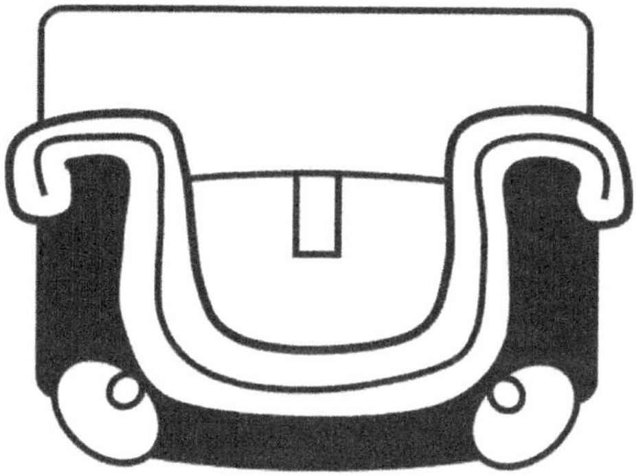

Ek Chuach, dios maya del comercio

varias subclases. Dominando la pirámide social, como en el resto de sociedades hidráulicas, encontramos a la nobleza, subdividida en la realeza, a cuya cabeza estaba el *inca* o rey, la *coya* o reina, y el *auqui* o príncipe, y sus familiares o *panacas*. Esta «nobleza de sangre» se repartía, y a veces disputaba, el poder político y económico con la «nobleza de privilegio» en la que encontramos la casta sacerdotal, los acilas y los altos jefes. En la base de la pirámide encontramos unas cuatro clases sociales distintas: los *hatun runa* o campesinos tributarios, los *mitimaes* o colonos imperiales, los *yanaconas* o siervos para tareas específicas del Imperio, y los *pinas*, prisioneros de guerra de otros pueblos conquistados por los incas que no podían ejercer de *yanaconas*. Su capital, centro administrativo y económico fue la ciudad de Cuzco, en el actual Perú, ciudad que el Estado inca que Pachacútec dirigía embelleció organizando a cerca de 50 000 trabajadores entre albañiles, agrimensores —*sayuchoctasuyoc*—, y artesanos u arquitectos —*amauta*—, para que desde ella partieran todos los caminos del Imperio por los que se desplazaban funcionarios y soldados. En el

Imperio se hablaban decenas de lenguas, aunque la de comunicación imperial y de la administración fue el quechua clásico, la religión incaica era politeísta y su casta sacerdotal fue muy poderosa, algo propio de las sociedades hidráulicas. Su economía fue más compleja que la de los mayas.

El historiador estadounidense John Murra (1916-2006), gran estudioso de las sociedades andinas desde la prehistoria, denominó al *tawantinsuyu*, que ya Marx en el tomo I de los *Grundrisse* calificó de *despotismo oriental*, como «economía vertical», debido a los intercambios de productos variados que se producían, de manera complementaria, entre las tierras altas y bajas del altiplano inca. La producción, muy constante, de maíz de Sama y Moque, de coca, de patata, siempre en pequeñas cantidades para rituales religiosos, cambió cuando la administración inca comprobó que el maíz se conservaba mejor que la patata en épocas de bajas cosechas, por lo que incentivó su cultivo. Las superficies de cultivo se aumentaron a través de redes de regadío y de terrazas de entre 2 y 3 metros de altura, inclinadas hacia el interior de las laderas montañosas, y divididas entre largas series de murallas paralelas. El Estado empleaba a millares de tributarios para esculpir en las montañas estas redes de regadío que se extendían por centenares de kilómetros. Se construyeron canales de piedra para que el agua dulce descendiera a las costas desérticas del Pacífico, y así construir jardines de cultivo. El Estado tenía sus propias tierras para cultivar, y reconocía la propiedad privada de explotación pequeña para los campesinos y de explotación mayor para los sacerdotes, aunque la explotación final pertenecía al Estado. Esta relación de propiedad agrícola garantizaba la fidelidad tributaria de los campesinos. Existía el *ayllu*, una comunidad familiar extensa con relación de parentesco que trabajaba colectivamente la tierra que heredaban en común, llamada *marka*, y dividida en parcelas por necesidades de explotación. Cada nueva familia recibía un *tupu*, el equivalente a una fanega de tierra cultivable (64 hectáreas). Cuando el varón formaba una familia, heredaba el *tupu* y el Estado le daba un lote nuevo si tenía un hijo. Cuando se casaba la hija, el *tupu* era devuelto al *ayllu*. Sin embargo, el reparto y la explotación del *ayllu* tenían, para el Estado, un carácter provisorio, en usufructo, sujeto a modificaciones eventuales desde el poder. Los linajes imperiales, o *panacas*, tenían sus propias tierras, trabajadas por los *yanaconas*, pero que no excedían de las necesidades familiares, salvo excepciones de usufructo parcial o total de tierras antes explotadas colectivamente a *curacas* poderosos. La explotación caciquil preincaica se mantuvo, a cambio de la entrega de lotes al Estado y a los sacerdotes. Esta misma relación económica se daba en la explotación ganadera y la de las minas de oro, plata y cobre. Produjeron útiles de hierro y bronce, e incluso llegaron a producir platino, el cual no se conoció en Europa hasta el siglo XVIII. El intercambio se basaba en el trueque, y los sujetos tributarios eran todos los varones casados de menos de 50 años. Las familias tributaban entregando, si podían, producción textil. La organización social y de clases era muy rígida, hasta el punto de que los indígenas no podían abandonar sus comunidades ni circular sin permiso por las tierras del Imperio, algo básico para asentar el sistema tributario inca, que no conocía la moneda. Sobre el colchón comunitario campesino descansaba un sistema social igualitario entre el funcionariado, a pesar de la jerarquización y la nula movilidad social. Aprovechando el resultado de la guerra civil incaica (1529-1532), resultado de un progresivo proceso de descomposición social, el español Francisco Pizarro (1478-1541) se hizo con el control del Imperio, posibilitando desde el Perú, que la parte de Sudamérica que correspondía a España por el Tratado

Ruinas de Machu Picchu, importante ciudad inca

de Tordesillas (1494) se convirtiera en el Virreinato del Perú, entidad territorial del Imperio español.

Por su parte, los aztecas, o mexicas, fueron una etnia mesoamericana de origen nahua, que hablaba nauhatl clásico, que consiguió conformar diversas ciudades-Estado por todo el territorio en que fueron hegemónicos. Algunas de las más importantes fueron la confederación Chalco-Atenco (h. 1230-1520), Tlatelolco (1337-1473) y, sobre todo, Tenochtitlán (1325-1521), que a la postre fue la capital del Imperio azteca. Aquí también nobleza y clero eran las clases dominantes, siendo los guerreros una clase subalterna pero importante y con gran poder. Los comerciantes se convirtieron en una clase importante, y en constante ascenso. El comerciante azteca era, también, soldado y explorador, y se encargaba de ser punta de lanza de conflictos con otras sociedades mesoamericanas, para que pudiesen ser conquistadas por los aztecas. En los comienzos de esta sociedad política, cazadores, pescadores y campesinos vendían los bienes que conseguían y producían, pero con la evolución de la sociedad azteca y su expansión, más la urbanización del territorio, se especializó el trabajo en las ciudades, que eran autosuficientes pero no paraban de comerciar productos alimenticios. Unas se especializaban en alfarería, otras en metalurgia, otras en telas, algodón, joyas o artículos de lujo. Los artesanos de este último tipo de artículos proliferaron y eran muy preciados a nivel comercial, pues sus productos eran elaborados siguiendo técnicas que surgieron en la época de la civilización tolteca (950-1150), por lo que eran llamados *toltecas*. En Tenochtitlán existía un tipo de comerciantes que revendían productos de primera necesidad o de pequeña artesanía, que dentro de la religión mexica politeísta tenían su propia deidad, *Yacatecuhtli* («señor que guía»), y que eran llamados con el término de *pochteca*, viajantes de comercio con negocios hereditarios. Solo se podía ser *pochteca* por linaje o con una autorización real por servicios prestados al Estado. Tlatelolco destacó comercialmente más que Tenochtitlán en la época imperial. Les venían tejidos de algodón, maquillaje, pieles de jaguar y cacao, planta de la que proviene, al ser manipulado en forma de masa y manteca mezclada con azúcar, el chocolate. Entre 1407 y 1473, Tlatelolco organizó y codificó la corporación azteca de los comerciantes, que pronto adquirió gran poder e influencia. Poseían tribunales propios, al margen del Estado. Existía un funcionariado comerciante, el *pochtecatlailoque*. La expansión comercial se ejercía mediante exploración (hecha por los *nahualoztomeca*), conquista y depredación de recursos, e incluso de personas, sacrificadas en los templos de Tenochtitlán y otras ciudades a los dioses, en cantidades «industriales», utilizando también la carne de los sacrificados como consumo mediante el canibalismo (en el Imperio inca, los sacrificios no tenían un sentido económico como en Mesoamérica, y eran, sobre todo, momificaciones de niños sedados mediante el ritual del *Capac Cocha*). La guerra civil entre Tenochtitlán y Tlatelolco (1469-1473) fue por motivos comerciales, venciendo Tenochtitlán, quien desde entonces y hasta la conquista del Imperio por Hernán Cortés (1504-1547) entre 1519 y 1521, monopolizó el comercio imperial. La plaza comercial más importante de la capital, el mercado de Tlatelolco, era de una oferta de productos pletórica. Las mercancías llegaban al mercado por vía terrestre y por los numerosos canales hidráulicos que, desde el lago de Texcoco en que se encontraba la ciudad, abastecían a la capital de agua dulce y permitían mantener los cultivos agrícolas que permitían la alimentación de la ciudad. Todo tipo de productos se vendían en el mercado, como los antedichos u otro de gran importancia posterior a nivel mundial, el tabaco. En la obra *Historia verdadera de la conquista de la Nueva España* (1632), atribuida a Bernal Díaz del Castillo (1495-1584), se describe así la típica estampa del mercado de Tlatelolco:

> Cuando llegamos al gran mercado llamado Tlatelolco, nos asombró ver tanta gente y tal cantidad de mercancías; también nos sorprendió comprobar el orden que allí reinaba y la disciplina que se mantenía, ya que nunca habíamos visto semejante espectáculo. Cada tipo de mercancía se vendía en un lugar especial. Primero estaban los que comerciaban con piedras preciosas, plumas, mantos y objetos bordados. Luego los esclavos indios, hombres y mujeres. Se les llevaba atados a largas varas, con un collar en torno al cuello para impedir que escaparan, aunque otros caminaban libremente. Luego estaban los mercaderes que vendían telas de algodón, objetos de hilo trenzado y cacao. Allí había reunidos todos los tipos de mercancías que podían hallarse en Nueva España. Se vendían tejidos de fibras de «henequén», cuerdas, sandalias, y raíces de la misma planta, dulces de sabor, que se comen

Reproducción del mercado de Tlatelolco, Tenochtitlán

> asadas. En otro lugar se vendían pieles de leones y tigres, nutrias y chacales, ciervos y otros animales, gatos salvajes, tejones, etc. Algunas estaban curtidas, y otras en estado bruto. Todo esto entre muchas otras mercancías [...]

El Imperio azteca no fue la única sociedad política que combinó, en su despotismo hidráulico, relaciones económicas de tipo esclavista. Ya en el Creciente Fértil y Eurasia existían esas combinaciones, las cuales, en algunas sociedades, evolucionaron hacia un modo de producción distinto gracias a la existencia de esta clase social: los esclavos.

4

El esclavismo

Si en la prehistoria y en el despotismo hidráulico fueron la evolución y desarrollo de diversas técnicas los que permitieron conformar tanto las primeras y más básicas categorías del campo económico (comercio, mercancías, bienes, acumulación, consumo de mercancías, rutas comerciales, dinero aún no emitido por el Estado en grandes cantidades y bajo control burocrático, división del trabajo, propiedad privada, etc.), como la vida política (escritura, leyes, ejército permanente, burocracia, fronteras, diplomacia, etc.), fue con el modo de producción esclavista, y de manera particular con las aportaciones culturales de la civilización grecorromana, como se empezó a conformar el cuerpo del campo económico. Las sociedades esclavistas eran preindustriales, y recogiendo el progreso agrícola y ganadero anterior, más la producción de metales, incorporaron elementos nuevos que, con mayor o menor grado, se extendieron más allá de los límites geográficos de las Polis helénicas y de Roma. Al fin y al cabo, la extensión geográfica de todo modo de producción depende, históricamente, de las condiciones técnico-materiales con que se encuentren sociedades políticas con capacidad expansiva, imperial, para incorporar nuevos territorios y poblaciones a ese modo de producción.

Clases sociales, propiedad privada y esclavitud

La característica fundamental del esclavismo es que, en cuanto que institución jurídica y categoría económica, existe fuerza de trabajo que es propiedad, de manera integral y legal, de otra clase social, los amos. En cuanto que fuerza de trabajo y sujeto, el esclavo es propiedad del amo, el cual dispone de aquel de por vida, a no ser que sea liberado. El origen histórico de la esclavitud está en la guerra, en la dialéctica de Estados. Los cautivos y prisioneros en guerras, al dejar de ser sacrificados, eran utilizados como fuerza de trabajo a disposición de las clases dominantes de las sociedades políticas vencedoras de la invasión y del conflicto. En un determinado estado de desarrollo de las fuerzas productivas técnicas de la Antigüedad, las ganancias obtenidas por la conquista y la expansión comercial implicaron más gastos para el mantenimiento de lo conquistado. De esta manera, hombres libres con grandes propiedades, funcionarios, soldados, sacerdotes, etc., empezaron a convertirse en acreedores de dinero de hombres libres autóctonos de cada sociedad política o extranjeros que, al no poder pagar sus deudas, pasaron a convertirse también en esclavos. Así, la dialéctica de clases y de Estados, bajo estos dos fenómenos históricos, fue lo que permitió la conformación de esta nueva relación de producción y de esta nueva clase social esclava.

Esclavos griegos trabajando en una mina

El esclavismo surge cuando todavía la tierra y el trabajo son las fuerzas productivas fundamentales. Apenas hay inversión para generar ganancia, y las grandes fortunas lo eran por atesoramiento de guerras, de impuestos o por agradecimiento a servicios prestados al Estado o a sus clases dominantes. Los esclavos recibían protección por parte de sus amos, pero no obtenían retribución dineraria ni en especias. La protección del esclavo estaba obligada por ley, aunque el mercado de esclavos y la compra de los mismos no evitaban los excesos, la tortura ni el ensañamiento con ellos. Los esclavos no son dueños de su fuerza de trabajo, sino que era el amo el dueño de la misma. La protección del esclavo equivalía a su reproducción, de la cual era responsable el amo. Esta reproducción, vital mediante la alimentación, también era biológica, por lo que la familia del esclavo era también esclava y, por tanto, propiedad del amo. La relación amo-esclavo fue una relación económico-política, base de esta forma económica y, también, fuente de derecho por costumbre, reconocida y garantizada por la administración. El amo era el interesado en la mejora de la producción de su economía doméstica, no influyendo sus altibajos de manera directa en el esclavo, que seguía siendo de su propiedad si no era liberado o vendido a otro amo. En tanto que propiedad privada dentro de otras propiedades privadas sobre las que trabajaba para el amo (tierras de cultivo, por ejemplo), el esclavo es un sujeto despersonalizado por vía jurídica y económica, una no-persona que es utilizada como una cosa al servicio de una clase social que no existiría como tal sin esclavitud.

La formación económica y social de las polis en Grecia y Roma

Con formación económica y social nos referimos a la formación de las sociedades políticas griega y romana, en cuanto que sociedades políticas típicas donde el esclavismo fue el modo de producción propio de sus realidades históricas. No hay que confundirlo con el concepto de formación socioeconómica que, según Marx, hace referencia al grado de desarrollo histórico que es alcanzado en un momento determinado en el que, de acuerdo a leyes objetivas, concretas e históricas (no solo económicas), se encuentra un conjunto determinado de sociedades humanas organizadas en un Estado, siendo la sociedad política una variedad compleja de sociedad humana. La formación económica también haría referencia al momento histórico en el que conviven diversas sociedades políticas y diversos modos de producción, de manera peculiar, durante una era histórica amplia estableciendo relaciones sociales, culturales y comerciales mutuas (en la Antigüedad, despotismo hidráulico con esclavismo; en la Edad Media, feudalismo con algunas formas esclavistas y sociedades hidráulicas, y con formas iniciales de economía capitalista; en la Edad Contemporánea, capitalismo y socialismo, con relaciones de producción esclavistas en algunas sociedades). En el punto que nos ocupa, nos referimos a la influencia que tuvo la esclavitud en la formación de las polis griegas y de Roma, y viceversa.

La esclavitud, en tanto que relación social de producción, es muy anterior al modo de producción esclavista. Prisioneros de guerra convertidos en esclavos existían en Sumer, Hatti, Babilonia, Egipto, Israel, Persia, China, en el Imperio Mauria y en las civilizaciones mesoamericanas. El Código de Hammurabi, y otros textos económicos y jurídicos antiguos, ya recogían acuerdos de propiedad de esclavos. Convivía con otras formas de relación de propiedad y laboral, pero de una manera tan reducida que no definía las formas económicas de aquellas sociedades hidráulicas. Estaban al margen de la fuerza de trabajo campesina, dominante en las sociedades hidráulicas, forma predominante de extracción de excedente de producción. Estas sociedades, en realidad, carecieron de concepciones legales definidas de propiedad de bienes muebles. Pero es entre el siglo v a. C. y el siglo II d. C., con el auge de culturas urbanas como la griega y la romana, cuando la esclavitud fue tan masiva y general para todos los sistemas de trabajo sustituyendo a los campesinos libres como fuerza de trabajo empleada para trabajar la tierra y producir excedente de producción, que cuando en la Antigüedad Tardía, el período de transición entre la Edad Antigua y la Edad Media (siglos III-VIII), se descompuso el modo de producción esclavista dando lugar al feudal, el predominio de la ciudad sobre el campo típico del esclavismo se invirtió.

Mapa de las Polis griegas de la Antigüedad

Lo que hoy es el mar Egeo, entre las costas de las penínsulas de Anatolia (Turquía) y griega, albergó una multitud de ciudades-Estado independientes que, por agregación de diversas sociedades humanas durante la llamada Edad Oscura (1200-1100 a. C.), vinculadas a través de la economía doméstica (el *Oikos*, o conjunto de bienes y personas que constituían la unidad económica básica de las sociedades helénicas) se constituyeron como sociedades políticas. Este proceso se llamó sinecismo, o cohabitación de economías domésticas, casas y propiedades, en una misma comunidad política. Este proceso unificó los núcleos urbanos con los centros de producción agrícola, completándose hacia el siglo VII a. C., en plena Época Arcaica. Las polis eran contiguas unas de otras, pero separadas por murallas, y el régimen económico que imperaba, en principio, era la *autarkeia*, autarquía. Lo que no obstaba para las confederaciones esporádicas entre ellas (*koinón*, *simaquía* y *anfictionía*). Cada polis, por si sola, no tenía más de 10 000 habitantes, y la superficie no superaba los 3000 km^2. En cada polis podían distinguirse tres clases sociales principales: los ciudadanos, varones libres y con derechos; los metecos, extranjeros libres pero sin derechos; y los esclavos, sin derechos ni libertad. Las mujeres no eran consideradas ciudadanas, aunque las esposas de los ciudadanos tenían mejor consideración social que los esclavos. Los griegos sistematizaron en la práctica la vida política de tal manera que, en sentido estricto, nace con ellos. De ahí que el ostracismo o destierro fuese la condena máxima para los criminales o personas desprovistas de derechos considerados peligrosos para la recurrencia de dicha vida política. El hombre fue calificado por el filósofo helénico Aristóteles (384-322 a. C.), como «animal político» (*zoon politikón*) en su obra *Política*, lo que da cuenta de la importancia de la polis griega en el cierre del cuerpo tanto de la vida política como del campo económico. El cuerpo del campo económico comenzó a conformarse en el momento en que los griegos produjeron las primeras monedas en el siglo VI a. C., los tetradracmas. Fabricadas de electro, aleación de oro y plata, y acuñadas a martillo con su peso y la marca de la autoridad política emisora, la propia burocracia de las polis, también las produjeron en oro, plata y bronce (cada una con un valor distinto), y tenían por fin forma circular, permitiendo su manejo, transporte y circulación con más facilidad que el protodinero anteriormente existente en otras sociedades políticas. Las monedas circulares de metales varios servían, al mismo tiempo, de pago por intercambio de bienes entre polis, teniendo cada polis sus monedas propias que, al cambio, tenían equivalencias. También servían de medida del valor de dichas mercancías (valor *intrínseco* que a Aristóteles permitió elaborar la teoría del justo-precio), y de pago por servicios de obra, venta o trabajo a hombres libres, obreros, soldados en las guerras, etc. La moneda transforma el comercio ya existente en algo más complejo. El cuerpo del campo económico se produce con la evolución técnica de las polis griegas, de economías domésticas a economías políticas, heredando todo el desarrollo técnico anterior, y perfeccionándolo, acuñando sus propias monedas, políticas, con sello estatal (cara del monarca) que posibilitan el nacimiento de los mercados como ámbito de apropiación política territorial por parte de los poderes del Estado y, a través de ellos, de sus clases dominantes. De esta manera, el comercio es ya mercado, que es ya económico-político, y dentro del mercado, o de los mercados, es donde se producen relaciones mercantiles (precapitalistas todavía) y donde se desarrolla el comercio. Y esto casi mil años antes de que surja la economía política como disciplina.

Hubo multitud de polis, algunas tan importantes en distintos momentos históricos, como Atenas, Esparta, Corinto, Pérgamo, Olimpia, Tebas, Mileto, Estagira, Siracusa, Bizancio, Cirene, Argos, Éfeso, Halicarnaso, Cnosos, Épiro, Macedonia, Samos, Colofón, Egina, etc. Cada una de ellas con su propia moneda, su producción especializada y sus propios mercados terrestres y marítimos. Las polis competían entre sí, y se producían guerras constantes, pues tenían sistemas económicos distintos, aún dentro del mismo modo de producción esclavista. La unidad de las polis tuvo que ser contra terceros, el Imperio Persa o Aqueménida, el más grande de su tiempo, que también acuñó por primera vez su propia moneda bajo la monarquía de Darío I (522-486 a. C.), que amenazaba la soberanía de todas ellas y obligó a unirse durante las guerras médicas (492-478 a. C.). Atenas y Esparta lideraron la resistencia contra los persas, aunque los conflictos

Tetradracma

entre persas y griegos se extendieron durante más de dos siglos, y no se resolvieron hasta que Macedonia se convirtió en Imperio bajo el liderazgo de Alejandro Magno (356-323 a. C.), conquistando todo el Imperio persa e iniciando el Período Helenístico con su muerte, que acabó en el año 30 a. C., y durante el cual las polis de Alejandría, Antioquía y Pérgamo se convierten en hegemónicas. Durante todo el período histórico de esplendor de las polis griegas se desarrolla la geometría, la primera de las ciencias, con Euclides (325-265 a. C.); la historia con Herodoto (484-425 a. C.); y la filosofía, con sus períodos de formación presocrática de Tales de Mileto a Demócrito (640-370 a. C.), hasta llegar a los sofistas atenienses (siglo v a. C.) que tanto influyeron en el gobernante ateniense por excelencia, Pericles (469-429 a. C.) y a Sócrates (470-399 a. C.), el período de la filosofía clásica con Platón (387-347 a. C.) y Aristóteles (384-322 a. C.), que fueron los primeros en escribir sobre cuestiones económicas, y el Helenístico en que se desarrollan escuelas como los cínicos, los epicúreos y los estoicos, entre otras. Durante el Imperio macedonio, las formas económicas esclavistas se expandieron

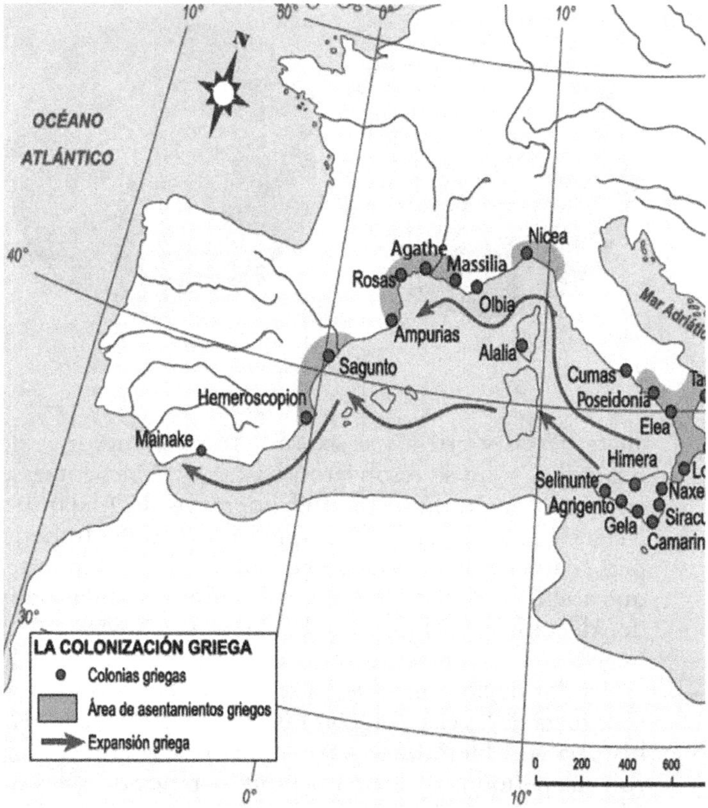

por el Mediterráneo y por Oriente Próximo hasta la India. Expansión que, en el Período Helenístico, continuó hasta que la última soberana griega, Cleopatra VII (69-30 a. C.), cayó en Alejandría por la conquista romana, cerrando un período histórico al que sustituyó otro en que lo romano se fusionó con lo griego, de la

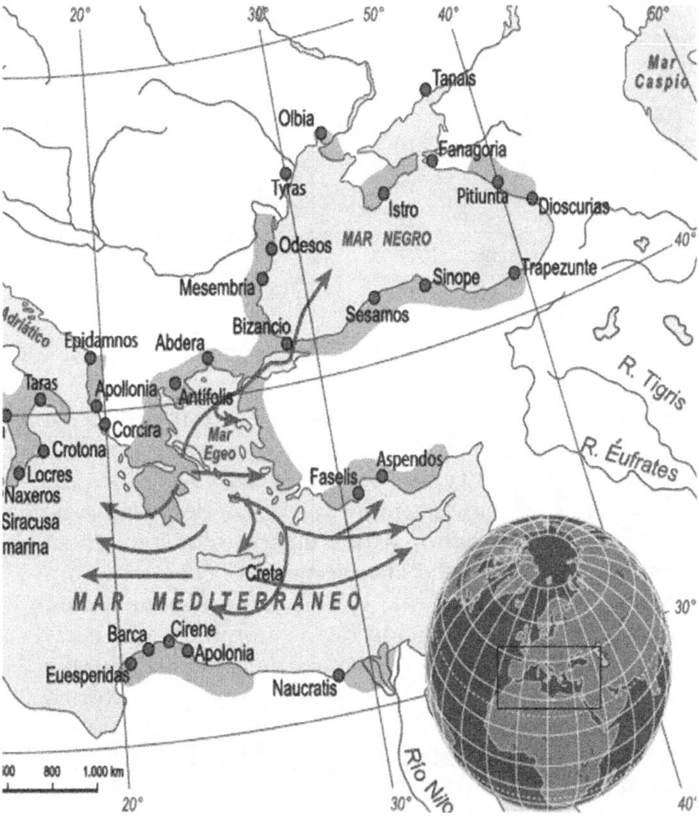

Expansión de las polis griegas por el Mediterráneo

misma manera en que lo griego y lo asiático se fusionaron desde Alejandro Magno.

Desde los inicios del Estado romano, en forma monárquica en el 753 a. C., los patricios fueron la clase dominante, herederos de los patriarcas familiares anteriores, que dominaban ya sobre una población campesina que siempre fue muy amplia. La urbanidad

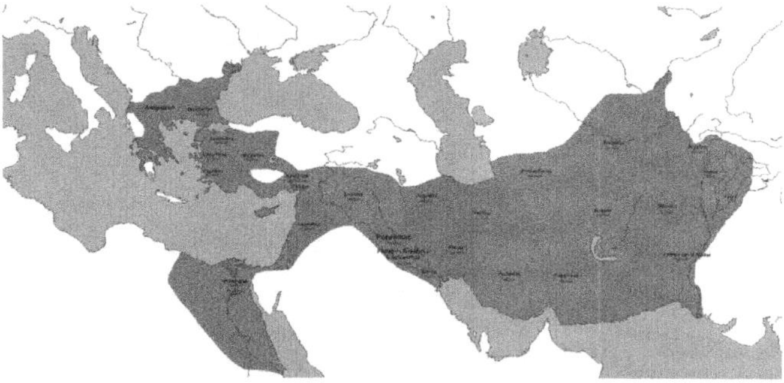

Imperio macedonio

del Estado romano fue comandada por estos patricios fundadores de Roma, de los cuales uno era reconocido como *rex*, que a su vez era *pontifex maximum*, protector de los asuntos religiosos comunes en el sentido politeísta de entonces. Era una monarquía electiva con tendencia hereditaria. Para ayudar al rey estaba el Senado, palabra proveniente de *senex*, que en latín significa 'anciano', que surgió como evolución de las asambleas de ancianos protohistóricas en el Lacio, región de la actual Italia donde se encuentra Roma, y que es el origen histórico del Estado romano antiguo y del latín, lengua que fue oficial en todos los territorios que Roma conquistó hasta su final, conviviendo con el griego en su dominios orientales. Junto a los patricios estaban los hombres libres, unidos a aquellos por lazos clientelares a cambio de protección de los patricios que les ofrecían tierras de cultivo para su sustento. De esta manera se generaba un beneficiario de ese trabajo, llamado *cliens*, cliente, con obligaciones para con su patrono. Los extranjeros también eran libres, pero no participaban de la vida política romana.

El conjunto de la población que no pertenecía a la clase de los patricios eran la *plebs*, plebe o plebeyos. Esta era englobada en diversas tribus, primero en sentido étnico y luego solo en sentido territorial y administrativo. Al aumentar los dominios de la monarquía, el número de tribus aumentaba, y la gestión de las mismas tuvo que realizarse de manera racional a través de tributos (palabra que viene del latín *tributi*). Más allá del tributo, las tribus en Roma no tenían más papel político relevante y pronto fueron sustituidas en importancia por las curias, que englobaban a barrios o grupos de habitantes de una zona, en principio de origen étnico, aunque esto luego cambió. Cada 30 curias formaban una unidad de voto, llamada Comicio Curiado, una asamblea que sancionaba el nombramiento del rey por reposición. También tenía cometidos legislativos.

Estas clases e instituciones políticas se sostenían por la producción agrícola y por los *servus*, esclavos, aunque fue a partir del siglo IV a. C. cuando su número empezó a ser masivo. De hecho, el *nexum*, la relación por la cual existían los esclavos por deudas, no fue abolida hasta el siglo IV a. C. La población esclava se multiplicaba por los nacidos en la propia casa, los *vernae*. El esclavo era una fuerza de trabajo protegida por ley que, incluso, podía disponer legalmente de propiedad privada. Algunos se enriquecían con negocios diversos, y podían alcanzar una libertad limitada en el tiempo debido a la fidelidad a sus amos, o comprarla si eran ricos, convirtiéndose en *liberti*, libertos.

Las mujeres estaban exentas de deberes para la comunidad y quedaban recluidas a labores domésticas, perteneciendo al padre si no estaban casadas, al marido tras casarse o a su hijo mayor si enviudaban. Roma llenó de colonos las tierras que conquistaban, donde reproducían las instituciones de la ciudad, y movían población de esas regiones a Roma, donde se mezclaban con los autóctonos. La explotación agrícola y ganadera de las tierras conquistadas fue constante. Con estos movimientos

demográficos, Roma garantizó la integración de toda su población en una sola comunidad política, cada vez más extensa y poblada. La asimilación de elementos no latinos a la idiosincrasia romana, y la expansión de los

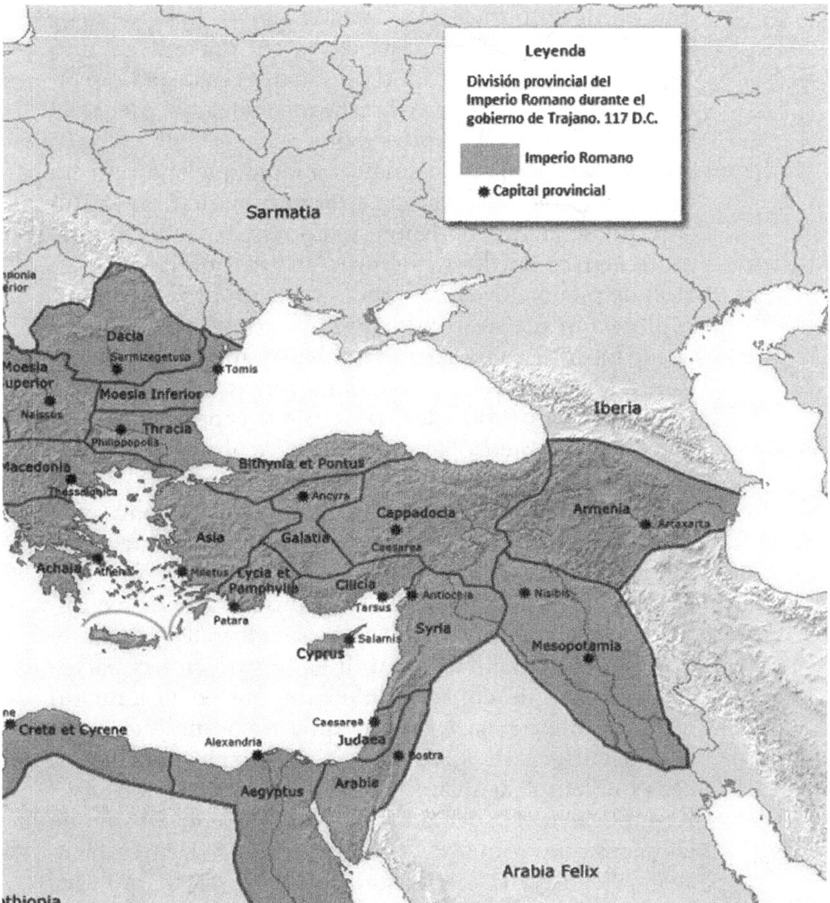

Imperio romano en su máxima extensión

latinos por todos sus dominios, fue un doble efecto de esta expansión.

La sal fue un producto fundamental en la producción y expansión de la ganadería romana. De hecho, una vía de comunicación entre la región de los ecuos y los montes Apeninos, hasta el mar Adriático, se llamó Salaria. La palabra salario, el dinero que recibe periódicamente todo trabajador por realizar su tarea, proviene del latín *salarium*, el pago por sal que se hacía a los soldados cuando el peso de la misma valía igual que el oro, y era utilizada para conservar la carne por medio del salazón con que se la cubría. Roma se convirtió en un importante centro de distribución y control de la producción de sal en el Mediterráneo, y fue un producto cuya explotación fue motivo de guerras constantes durante la expansión romana, pero también en momentos posteriores de la historia. La economía romana era ganadera, se domesticaron bóvidos, porcinos y cápridos, pero la monarquía comenzó a explotar la agricultura de manera intensiva. La domesticación del trigo, la producción de pan, pasta, harina, empanadas, gachas, pizzas, etc., y la distribución de estos productos por todos los territorios que Roma conquistó, junto con la carne de vaca, de cerdo, el huevo de las gallinas, el vino y el aceite de oliva, hizo de estos alimentos elementos culturales populares que, posteriormente, darían lugar a variaciones nacionales de lo que contemporáneamente se ha llamado dieta mediterránea. La monarquía tuvo una incipiente producción textil, pero carecía de metales a explotar, cosa que empezó a cambiar con la proclamación de la República en el 509 a. C., y la aún mayor expansión de las posesiones romanas. El Senado, con 300 miembros, sustituye al rey como órgano rector de la vida política romana y de la gestión de sus recursos económicos. El número de senadores se elevaría a 600 con el dictador comisarial Sila (138-78 a. C.), y a 900 con Julio César (100-44 a. C.), último gobernante republicano que se hizo nombrar *dictator perpetuus*, para poder emprender reformas administrativas, urbanísticas y económicas de calado. Tras su asesinato en el mismo Senado durante los *Idus de marzo* (15 días del mes romano de *Martius*), se produjo una guerra civil que, como consecuencia, aupó al poder con posterioridad a Octavio Augusto, proclamándose el Imperio romano el año 27 a. C.

Antes, tras el fin de las guerras púnicas (246-146 a. C.), las ciudades más importantes dentro del territorio romano, y debido a la ruina de los campos de cultivo tras dichas guerras, se llenaron de pequeños y medianos campesinos supervivientes, generando una nueva clase social dentro de la plebe, muy pobre, llamada *proletarii*, también llamados *capite censi* (los no contados), carentes de propiedades, por lo que no pagaban impuestos, y solo pudieron portar armas y ser soldados con las reformas legales de Cayo Mario en el 107 a. C. Hasta ese momento, lo único que podían aportar al Estado era *prole*, hijos, tanto en época republicana como imperial. El origen del proletariado moderno se encuentra aquí, si bien el sentido que ha tenido este concepto en materia económico-política varió con el curso de la historia. Las tierras abandonadas por los campesinos convertidos en *proletarii* fueron ocupadas por patricios ricos, generando *latifundium*, latifundios, explotaciones agrarias de gran tamaño, en las que se practicaba una agricultura intensiva y especializada. Las diversas provincias romanas competían en la explotación latifundista entre sí, sobre todo en trigo, que vendían a precios muy baratos para el consumo de las grandes poblaciones de Roma. El latifundio hundió al campesino propietario, pequeño y mediano. La dialéctica de clases que esta situación generó en Roma evolucionó a diversas rebeliones de esclavos, en el Lacio en 198 a. C., en Etruria en 196 a. C., o en Sicilia en el 185 a. C. Algunas de las más importantes fueron la de Enna en 138 a. C., que llevó a la organización del reino de Nueva Siria, de efímera vida, o la siciliana de 104 a. C., que también organizó otro Estado de corta vida. En ninguna se suprimió la esclavitud, sino que se invirtió la pirámide social convirtiendo a los amos en esclavos y viceversa. Estos sucesos no afectaron a la capital de Roma de manera directa, pero dicen mucho de la cantidad de esclavos que existían en esta sociedad política tan vasta y diversa.

La que sí afectó fue la revuelta liderada por Espartaco, esclavo de origen tracio, en el 74 a. C., que comenzó en Capua, en una academia de gladiadores que, al fracasar su plan de fuga, se rebelaron, uniéndose a ellos multitud de campesinos libres sin propiedades. Tras vencer a las tropas romanas ante el Vesubio, los rebeldes espartaquistas aumentaron de número, trataron de cruzar los Alpes fuera de Roma, pero terminaron regresando al sur porque querían vivir en una tierra, Italia, que ya consideraban suya. Vencieron a dos ejércitos consulares en su rumbo al sur, cundiendo el pánico ante la posibilidad de que arrasaran la capital. Espartaco y sus tropas y sublevados fueron vencidos en Apulia (71 a. C.) tras dar el Senado poderes especiales a Licinio Craso (115-54 a. C.), aristócrata y militar que, entre otras cosas, fue quien apoyó financiera y políticamente a César. Como se ve, la dialéctica de clases en Roma fue muy intensa en la época republicana. De hecho, también empezaron a proliferar los *homines novi*, hombres nuevos, personajes venidos a más por las riquezas adquiridas y que adquirieron importancia en Roma, a pesar de no venir de ninguna estirpe patricia. Uno de los primeros casos de movilidad social de clase reconocido históricamente.

Apenas se modificó la estructura económica romana durante el Imperio. La producción de la riqueza era realizada por los campesinos, en menor medida los *proletarii* y, sobre todo, por los esclavos. El Imperio romano, eminentemente marítimo y basado en dominar todas las costas del Mediterráneo, al que llamaron *Mare Nostrum*, llegó a comerciar con sociedades políticas limítrofes y

Bajorrelieve con esclavos romanos encadenados

lejanas, como mencionamos antes al hablar de la Ruta de la Seda. Pero debido a su extensión, población y recursos se trató de una sociedad política con capacidad de abastecerse sin mucho problema. La vida urbana del Imperio era muy importante, aunque la mayoría de su población vivía en el campo de la ganadería y la agricultura. Introdujeron innovaciones técnicas, como el arado romano, tirado por animales (toros, bueyes, caballos), masivamente utilizado hasta mediados del siglo XX d. C., o el *pistrium* (molino), basado en herramientas manuales que provenían del Neolítico, aplicados ahora al grano o al prensado de aceite, que también requería tracción animal. También innovaron con el uso del abono para los cultivos y en nuevas técnicas de regadío. La rueda hidráulica, que ya existía en Mesopotamia, fue evolucionando en Grecia gracias a las aportaciones del geómetra Apolonio de Pérgamo (262-190 a. C.), del matemático Ctesibio (285-222 a. C.) y del ingeniero Arquímedes (287-212 a. C.), sobre todo a partir de su tornillo, una máquina utilizada para la elevación de agua u otros materiales, consistente en un tornillo que se gira dentro de un cilindro hueco sobre un plano inclinado. De circuito infinito, se sigue utilizando todavía para el bombeo. Aprovechando estas aportaciones, el arquitecto romano Vitruvio (70-15 a. C.), escribió un tratado tecnológico para construir una rueda hidráulica con engranajes, teniendo un diseño parecido al del molino manual griego, de eje vertical. Al sustituir los compartimentos de madera de la rueda hidráulica por cangilones separados de arcilla o barro, atados al marco externo de la rueda, los romanos dan origen a la noria. De esta manera, se produce la primera máquina-herramienta de la historia, con permiso de la clepsidra o «reloj de agua» inventada en el Antiguo Egipto: el molino de agua, el primer ejemplo de maquinaria, surgida del empleo de las ciencias a la técnica para dar lugar a la tecnología, y para darle un uso económico, productivo. Su aprovechamiento, esencial para moler cereales en mayor cantidad y más rápido, para el regadío a gran escala y, más adelante, para producir electricidad, lo convierten en una de las invenciones fundamentales de la historia. Las provincias del Imperio que disponían de buenos molinos de agua para sus economías, sobre todo aquellas donde había grandes ciudades, solían ser las más prósperas. Italia, donde se encontraba la capital, Roma, estaba a mucha distancia en riqueza respecto de las demás.

La acuñación de moneda fue esencial para mantener pagados a los habitantes del Imperio y a las tropas del Ejército, las cuales no cesaron de aumentar sus dominios, sobre todo con el emperador Trajano (53-117), de origen hispano. Ases de cobre, sestercios de bronce, denarios de plata (moneda efectiva del Imperio, acuñada solo por la autoridad estatal central) y áureos de oro eran distribuidos por todo el Imperio, aunque en la provincia romana de Egipto el tetradracma, la

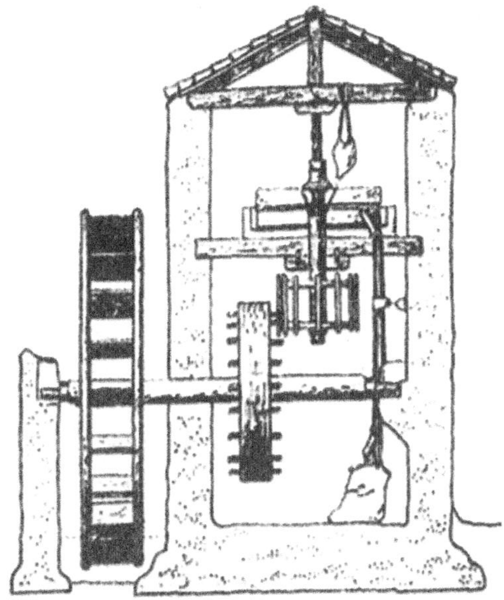

Dibujo del mecanismo del molino hidráulico romano

antigua moneda griega equivalente a un denario, seguía siendo moneda oficial. Los trabajadores de los talleres de acuñación de monedas, debido a que, de manera continuada, se trató de rebajar el peso o contenido metálico de las mismas, aumentaron y cambiaron por su cuenta su valor ficticio, especulativo. En el 274, el emperador Aureliano (214-275) prohibió al Senado y a las ciudades la acuñación de sestercios, y mandó acuñar nuevas monedas de plata, los *antonianus*, valiendo cada unidad 5 denarios. De esta manera, se trató de proteger los sectores económicos que realizaban sus actividades bajo inversión de denarios, circulando y pagando sus mercancías en esa moneda. Contra la protesta del Senado ante esto, Aureliano reaccionó asumiendo aún más poder, declarándose *Dominus et Deus* (señor y dios), e imponiendo un nuevo culto, el del *Sol Invictus* como religión oficial del Imperio, cuya fiesta sería el 25 de diciembre, fecha del actual día de Navidad en el cristianismo. Aureliano se declaró Pontífice Máximo de dicha religión. Al año siguiente, fue asesinado, comenzando un convulso tiempo de dialéctica de clases en el Imperio, la crisis del siglo III —que también fue económica—, provocando que el Imperio tuviese dificultad para cubrir sus numerosos gastos con las capitaciones (impuestos variables entre sus provincias) y otros tributos. Los propietarios de esclavos y tierras debían pagar dos tributos, estatales y provinciales, y vender sus productos a precios bajísimos en circunstancias concretas. Los pagos en especie eran cada vez más gravosos, sobre todo para los comerciantes, no así para los contribuyentes plebeyos.

El *adheratio*, la fijación de precios bajos a productos necesarios para la recurrencia del Estado, tomando como base los áureos y obligando al pago en especie bajo precios fijados previamente por la administración pública, hacían que, en realidad, los contribuyentes pagaran cada vez más impuestos. Esto multiplicó la inversión en tierras alejadas de las ciudades, repercutiendo en la economía urbana. En las ciudades, la economía dependía mucho del esclavismo. Al empezar a dejar de existir la salida al comercio de esclavos en las ciudades porque los excedentes de producción eran mayores en el campo, y con ellos no se compraban esclavos sino otras mercancías, la esclavitud dejaba de ser rentable, siendo sustituida por el sistema de la aparcería, por la cual el propietario de una finca rural encargaba a un cesionario la explotación agrícola de la misma a cambio de un porcentaje de los beneficios. Así, el latifundista romano se aseguraba el máximo rendimiento posible de sus tierras. Patrono y colono aparcero se protegían mutuamente de los recaudadores tributarios y del

Denarios romanos

reclutamiento militar, dando lugar a una relación social de producción fundamental para entender el paso del esclavismo al modo de producción feudal. Se redujo la capacidad fiscal del Imperio, que se fraccionó en tres en el año 260, separándose el Imperio galo con las provincias de Galia, Bélgica y Britania, y el Imperio de Palmira en Egipto, con Siria, Palestina, Egipto y parte de Asia Menor (Anatolia), formando ambas Estados efímeros reunificados con Roma en el 273. A pesar de ello, el problema tributario continuó, y el latifundio empezó a ser trabajado también por esclavos con una relación más libre con su señor. La villa esclavista cae, repercutiendo en toda la economía romana, sobre todo en la plebe.

Esta situación llevó al emperador Diocleciano (244-311) a crear la Tetrarquía, un sistema de gobierno y de tributación que dividió el Imperio en cuatro diócesis, dos para césares y dos para augustos. Las diócesis eran, como césares, las de Constancio Cloro (con Britania, Galia, Vienna e Hispania) y Galerio (con Panonia, Mesia y Tracia). Y como augustos, las de Maximiano (con Italia y África) y Diocleciano (con Asia, Póntica y Oriente). Con ello se pretendía frenar las presiones e invasiones bárbaras mediante una gestión más eficaz, y controlar mejor las provincias para asegurar los ingresos al Estado. Se pasó de una hegemonía de los impuestos indirectos a los directos, para controlar a los contribuyentes y recuperar la Hacienda. Hubo una separación entre poder civil y militar. Las oligarquías municipales pasaron a responsabilizarse del cobro de impuestos, desarrollándose así el principio de responsabilidad colectiva para reclutamiento, tributos monetarios y en especie. Se elevó el curso del denario, con base en el áureus y el *argentus* (otra moneda de plata), pero esto encareció los precios de los bienes de primera necesidad. El *Edicto de Precios* de Diocleciano, para tratar de bajar los precios, devaluó la moneda, que pasó a ser considerada solo un metal más, prefiriendo los contribuyentes pagar en especie, algo que fue en aumento debido a la existencia de dos tipos de moneda en todo el Imperio y a que el *Edicto* fue aplicado de manera desigual en todas sus diócesis.

A pesar de todo, las medidas de la Tetrarquía permitieron existir al Imperio casi dos siglos más, aunque los cambios dentro del mismo fueron de tal relevancia histórica que no fue posible regresar a situaciones anteriores. Con el auge del cristianismo frente a las religiones politeístas tras la disolución de la Tetrarquía, proceso que culminó con el *Edicto de Milán* del 313, legislado por el emperador Constantino I (272-337), se estableció la libertad religiosa, acabando así la persecución de los cristianos, mantenida durante tres siglos. A finales del siglo IV, en el 380, el *Edicto de Tesalónica*, decretado por el emperador Teodosio I (347-395), convierte al cristianismo en la religión oficial del Imperio romano. Además, se refunda la ciudad griega de Bizancio, antigua capital de Tracia, con el nombre de Constantinopla, para convertirla en nueva capital del Imperio entre el 330 y el 395. Más tarde se convertiría en capital del Imperio romano de Oriente, tras la división administrativa que unificó, con la disolución de la Tetrarquía, las diócesis de Constancio Cloro y Maximiano por una parte, y de Galerio y Diocleciano por otra. Estos hechos marcan, junto al fin del modo de producción esclavista, el paso de la Edad Antigua a la Edad Media. Paso que se cierra, a nivel económico-jurídico, con el fin del poder fáctico de los herederos de los patricios esclavistas y de toda función económica y política del pretorio, y a nivel militar, con el saqueo de Roma por parte de Alarico I (370-410), rey de los Visigodos, en el año de su muerte, aunque salvó las basílicas de San Pedro y San Pablo. Esto marcó un hito histórico en el cristianismo, pues les llevó a pensar que Dios intervino para amortiguar la violencia del saqueo. En el año 476, el Imperio romano de Occidente cayó, mientras que el Imperio oriental, rebautizado como Imperio bizantino, pudo continuar casi mil años más. Así acabó el modo de producción esclavista, dando lugar al feudalismo.

La esclavitud tras el fin del esclavismo

Finalizado el modo de producción esclavista, sin embargo, la esclavitud siguió existiendo. Hasta el siglo XI, en la Alta Edad Media, siguió existiendo en varios Estados cristianos, con un pequeño auge en el siglo VII. La práctica de la esclavitud en el mundo musulmán fue constante, sobre todo entre los siglos VIII y IX, con el comercio de esclavos negros africanos y eslavos de Europa Oriental. Los reinos berberiscos musulmanes del norte de África, durante el siglo XVI, continuaron con la práctica. De hecho, el mismo fundador del Islam, Mahoma (570-632), fue esclavista. Los aztecas practicaron la esclavitud con los pueblos a los que oprimían, y tras el descubrimiento de América en 1492, el comercio de esclavos africanos negros —comprados a berberiscos o regentes musulmanes, a comerciantes negros de otras sociedades del África subsahariana, que organizaban cacerías humanas para vender esclavos a las grandes potencias esclavistas de Europa occidental (Inglaterra, Holanda, Francia, Portugal, España)— generó un mercado triangular de esclavos cuyas ganancias se repartían entre Europa occidental, el golfo de Guinea y América. Zonas calientes del comercio de esclavos fueron el Caribe, las costas norteamericanas del golfo de México y el Atlántico, y buena parte de la costa suratlántica de América, entre el actual Brasil (donde la cifra de esclavos africanos fue mayor que en ningún otro sitio, hasta 12 millones, siendo el Imperio portugués el campeón histórico de la esclavitud colonial), Uruguay y la desembocadura del Río de la Plata en la actual provincia de Buenos Aires, en Argentina. Entre 10 y 60 millones de personas, sobre todo subsaharianas, fueron esclavizadas entre el siglo XV y el XIX, cuando la esclavitud fue progresivamente abolida, en tanto que la fuerza de trabajo esclava debía ser reconvertida, en el modo de producción capitalista, en proletariado libre que produjera capital para la burguesía dominante, aunque hubo abolicionismo de buena fe, y este tuvo la resistencia de numerosos partidarios de mantenerla. Durante esos siglos, la piratería y los corsarios sirvieron como enlace entre los negreros autóctonos africanos y las potencias imperialistas y colonialistas del mercantilismo y del incipiente capitalismo. La fuerza de trabajo esclava fue destinada, sobre todo, a plantaciones de caña, algodón, cacao y café, como criados de terratenientes, minería o a la construcción urbana. En pleno siglo XXI, todavía existen esclavos que, de manera entre ilegal y alegal, siguen perteneciendo a unos amos, a través de deudas e incorporados al tráfico de personas, sobre todo mujeres y niños para el comercio sexual o de órganos, aunque también son esclavizados hombres. Según informe del *Global Slavery Index* de 2018, uno de cada mil habitantes en el mundo siguen viviendo bajo régimen de esclavitud, lo que supone el número total más alto de la historia en un mismo momento histórico. Como se ve, aunque un modo de producción haya terminado hace mucho tiempo, relaciones sociales propias de aquel pueden seguir existiendo en otros posteriores, y con gran vigor.

5

El feudalismo

Los siglos que duró la Antigüedad tardía son la primera transición económica de la historia de un modo de producción a otro. Si el Mesolítico supuso el paso del Paleolítico a la Revolución neolítica, a la Revolución agraria, la Antigüedad tardía supuso, como vimos en el capítulo anterior, el paso del modo de producción esclavista al modo de producción feudal, aunque la esclavitud siguió existiendo incluso siglos después de finalizar el feudalismo. Supone también el paso a la Edad Media, un período histórico de más de mil años, al que siguió otro período de transición de modos de producción, de tres siglos, que veremos en el siguiente capítulo. Al tratarse de procesos de acumulación de instituciones diversas, aplicadas a la transformación de la realidad en un contexto constante de dialéctica de clases y de Estados, estos procesos de producción transforman lo que han ido acumulando, por lo que dicha producción supone, también, una evolución y complicación constante de los mecanismos a través de los cuales se configura el campo económico-político, entretejido y codeterminado con otros campos técnicos, tecnológicos y científicos. Se trata de procesos de transición lentos, de siglos, que solo *a posteriori* pueden ser demarcados mediante el análisis histórico, en los cuales se producen saltos de todo tipo que cierran etapas, o aceleran procesos, bien sea mediante una crisis institucional y política de un Estado o de varios, una guerra devastadora y revoluciones de todo tipo, tanto científico-técnicas como políticas. Todo ello cambia el panorama político y cultural de las sociedades, y va añadiendo más categorías al campo económico, al político y al histórico. Esto obliga a disciplinas como la filosofía a evolucionar tomando nota de dichos cambios, realizando análisis sistemáticos de la realidad que, de rebote, también afectan a esos saberes prácticos, en una influencia recíproca constante que hace que las disciplinas se transformen mutuamente. Incluso dando lugar a nuevas disciplinas. Eso ocurrió con la Antigüedad tardía y continuó durante toda la Edad Media y el feudalismo.

La descomposición del Imperio romano de Occidente, y la pérdida de influencia económica y política de la aristocracia esclavista urbana en sus ciudades más importantes, en beneficio de los latifundistas del agro para los cuales empezaron a trabajar esclavos convertidos en siervos, dio lugar a diversas sociedades políticas herederas del Imperio, que siguieron su propio curso histórico y político, en el marco histórico de hegemonía absoluta del cristianismo como religión en Europa, y de la Iglesia católica apostólica y romana como institución más importante del momento. La Iglesia y la nobleza rural consiguen descentralizar el poder político, aunque este fenómeno no fue exclusivo

Siervos entregando los productos de su trabajo al señor feudal

de la Europa cristiana, dándose también en Oriente Próximo, en China e incluso en el Japón medieval.

Se multiplica la población campesina, cuya fuerza de trabajo se utiliza principalmente para el sostenimiento de la vida en los feudos, ciudades pequeñas relativamente autónomas respecto de los Estados medievales (reinos, imperios), bajo la autoridad de un noble o señor feudal. Muchos de estos campesinos, convertidos en siervos del feudo trabajando en glebas o tierras de cultivo propiedad del señor feudal, encontraron seguridad material bajo el amparo del noble local, vasallo del señor (rey u otra autoridad) que le concedía el feudo a cambio de lealtad y obediencia política y tributaria. El señor feudal, vasallo del rey, organizaba una unidad de producción, el feudo, en el que trabajaban sus siervos, estableciendo una relación de producción nueva, por la cual la totalidad del excedente de producción de los campesinos siervos era entregado al vasallo del rey.

El feudo se dividía en reservas señoriales o dominicales, donde se concentraba la producción del excedente antes mencionado, y mansos, donde se concentraba la producción imprescindible para la reproducción de la fuerza de trabajo de los siervos. Estos pagaban en especie o en moneda a sus señores por su trabajo, bajo el amparo de una organización jurídica que combinó el derecho romano con el germánico en reinos como el visigodo (418-711) que ocupa los actuales territorios de España, Portugal, Andorra, Gibraltar y parte de Francia, el reino ostrogodo de Italia (493-553), el reino vándalo en los territorios del antiguo reino de Cartago en África, Córcega y Cerdeña, los reinos anglosajones de la Heptarquía, o el reino de los francos, o Francia (481-751), que alcanzó su máxima extensión y poder bajo la dinastía Carolingia (768-843). Con esta familia real, y con el rey Carlomagno en el poder del 800 al 814, el Imperio carolingio trató de restablecer el Imperio romano de Occidente, pero acabó disgregado en tres partes: el reino de los francos occidentales (843-987), la Francia Media de las que surgen el *regnum italiae* en 962, el reino de Arlés en 933 y Lotaringia en 855, y el reino de los francos orientales (843-962), que acabó derivando en una entidad nunca cerrada que unificaba intereses de diversos nobles dueños de pequeños Estados que se llamó Sacro Imperio Romano Germánico.

En todas estas sociedades políticas se desarrolla el modo de producción feudal europeo, el cual mantuvo a dichas sociedades en una actividad económica estacionaria hasta el año 1000. Con ellas, se asientan los pilares institucionales de los Estados modernos de Europa occidental (España, Francia, Italia, Inglaterra, Alemania, etc.), aunque la inestabilidad política es constante debido a invasiones de pueblos germánicos entre sí, de eslavos, de magiares —húngaros—, de musulmanes y de vikingos —nórdicos— que, durante siglos, obligaron

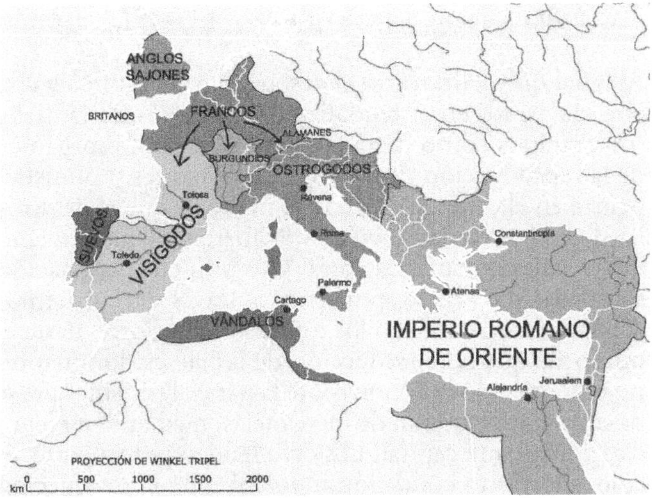

Europa en el siglo VI

a reconfiguraciones políticas constantes. Los reyes y los vasallos proporcionaban seguridad frente a estas invasiones a los siervos de la gleba, a cambio de lealtad y del excedente de producción. La Iglesia, que también tenía tierras y siervos, ejercía de mediador entre el poder político y la servidumbre campesina, por lo que en el feudalismo la nobleza y el clero seguían siendo las clases dominantes sobre los campesinos y los obreros, habiéndose minimizado o desaparecido, según cada caso, la fuerza de trabajo esclava. Esto, más el cambio en la religión dominante, de politeísta a monoteísta cristiana, o musulmana en Oriente Próximo y el norte de África, marca la diferencia entre la situación histórico-económica esclavista y la feudal.

La división del trabajo en la Edad Media

Al igual que ocurría con el despotismo hidráulico y con el esclavismo, en el feudalismo los siervos de la gleba son tratados como mera condición natural inorgánica de la reproducción de las clases dominantes. Lo mismo ocurre en el capitalismo, con el matiz de que el desarrollo de las fuerzas productivas y la libertad de movimiento de los sujetos tomados como vivientes en una relación social natural en el capitalismo, a través del iusnaturalismo, es mayor que en los tres casos anteriores, hasta el punto de que la reproducción de las clases dominantes no requiere solo la acción sobre la naturaleza, sino que se basa en la producción de mercancías, mediante mercancías y mediante capital. El siervo feudal, por su parte, es colocado como condición inorgánica de la producción junto al ganado o como accesorio de la tierra. El siervo, en su evolución desde la tribu romana o desde el esclavo, se comporta con la tierra, con la naturaleza, como si esta fuese la existencia inorgánica de sí mismo, como condición de su producción y reproducción. Por ello, en algunos casos los campesinos medievales pueden tener pequeñas propiedades particulares, pero dentro de la gran propiedad territorial administrada por el vasallo feudal, en nombre del rey. Y el reino es, al final, la tierra comunal que pertenece al rey. Esta relación del siervo con la tierra era mantenida por la nobleza y el clero, en cuanto que clases dominantes.

Los estudios sobre la división del trabajo y de la propiedad en el feudalismo son abundantes. A nuestro juicio, destacan los que desarrolló el historiador económico estadounidense Robert Brenner (1943), cuyos trabajos desataron debates en torno a esta cuestión que se prolongaron durante al menos seis años. Brenner estudió la estructura de clases agrarias y el desarrollo económico en la Europa cristiana occidental previa a la

Revolución Industrial, y cómo de ella surgieron las relaciones sociales de producción básicas del capitalismo, así como el proceso de transición del modo de producción feudal al capitalista.

En las sociedades políticas medievales, como en las hidráulicas y esclavistas, la producción agrícola predominaba sobre la todavía marginal o incipiente producción industrial. Los campesinos eran los principales productores de excedente, y vendían parte de lo que producían para, de esta manera, conseguir dinero en especie o en moneda, y con él adquirir productos manufacturados y sal, que seguía siendo una de las más importantes mercancías a explotar y comerciar. Así podían pagar rentas y tributos, aunque el destino de lo que producían era la mera reproducción de sus pequeñas parcelas de tierra y la subsistencia de sus familias.

Los bienes suntuarios, provenientes del comercio entre Estados medievales, dependían de que a estos colectivos se los comprasen los vasallos de pueblos y ciudades, y el resto de la nobleza. Catedrales y castillos, así como todo tipo de construcciones arquitectónicas de la época, las armas para la guerra y el pillaje, las armaduras y todo tipo de bien cultural, en cuanto que productos económicos, también dependían de aquel comercio para financiar su producción. Las variaciones en la demanda de productos no agrícolas por parte de los campesinos, quienes dependían de la capacidad monetaria efectiva de los compradores de sus productos, apenas repercutían sobre la economía de los Estados. Lo crucial eran las variaciones de los ingresos de los terratenientes en cuanto que clase dirigente. Estos son propietarios de grandes extensiones de tierras de cultivo, principalmente latifundios, y surgen como clase social en la Edad Media, principalmente a partir de la nobleza rural, aunque con el tiempo algunos campesinos consiguieron convertirse en grandes propietarios latifundistas, dando origen a la burguesía rural. La herencia era la vía por la cual los hacendados terratenientes se traspasaban sus propiedades entre sí, por vía dinástica familiar. Las variaciones en sus ingresos dependían de la renta, y la cantidad de esta estaba determinada por el excedente producido por los campesinos, que no podían tomar o dejar libremente la tierra que trabajaban según sus intereses. La mayoría de ellos vivían en comunidades tradicionales, herederas de otras prefeudales. La inmensa mayoría de ellas estaban sujetas a lazos serviles establecidos legalmente y justificados teológicamente. Las que quedaban jurídicamente liberadas de la servidumbre, no obstante, mantenían obligaciones políticas con el señor. El poder político y económico de este era fundamental para determinar el nivel de renta disponible para compra de productos, determinando a su vez la proporción entre tierra y trabajo, y el nivel técnico-tecnológico de desarrollo económico de aldeas, pueblos y ciudades.

Algo muy poco a poco empezó a cambiar, si acaso con la proliferación de molinos hidráulicos para la generación de energía y el renacimiento de las ciudades después del año 1000. Entonces, el desarrollo económico y técnico-tecnológico empezó a influir al poder de terratenientes y de la nobleza rural hasta el punto de empezar a inclinar la balanza del poder político a favor de la nobleza urbana, y permitir el auge de una nueva clase social: la burguesía.

La relación entre señor y siervo era tan política como económica, y la coacción extraeconómica a los siervos de la gleba y el resto de campesinos era constante por parte de los vasallos y de la nobleza, ayudados por el ejército. Pero esta coacción no siempre conseguía sus objetivos para con los siervos, pues la exacción de renta, tanto en el trabajo a cambio de dinero en especie o en moneda, como en forma de favor personal, para la servidumbre y los campesinos suponía siempre la apropiación directa

Burguesía medieval

del fruto de su trabajo, lo que provocó no pocas resistencias y rebeliones. Se producían parones personales y colectivos de prestación de favores personales, y también de trabajo. Las rebeliones campesinas fueron numerosas en el modo de producción feudal hasta su final, y en diversas partes del mundo.

Ejemplos de gran trascendencia son el Levantamiento de la noche de san Jorge (1343-1346) en el Estado monástico de la Orden Teutónica (en los actuales Países Bálticos), en la que la población campesina del ducado de Estonia y el arzobispado de Ösel-Wiek se unieron a la de la Orden Teutónica para aniquilar a la nobleza y los terratenientes nórdicos y germánicos que conquistaron esos Estados en las Cruzadas del siglo

XIII, acabando aquella guerra de clases con la victoria de la Orden. En Inglaterra, destaca la Rebelión de Wat Tyler en 1381, un motín antifiscal de campesinos (muy común en Europa hasta el siglo XIX) que, dirigidos por los lolardos de John Wyclif (1320-1884), teólogo que quería reformar la Iglesia Católica, acabó casi en revolución cuando llegaron a asaltar la Torre de Londres, castillo construido en 1078 y convertido en prisión, donde los campesinos mataron a sus guardianes. La Rebelión de Wat Tyler fue abortada, pero debido a su repercusión y a la violencia ejercida por los campesinos y los lolardos, supuso la reforma del feudalismo inglés y el comienzo del fin de la servidumbre en Inglaterra.

Francia fue el reino con mayor número de motines campesinos en la Edad Media, comenzando así una tradición de revueltas y revoluciones políticas extendida hasta mediados del siglo XX. La *Grande Jaquerie* (1358), revuelta campesina en el norte del reino durante la guerra de los Cien Años (1337-1453), disputa centenaria por el control inglés de territorios franceses que acabó con la expulsión de aquellos de Francia, recibió ese nombre debido al término peyorativo utilizado por los nobles contra los siervos que trabajaban para ellos, Jacques Bonhomme. En un claro ejemplo de dialéctica de clases y de Estados, la nobleza francesa necesitaba sufragar la guerra contra los ingleses, y se impuso la *tallación* (impuesto directo) sobre los campesinos, más la reparación sin compensación de las propiedades nobles dañadas durante la guerra. Los abusos cometidos y las duras condiciones de vida de los campesinos del norte de Francia conllevaron una serie de rebeliones violentas que acabaron en la batalla de Mello, cuando 20 000 campesinos sublevados fueron aplastados por la caballería francesa. La revuelta se convirtió en un símbolo histórico francés, recuperado después por los jacobinos durante la Revolución francesa de 1789.

John Wyclif dirigiéndose a partidarios lolardos

Entre 1467 y 1469 se produce la Revuelta irmandiña, en la corona de Castilla, en un contexto de guerra civil, de abusos y hambre de los campesinos gallegos por parte de la nobleza, con una alta presión fiscal y promoción del bandolerismo de rapiña contra los campesinos. Tras la formación de la Hermandad Fusquenlla en 1431 (hidalgos organizados contra el clero terrateniente), se formó la Hermandad General durante la Gran Guerra Irmandiña, en la que los campesinos consiguieron el apoyo de trabajadores urbanos, la baja nobleza, numerosos hidalgos y parte del clero contra nobles laicos, terratenientes, encomenderos eclesiásticos y vasallos rurales y urbanos. Los insurrectos irmandiños fueron vencidos, siendo esta la mayor rebelión campesina del siglo XV. Fuera de la Europa cristiana también encontramos ejemplos medievales de estas revueltas, como la de los Turbantes Rojos de la China de la dinastía Yuán, de origen mongol,

Francia en la época de las *jaqueries*

entre 1352 y 1368, causada por los fuertes impuestos a los campesinos de etnia Han para pagar al ejército. Como consecuencia, los Yuán fueron sustituidos en el poder por la dinastía Ming, que gobernó hasta 1644. Las revueltas campesinas, normalmente sin organización y sin pretensiones revolucionarias, siempre tenían un alto contenido antifiscal, pues la entrega obligatoria del excedente de su producción les daba unas ganancias tan mínimas que, si estas tenían que ser después adquiridas mediante impuestos por el Estado para sufragar campañas bélicas, el hambre y la miseria en el campo eran lo más habitual.

Pero la división del trabajo en el feudalismo no solo dependía de las relaciones de producción existentes, sino también del desarrollo de las fuerzas productivas. Además del molino hidráulico, otro ejemplo de maquinaria, este sí nacido en la Edad Media, iba a revolucionar la división del trabajo y la organización de las tareas, sobre todo en las ciudades, ayudando a la recuperación de su preminencia política y económica respecto del campo. Se trata de una máquina-herramienta que, ya entonces, permitió calcular el tiempo de desgaste de las herramientas utilizadas para el trabajo en las industrias urbanas y en los molinos hidráulicos en el campo. Junto a este tipo de molino, el reloj mecánico supuso un avance que posibilitó la evolución de la manufactura desarrollada a base del artesanado a la verdadera gran industria. El reloj fue el primer mecanismo automático aplicado a fines prácticos, pues toda la teoría sobre la producción de un movimiento igual arranca del reloj. En él, acabaron combinados el artesanado artístico, la manufactura y la ciencia de medición del tiempo a través de instrumentos complejos conocida como horología. El reloj mecánico, junto con la moneda, el molino hidráulico, la pólvora aplicada a la guerra, el compás para la navegación y la posterior imprenta son las instituciones fundamentales que marcan el paso tecnológico y científico, además de económico, del feudalismo al mercantilismo. En el reloj mecánico se aplicó, por primera vez, la producción de mecanismos automáticos, movidos por resortes, a una máquina-herramienta.

La importancia económica y política del reloj mecánico reside en que permitió sincronizar las operaciones de los sujetos en las tareas de las relaciones de producción. Tal y como estudió el historiador económico estadounidense David S. Landes (1924-2013), no se puede entender la organización del trabajo moderno sin el reloj mecánico. La evolución del reloj es pareja a la evolución de la manufactura y de la técnica en diversas sociedades políticas históricas hacia la maquinaria. En la Alta Edad Media (476-1000), el reloj mecánico permitió el cambio, en el contexto comercial urbano, de las horas canónicas de la medición del tiempo solar y de meridianas anterior a lo que se llamó «tiempo civil». Permitió nuevas formas de organización social, política, tecnológico-institucional, económica e, incluso, personal. Funcionaron, en un principio, con un peso, aunque en el siglo XIV se consiguió impulsar su mecanismo a partir de un resorte espiral, lo que posibilitó producir relojes de menor tamaño cada vez, hasta poder ser portátiles, existiendo ya entonces unidades de bolsillo. Poder consultar el tiempo en cualquier instante fue un gran avance histórico y social. Facilitó conocer los horarios establecidos en instituciones administrativas y de trabajo en las ciudades. Los relojes privados permitieron a cada persona saber qué hacer en cada momento, y los relojes públicos, en torres de Iglesias, ayuntamientos o centros de trabajo, convirtieron a estos lugares en los de mayor importancia para convocar a grupos de personas para diversas finalidades. De esta manera, las sociedades políticas comenzaron a estar atentas al paso del tiempo y a su medición, a través de su propio rendimiento económico y de su productividad.

Con el reloj mecánico surge el principio digital, la combinación de dispositivos diseñados para transmitir, generar, almacenar o procesar información lógica o cantidades físicas representadas en formato digital, tomando valores discretos. Cuando los compases se fueron haciendo más rápidos, la medición fue cada vez más

Reloj mecánico
medieval de bolsillo

extensa, y las partes componentes de los relojes mecánicos más pequeñas, aunque siempre basándose en el principio oscilatorio-digital. Esto permitió mejorar la navegación y el comercio, la investigación científica y la división del trabajo. Fue crucial para la realización de grandes proyectos, como los grandes relojes de campanario. El auge del reloj mecánico medieval se debió a la combinación de la concentración de los principales intercambios comerciales y profesionales en las ciudades más importantes de los Estados medievales, y a la acción cultural, y económica, de la Iglesia católica. Es en la Baja Edad Media (1000-1492), concretamente en el siglo XII, cuando se producen los primeros relojes mecánicos en Europa, de manera contemporánea a las primeras formas de disposición y usufructo de la propiedad privada sobre una cantidad ahorrada de dinero, llamada con posterioridad capital, como herramienta de producción. Este usufructo, realizado por órdenes monacales, jefes de gremios urbanos y campesinos ricos, por el cual empleaba a campesinos empobrecidos que iban a las ciudades, o burgos, a buscarse la vida tratando de salir de la mendicidad, fue la primera relación social de producción propiamente capitalista. La primera industria capitalista, surgida entonces, fue la textil. Y esta relación social se expandió desde las ciudades-Estado del actual norte de Italia, que baña el río Pó y sus afluentes, siguiendo por las poblaciones francesas bañadas por el Ródano (reino de Arlés) y el curso del Rhin, río que bañaba Lotaringia y, después, el Estado Borgoñón, heredero de la Francia media, y que desembocaba en los actuales Países Bajos. El eje industrial-comercial del Rhin-Ródano-Pó, desde entonces y hasta ahora, sigue siendo el principal motor económico de Europa continental. Las ciudades más importantes de este eje hidráulico-industrial se llenaron de relojes colocados en altos campanarios, iglesias y catedrales, torres de ayuntamientos, etc., para que el grueso de la población urbana pudiese escuchar, y ver, las señales horarias para poder ir a trabajar. Poco a poco, este fue extendiéndose a otros reinos medievales europeos.

El impulso de la burguesía al uso y administración del tiempo de trabajo socialmente necesario, en la Baja Edad Media, para empezar a producir bienes y servicios en menor tiempo y con un menor coste, tiene un origen católico. La Iglesia católica, intelectualmente preocupada por la administración del tiempo y de las acciones a realizar cada día en sus centros de oración, empezó a proyectar estas ideas a la vida laica. La industria relojera medieval no pudo desarrollarse sin este inicial empuje católico. En la oración en templos y monasterios, la puntualidad era norma, y órdenes monacales como los benedictinos, los agustinos y los cistercienses, que consideraban las horas de oración un regalo divino, se preocuparon por ordenar racionalmente el tiempo del rezo, aprovechando el libre albedrío dado por Dios a los hombres para elegir —mediante las obras primero y la fe después— el camino de salvación. Así, dividieron los días y las noches en intervalos irregulares definidos por puntos temporales que no debían saltarse. En los oficios religiosos colectivos, como los maitines, el retraso de algunos obligaba a abreviarlos, a pesar de ser obligatorios. La oración consiste en una recitación en voz alta. La suma de voces en la oración, organizada con rigidez, era diaria. Estas prácticas se racionalizaron ya en la Antigüedad tardía. El cumplimiento de estas ceremonias de oración tan exigentes necesitaba de una vigilia por turnos, de día y de noche, pues había que avisar del comienzo matutino de la oración. Los monasterios católicos en el Imperio romano de Occidente sustituyeron a los centinelas nocturnos, que desaparecieron del todo con la caída del Imperio, por aparatos técnicos de mecánica cada vez más compleja. Las horas de sueño empezaron a ser fijas para todos.

Estos avances se condensaron en tratados como *De temporibus* (615), escrito por Isidoro de Sevilla (556-636), arzobispo del reino visigodo de Toledo. Se desarrollaron centros de estudio del tiempo, como el monasterio de Auxerre, en Francia, donde se realizaban tablas y planos para dividir el tiempo diario de las liturgias, acción decisiva tiempo después para el surgimiento de la astronomía. Se calculó que el día tenía 24 horas. El papa Silvestre II (945-1003), al que se le atribuye la invención del péndulo y del primer reloj mecánico con ruedas dentadas, sugirió utilizar clepsidras que acumularan agua durante el día, recogerla en dos veces a la luz del Sol y por la noche, juntarlas después y sumarlas para calcular las horas diarias, equinocciales. El proceso salía bien si daba 24 horas de resultado.

Laborare est orare. Monjes medievales trabajando.

Al realizar el reparto de las tareas de oración se repartieron, también, otras tareas en el convento, sobre todo las de mantenimiento del mismo. Nace así el principio *laborare est orare*, se empiezan a establecer penas y penitencias a los rezagados en la oración, en el estudio, en el trabajo, en las horas de comida y de dormir. Para controlar estas operaciones, se empezaron utilizando minuteros que funcionaban durante horas, y se accionaban campanas automáticas golpeadas por pequeños martillos que se movían en vaivenes, que advertían al campanero de despertar al resto desde el campanario. Esto mejoró la productividad de los centros de oración, convirtiendo algunos en centros productores y distribuidores de ciertos productos. La Orden Cisterciense, nacida en 1098 en la abadía de Císter, Francia, incluso se constituyó como una influyente empresa tanto religiosa como económica. Lograron desarrollar técnicas agrícolas comerciales muy avanzadas para su tiempo, y llegaron a poseer talleres y minas propias, que les daban grandes rendimientos económicos. Los cistercienses fueron pioneros en emplear fuerza de trabajo de alquiler. Ahorraban tiempo y costes de trabajo construyendo fábricas cerca de molinos hidráulicos en ríos. Así, lograron extenderse por toda la Europa cristiana medieval, de una manera similar a como actúan hoy día las grandes empresas transnacionales en el capitalismo. Comenzaron usando relojes hidráulicos de sonería para marcar el tiempo de trabajo, también para sus obreros. En las ciudades donde se asentaban ayudaron a conformar gremios de artesanos, los cuales ya entonces comenzaron a manufacturar maquinaria relojera que les compraba el Císter y otras órdenes monacales. Lo cierto es que fue la Iglesia católica medieval la pionera de la racionalización del tiempo de trabajo socialmente necesario que el capitalismo logró desarrollar y perfeccionar con el tiempo.

El comercio en la Edad Media. Cristiandad, Islam y Oriente lejano

La demanda de la maquinaria relojera se extendió a episcopados, a la nobleza real y cortes ducales vasallas y a patriciados burgueses en ascenso en diversos centros urbanos. La burguesía medieval ponía su capital en las ciudades, que concentraban la producción manufacturera, convirtiéndolas en focos de distribución y consumo de todo tipo de productos, no solo relojeros. El comercio entre ciudades dentro de un mismo Estado se convirtió en una necesaria forma de homogenización cultural de las sociedades políticas en el feudalismo de la Baja Edad Media. Esto permitió iniciar empresas comerciales con otras sociedades políticas de su entorno que seguían procesos económicos similares y paralelos. La burguesía, convertida en patriciado urbano en colaboración con la monarquía, generó centros de trabajo manufacturero de importancia en diversos oficios.

El asentamiento militar urbano que se desarrolló a partir de aquí, cercano a centros de manufactura militar y de armas, dio a los municipios con incipiente industria manufacturera un poder político y económico considerable y creciente. Así, la organización del trabajo de los conventos pasó a las tareas diarias de los habitantes urbanos. Comenzó a producirse una distancia técnica considerable entre la organización del trabajo en la ciudad y en el campo que, poco a poco, recuperaría la primacía urbana sobre la rural perdida durante la Antigüedad tardía.

En el campo, siguieron organizándose durante mucho tiempo más por los cambios meteorológicos que por los cambios tecnológicos que la horología permitió establecer. Pero ya en la Baja Edad Media la vida rural empezó a ser, más bien, semirrural, aunque las instituciones urbanas no completaron su penetración en el campo hasta el desarrollo del ferrocarril en la primera Revolución Industrial (siglos XVIII-XIX), y de los tendidos eléctricos y de la comunicación telefónica durante la Segunda Revolución Industrial (siglo XIX-principios del XX).

El municipio urbano medieval, heredero de la organización católica del trabajo y gracias al avance de la manufactura, asumió sin problemas las invenciones clericales para aportar su grano de arena en la evolución de las mismas. La separación entre Iglesia y Estado permitió el uso no religioso de inventos clericales, y viceversa. Las campanas, de Iglesia o de relojes mecánicos en ayuntamientos, indicaban cuándo comenzaba y acababa la jornada de trabajo, los paros de comida, la apertura y cierre de puertas de la ciudad, las reuniones en asambleas y consejos, las urgencias, el final de los servicios de bebidas, la hora de limpieza de las calles, el toque de queda, etc. Cada ciudad, municipio y sociedad política establecía sus toques de campana para, según

Comercio medieval urbano

su propia idiosincrasia histórica, organizar las acciones económicas y políticas de la población. El avance de la manufactura ayudó al avance del comercio, al crecimiento de las ciudades, al surgimiento de ciudades nuevas y de nuevas órdenes religiosas. La población creció, aunque sufrió un descenso brutal en el siglo XIV, entre 1331 y 1370, con la peste negra, originada en pulgas parasitarias de ratas transportadas desde Asia central por la Ruta de la Seda y sus conexiones tanto terrestres como marítimas, habiendo focos de explosión de la muerte negra en puertos como Mesina, Florencia, Génova o Marsella. Murieron cerca de cien millones de personas en Europa, África y Asia. La peste negra despobló ciudades enteras, contrajo la tierra cultivable en Europa, haciendo descender la producción agrícola mientras aumentaba el consumo de carne. En los estertores de la plaga, en Francia, el rey Carlos V (1338-1380) decretó el ajustar todos los relojes mecánicos de París al reloj del Palacio Real de l'Ile de la Cité, afianzando el poder real al tiempo que regulaba las horas del día de todos los parisinos. Esto condicionó los horarios de la administración pública, el pago de deudas antes del atardecer, la pedida de limosna, el paro sabático de los carpinteros parisinos, etcétera.

Hacia los siglos XII y XIII, el desarrollo de la manufactura fue parejo a un importante desarrollo del comercio. Comienza a desarrollarse la técnica de la contabilidad. El manejo de los números árabes, conocidos gracias a la interacción comercial con los imperios musulmanes, permitió elaborar cuentas del patrimonio de talleres, de ciudades y municipios. Surgen los primeros libros contables, en los que se daba cuenta del número y valor de piezas para ejércitos, tesoros y construcciones arquitectónicas. Si bien es verdad que la contabilidad patrimonial tiene su origen en la antigua Roma, en la Edad Media tuvo que desarrollarse esta técnica casi partiendo de cero, aplicando la aritmética a su desarrollo y funciones. De esta manera, fue posible hacer inventarios cada vez más exactos y complejos de los bienes que se comerciaban a todas las escalas, tanto a nivel local como de grandes rutas. La tecnología medieval aplicada a la producción agrícola, a la acuñación de moneda, a la relojería mecánica, a la producción en gremios (que ya tenían sus propias patentes en competencia) y el auge burgués respecto de la nobleza, fueron causa, y a la vez consecuencia, de diversos fenómenos políticos y económicos propios de esa época, algunos anteriores al siglo XII.

La principal de ellas fue el surgimiento del Islam, como evolución del arrianismo, herejía cristiana primitiva que negaba la divinidad de Cristo, que Mahoma logró mezclar con aristotelismo (idea del acto puro) y neoplatonismo (principio de emanación del mundo

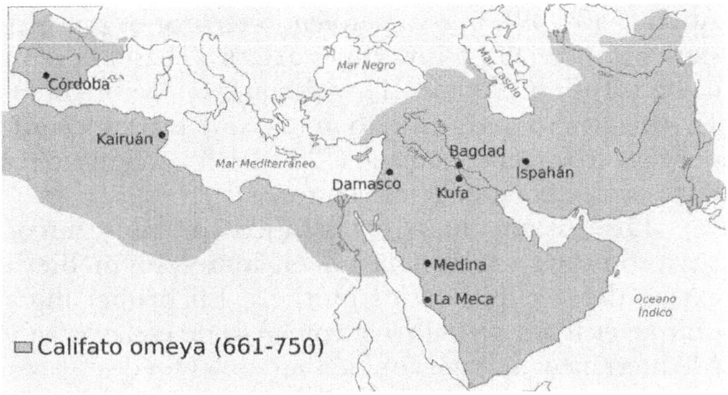

Califato omeya

desde el uno, o unidad absoluta), autodefiniéndose como último profeta que ha de instaurar la sumisión total a la voluntad de Dios (Alá), a través del arrepentimiento de los pecados y la venida del día del juicio, frente a judíos y cristianos que habían pervertido la antigua religión monoteísta.

Así nace el Islam, que en árabe significa tanto 'paz' como 'sumisión'. Perseguido por sus enemigos, Mahoma, que ya era comerciante antes de predicador, huyó a Medina en el año 622, año de la Hégira y comienzo del calendario islámico (el 12 de septiembre de 2018 d. C. corresponde al comienzo del año 1440 en el Islam, aunque hoy día en los países musulmanes conviven este calendario y el gregoriano). A su muerte, en 632, había unificado la totalidad de la península arábiga en un solo Estado teocrático en su nueva fe. Del 632 al 661 le sucede el califato Rashidun ('bien guiado'), y tras varias guerras civiles o *fitna* que dificultaban la guerra externa o *yihad* contra bizantinos y sasánidas, una nueva dinastía reina en el califato, la Omeya, expandiendo el Imperio musulmán desde la península ibérica hasta el río Indo (661-750). Le sucede el califato

Abasí (750-909), que va perdiendo territorios por escisiones territoriales o invasiones externas, hasta llegar al califato Fatimí (909-1171), y después el Ayubí (1171-1250), último gran califato árabe, que sería sucedido por el vasto Imperio otomano (1299-1923), dominado por la dinastía Osmanlí, de origen turco.

Los distintos imperios islámicos, árabes y turcos, tuvieron una incidencia en el comercio medieval extraordinaria, por varios motivos. En primer lugar, porque el Islam revitalizó el comercio de esclavos en el Mediterráneo (aunque también supuso el fin de este mar como mercado unificado por puertos comerciales desde hacía milenios, situación que dura hasta la actualidad), Oriente Próximo, África y Asia. Desde eunucos (esclavos sexuales castrados en la infancia, que también hacían de consejeros de la nobleza musulmana) hasta trabajadores forzados para comerciantes y marinos, los *saqaliba* (esclavos en árabe) gozaban de derechos restringidos recogidos en el Corán, el libro sagrado del Islam. Se llegaba a ser esclavo de la misma manera que ocurría en el esclavismo antiguo, pudiéndose librar de la esclavitud los niños nacidos de esclava y hombre libre reconocidos por este. El esclavo islámico podía comprar su propia libertad mediante pagos remunerados pagados a plazos variables. Cuando los esclavos eran reclutados violentamente, se les subastaba en plazas públicas, siendo garantizada su buena salud por médicos o comadronas a sueldo de los esclavistas. Las pujas más altas, aparte de los eunucos, solían hacerse por mujeres cristianas, las cuales pasaban a formar parte de harenes vigilados por aquellos. El peor trato lo recibió la fuerza de trabajo esclava dedicada a la agricultura, mayoritariamente negra, pues los que huían eran sometidos a latigazos, amputaciones de nariz u orejas y a dormir encadenados o dentro de un foso.

Mejor destino tenían los que vivían en casas particulares y se dedicaban al servicio doméstico, pues algunos acababan coeducando a los hijos del amo o llevaban las cuentas de la economía doméstica, como en Grecia y Roma. Incluso varios llegaron a ser administradores de correos, jefes de caballería o visires de emires y califas. La división del trabajo de mano de obra esclava conllevaba, como se ve, especialización, dependiendo del origen étnico o religioso del esclavo, de si eran castrados o no, o de si eran hombres o mujeres. Algunas familias de esclavos lograron constituirse, si procedían del ejército, en castas gobernantes de Estados musulmanes, como los mamelucos en Egipto y Siria (1250-1517).

Al igual que en el feudalismo cristiano de la Baja Edad Media, las ciudades musulmanas fueron los principales centros económicos de los califatos, emiratos y sultanatos. El gran comercio en el mundo islámico tenía un doble circuito, interior y exterior a *dar-al-Islam* (la tierra del Islam) respecto de *dar-al-Harb* (la tierra de los infieles, los no musulmanes). El comercio en *dar-al-Islam* fue cediendo en importancia al comercio con *dar-al-Harb*. Durante los siglos de esplendor islámico (VII-XI), el monopolio sobre el comercio marítimo en el Mediterráneo les permitió controlar las rutas comerciales entre Europa occidental y Oriente Próximo, hegemonía que acabó en el siglo XI, pasando a ser dominado por las ciudades-Estado italianas, que controlaban todo lo que se intercambiaba desde el estrecho de Gibraltar hasta Bizancio. Sin embargo, el mayor comercio del mundo islámico fue con el Extremo Oriente y en el océano Índico, pues la Ruta de la Seda, en uno de sus tramos, iba de China a Constantinopla, pasando por Armenia, Persia y Asia central. También era posible ir del Levante a Irán pasando por Bagdad, que junto con Damasco fueron las grandes ciudades comerciales del Islam medieval.

El mundo musulmán se convirtió, al mismo tiempo, en el conector y el mayor obstáculo comercial y cultural de intercambio entre el mundo cristiano europeo (el Imperio bizantino) y China. De Bizancio y los califatos partían caravanas de comerciantes hacia el Extremo Oriente cargadas de especias, materias primas y otros productos, y regresaban a sus lugares de origen cargados de porcelanas y sedas, destinadas al consumo de la nobleza y el alto clero islámicos, o para reventa en Bizancio. De Asia central traían esclavos, pieles, joyas, algodón, nuevas especias, índigo, perfumes, madera aromatizada e imperecedera, etc. La Ruta de las Indias, que partía del mar Rojo o del golfo Pérsico hacia la India, era la gran ruta marítima del mundo islámico. Las rutas terrestres de caravanas se prolongaron hacia la costa africana occidental, el sureste asiático (lo que propició el auge del Islam allí, donde se encuentra la mayoría de fieles musulmanes hasta la actualidad), China y la India. De toda esta variedad de territorios obtenían estaño, marfil, esclavos, maderas preciosas, etc., y allí llevaban frutos secos, legumbres, caballos de raza, artesanía de cuero, plata y latón. Era común encontrar mercaderes indios y chinos en puertos como Adén, entre otros, y encontrar comerciantes árabes en grandes puertos asiáticos como Cantón, actuando como mediadores comerciales entre ambos los navegantes judíos.

Con los musulmanes, Alejandría se convirtió en el puerto más importante que comerciaba con los reinos cristianos. Mercaderes aragoneses, provenzales, venecianos, etc., acudían regularmente allí, pues fue el gran centro exportador de azúcar de caña, papiro, trigo y tejidos de lujo de la zona, además de aceite de oliva y, por supuesto, fuerza de trabajo esclava. Alejandría, y Egipto en general servían de equilibrio entre el mundo musulmán asiático y el africano occidental, además de al-Ándalus (la Iberia islamizada). De Egipto partían numerosas caravanas terrestres hacia las costas atlánticas de África del Norte. Convirtieron Sicilia en centro de inversión en oro en masa, a cambio de arroz, azúcar de caña, sal marina, pescado salado, lana, cerámica y lino. El acero toledano, también en época de la corona de Castilla, llegó al mundo árabe a través de estas rutas. A pesar de las dimensiones comerciales que los árabes lograron establecer, el mercader musulmán medieval era, sobre todo, un pequeño comerciante que lograba poner su mercadería en circulación si las estaciones eran propicias o según necesidades perentorias de negocio. La especulación, aún prohibida en el Corán, era constante, y muchos comerciantes musulmanes consiguieron convertirse en acreedores de esos mercaderes, actuando así de banqueros y cambistas.

Con el fin del esplendor musulmán y el comienzo de su decadencia en el siglo XI, el comercio árabe tuvo que competir con judíos, genoveses, venecianos y, en Oriente Próximo, con armenios. La acuñación de monedas de oro (*dinar*) y de plata (*dirham*), junto a monedas menores en cobre, por todo el territorio de los califatos, además de pagar a los ejércitos para mantener las posesiones de *dar-al-Islam* y permitir las incursiones en *dar-al-Harb*, permitió también la expansión comercial por el pago de diversos bienes que se encontraban en rutas marítimas y terrestres, en un sistema monetario bimetálico que en tres siglos (VIII-XI) fue bastante estable. Aunque provocó cambios de paridad y fluctuaciones que impactaron en precios y salarios, que junto al oro procedente de las sociedades musulmanas africanas y de Sudán, provocó una creciente inflación, el desplazamiento de masas monetarias de *dirham* a la Europa cristiana o al sureste asiático y China, también debido a la baja productividad de las minas argentíferas de Asia central. Una cantidad enorme de monedas atesoradas fuera de sus centros de acuñación

EL COMERCIO MUNDIAL HASTA 1450

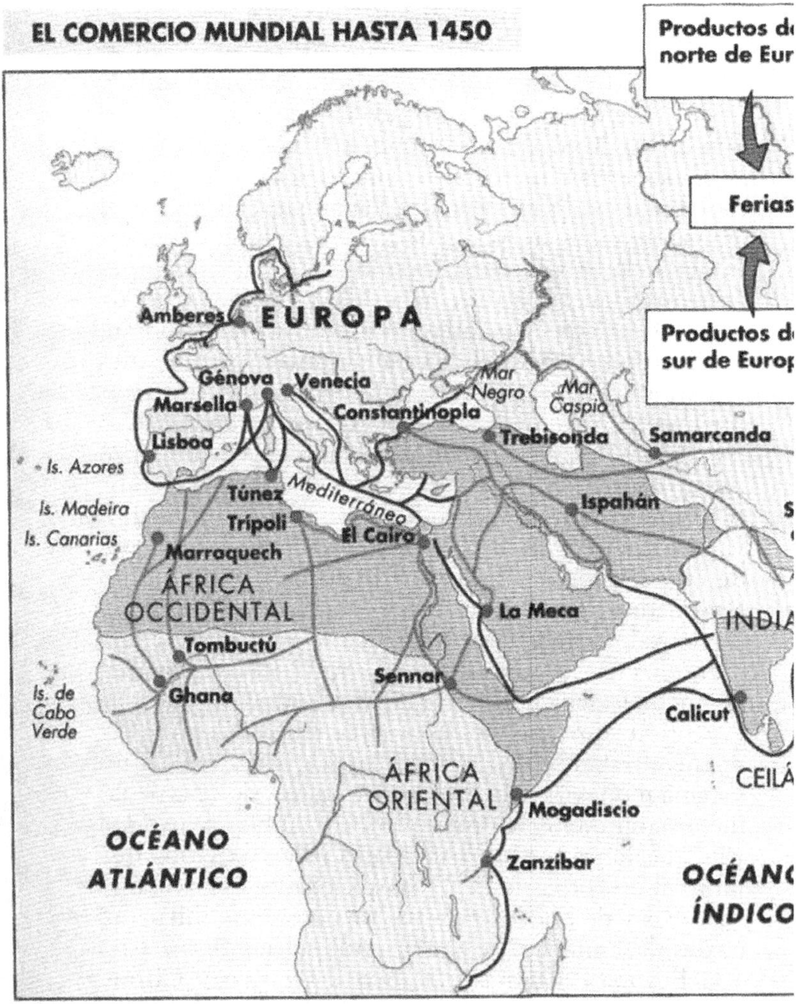

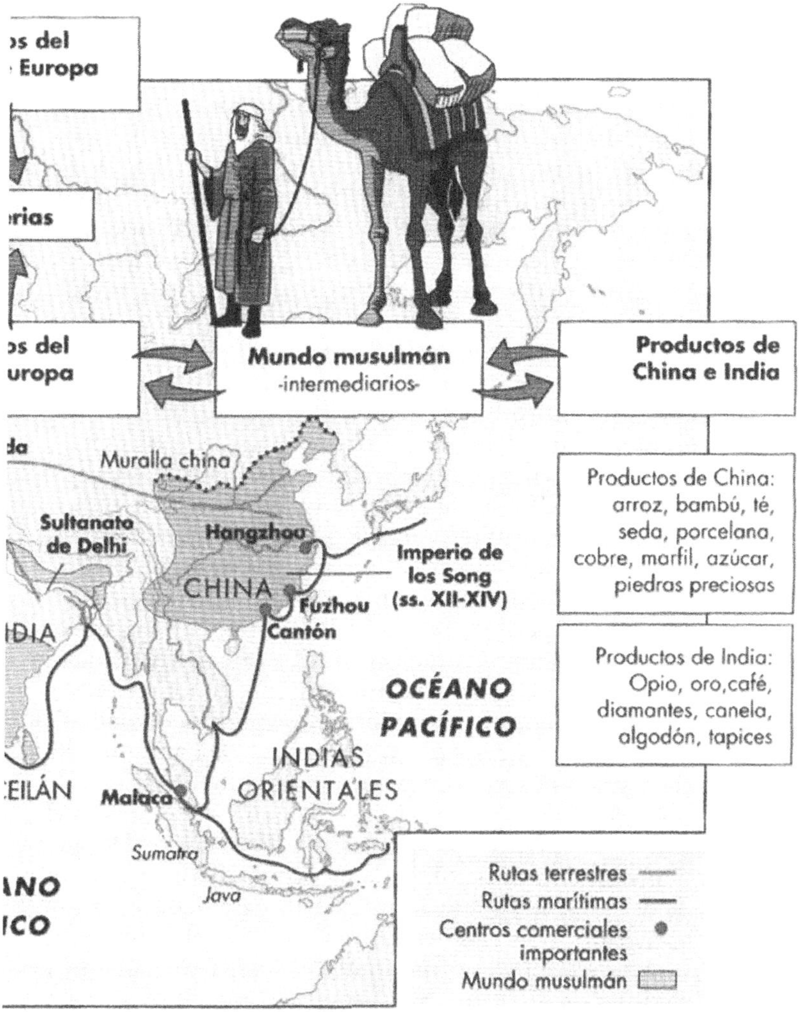

El comercio en la Baja Edad Media con el mundo musulmán de intermediario no volvieron a circular por ellos hasta el siglo xiii, con la expansión de los mongoles.

El comercio a través de caravanas de lejana procedencia, la navegación por el Mediterráneo y el Índico y, en fases iniciales, la explotación ganadera trashumante, fueron las principales fuentes de riqueza del mundo islámico. Pero la actividad agrícola, debido al conocimiento adquirido por conquistas y el aprendizaje de técnicas ancestrales de regadío en secano, de construcción de canales y presas permanentes, norias, aljibes para almacenar agua potable, pozos con garrucha y fosos de filtración, etc., les permitió desarrollar una rica agricultura que también fue fuente de riqueza en el mundo musulmán, desarrollando sistemas como la acequia, consistente en recoger el agua de ríos gracias a desniveles, muy generalizadas en el Levante español. También, de Persia, aprendieron a producir sistemas de canalizaciones subterráneas, llamadas *qanat*, conectadas entre sí y con la superficie a través de pozos de succión. El desarrollo de la agronomía árabe, influida por chinos y nabateos, permitió el inicio del cultivo, en Córdoba, del albaricoque, los melocotones y la caña de azúcar. Por motivos religiosos, la viticultura sufrió un retroceso, aunque se permitía su explotación en forma de policultivos en tierras egipcias con presencia de comunidades cristianas. Por el contrario, para suplir las grasas de origen porcino, prohibidas en el Islam, se desarrolló el cultivo de plantas oleaginosas como el olivo. De esta manera, se impusieron en la península ibérica términos de origen árabe como aceite y aceituna. El contacto con sociedades políticas no musulmanas también hizo que se desarrollara el latifundio de lino, esparto, cáñamo y algodón en Siria.

En general, el desarrollo de la agricultura musulmana, junto con la esclavitud reinante, permitió la copia y desarrollo de formas sociales parejas al feudalismo cristiano europeo, con esclavos campesinos al servicio de vasallos nobles rurales y urbanos súbditos del monarca musulmán a cambio de vasallaje, con lo que el Islam entró así en el ámbito de aplicación del modo de producción feudal.

La crisis del mundo islámico del siglo XI, en el califato Abasí, es una de las más importantes causas, no la única, del declive del Islam medieval. Los califas y clérigos de la mayoría sunní cerraron las puertas de la *ijtihad*, o esfuerzo de reflexión que realizan juristas, muftís y ulemas musulmanes para interpretar y aplicar el Corán y la *Sunnah* a la vida cotidiana, extensible a todo musulmán. Consideraron que la constitución de las cuatro grandes *madhab*, o escuelas de derecho islámico sunní (*hanafí*, *malikí*, *hanbalí* y *shafi'i*), hacían innecesaria la *ijtihad*. En el chiísmo nunca se cerró, por lo que los *mujtahids* chiítas consideran que ninguna decisión política terrenal puede cerrar las puertas a aplicar los principios islámicos a contextos distintos, y de ahí que numerosos reformadores actuales del Islam quieran reabrir las puertas de la *ijtihad* en el sunnismo.

Este declive fue, también, económico, científico y tecnológico. Y se puede decir que, a pesar del resurgir del Islam con los otomanos y, en el siglo XX, con el petróleo, la decadencia sigue presente. Sin embargo, los territorios que ganaron los Estados islámicos para sí, más o menos mantenidos hasta la actualidad, al sufrir esta decadencia influyeron en las sociedades políticas que comerciaban con ellas, obligándolas a adaptarse a la nueva circunstancia, y a tratar de solventar las largas distancias existentes entre sí, sobre todo entre Europa y el Lejano Oriente. La Ruta de la Seda, que abarcaba 10 000 kilómetros desde China hasta Constantinopla, estaba atravesada continuamente por caravanas antes del surgimiento del Islam, pero esta religión, al igual que el budismo siglos antes, utilizó la

Ruta para expandirse por Asia. Y siglos más tarde, fue el canal por el que llegó la imprenta a Asia central. Desde Samarcanda, centro comercial y cultural musulmán en la zona, nacía uno de los afluentes de la Ruta hasta Delhi y Tamralipti, en el golfo de Bengala. Este era el camino de los mercaderes indios. Las rutas marítimas entre los Estados indios, el golfo Pérsico y el mar Rojo, a pesar de la crisis islámica del siglo XI, siguieron abiertas. Árabes, indios y chinos consiguieron abrir rutas comerciales que llegaban hasta el África suroriental, actual Mozambique, como ocurrió con el navegante chino eunuco y musulmán Zheng He (1371-1433). Desde Ceilán, isla que forma parte del Estado Chola (300-1279), el comercio permitió la extensión del Islam, el budismo y el hinduismo por todo el sureste asiático. Por vía terrestre, el Imperio rashtrakuta (753-982), último Estado no musulmán del subcontinente Indio medieval, comerciaba con China a través de los afluentes de la Ruta, práctica que continuaron los Estados musulmanes indios como el Imperio gúrida (1148-1215) y el sultanato de Delhi (1206-1526), cuya nobleza era de origen turco. La China medieval, que comprende los Imperios de las dinastías Sui (581-618), Tang (618-907), el Período de las Cinco Dinastías y los Diez Reinos (907-960) paralelo a la hegemonía de la dinastía Liao en el noreste (916-1125), la Jin al norte (1115-1234) y la Song al sur (960-1279), consiguió desarrollarse gracias al comercio con Bizancio y los califatos a través de la Ruta de la Seda. Con la hegemonía de la dinastía Yuán, la comunicación con la Ruta tuvo altibajos debido al auge y caída del Imperio mongol (1206-1368), con la consecuencia de un breve período al norte de China del poder de los Yuán del norte (1368-1635), establecidos solo en Mongolia, y la Ming en el resto de China (1368-1644), con las que empiezan cambios importantes en la realidad económica china. Los mongoles, que conformaron

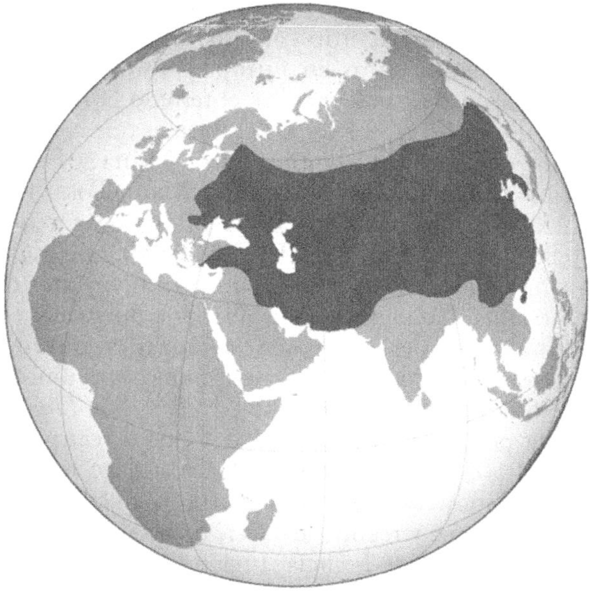

Imperio mongol en su máxima extensión

el Imperio telurocrático, de base terrestre, más extenso de la historia con Gengis Kan (1162-1227), desde la península de Corea y el Pacífico ruso actual al este hasta el Danubio europeo y el golfo de Finlandia al oeste, y desde Siberia al norte hasta el golfo Pérsico y el Pacífico chino al sur, invadieron y destruyeron Bagdad en 1258, liderados por el nieto de Gengis Kan, Hulagu (1256-1265), de religión nestoriana. Un Estado heredero de las cenizas del Imperio mongol, el Imperio timúrida (1370-1526), volvió a conquistar y destruir Bagdad en 1401. El rey timúrida musulmán Tamerlán (1370-1405) fue el último líder político de un Estado heredero de las tribus nómadas turco-mongolas.

El Islam nunca se recuperó de estos acontecimientos, que produjeron cambios sustanciales en las relaciones económicas en Europa. Numerosos europeos trataron de conocer sobre el terreno la Ruta de la Seda para, en tierra, sortear los problemas que conllevaba la existencia de musulmanes entre China y Europa. Ejemplos son el mercader veneciano Marco Polo (1254-1324), y Ruy González de Clavijo (¿?-1412), embajador castellano del rey Enrique III (1379-1406), que trató de abrir una embajada en la capital del Imperio timúrida, Samarcanda, para generar una alianza comercial y política contra el Imperio otomano (su viaje fue transcrito en 1406 por el propio Ruy González en una obra cumbre de la literatura de viajes en español, *Embajada a Tamorlán*, editada por primera vez en 1582), para recuperar la Ruta tal y como era antaño. Motivos tanto religiosos como económicos, entre ellos contrarrestar la *yihad* islámica en Europa y recuperar Tierra Santa —Palestina—, y que la nobleza de Francia, Inglaterra, los Estados del Sacro Imperio, etc., controlaran el comercio con Asia y su entrada al Mediterráneo por Oriente Medio, fueron los que impulsaron las Cruzadas (campañas bélicas entre 1096 y 1291). Hubo un total de nueve cruzadas, acabando la novena con la victoria islámica, cuyo *statu quo* solo se rompió con las invasiones mongolas. Tras la cuarta Cruzada, la ocupación latina de Bizancio (1204-1261) alteró la dialéctica de Estados de Oriente Próximo y las rutas comerciales. Bizancio se vio privado de ingresos por tasas comerciales que le restaron poderío, pues el dinero era repartido por nobles y mercaderes genoveses y venecianos, que aprovecharon la cuarta Cruzada para hacerse con el control del Imperio bizantino. Esto también afectó al comercio interior, pues a partir de entonces resultó más complicado encontrar productos manufacturados provenientes de Estados cristianos de Europa occidental. El aprovisionamiento de las grandes ciudades fue cada vez más difícil, pues se perdieron territorios en Anatolia y los Balcanes dedicados al cultivo de cereales. Al contrario que el resto de la Europa cristiana, Bizancio se ruralizó aún más. Los terratenientes alcanzaron un gran poder, desatendiendo obligaciones fiscales con el Estado. Los altos tributos bélicos, tanto a cristianos como a musulmanes, obligaron al Estado a poner en circulación buena parte del tesoro, hasta agotarse. El endeudamiento exterior solo pudo cubrirse con una débil fiscalidad que, tras la restauración del poder bizantino frente a Génova y Venecia, no pudo evitar la decadencia del Imperio que, para el año 1400, acabó reducido a Mesenia, Salónica y Constaninopla, aisladas territorialmente entre sí. Con la conquista otomana de 1453, Cae el Imperio romano de Oriente, finaliza para algunos la Edad Media, y la Constantinopla milenaria pasa a ser *dar-al-Islam* y llamarse Estambul.

Tras las Cruzadas, la Europa cristiana se reorganiza social, política y culturalmente. La reconquista de los reinos cristianos frente a los musulmanes en la península ibérica (722-1492), va acabando con los últimos restos del Islam en Europa occidental, y da lugar al inicio de los descubrimientos de la navegación del reino de Portugal, que abre rutas marítimas nuevas, recorriendo las costas de toda África, el sur de Asia hasta China, estableciendo centros de tránsito y pequeñas colonias, desde Madeira en el Atlántico (1418) hasta Macao en China (1556). También, a finales del siglo XV, surge España como nación histórica y como monarquía autoritaria (1474-1516). El auge de estos dos Estados tras la victoria sobre el Islam tendría repercusiones históricas, políticas y económicas trascendentales, que veremos en el capítulo siguiente.

En el norte de Europa, las invasiones de pillaje vikingas finalizaron dando lugar a diversos Estados

Comercio en Hamburgo, en época de la Liga Hanseática

como la Unión de Kalmar (1397-1523). Antes, los Varegos, vikingos que ocuparon Europa del Este, formaron el Kanato de Rus en el siglo VIII, del que surgiría la Rus de Kiev (882-1240), del que surgen varios Estados eslavos, unificados por el Principado de Moscú en 1263, existente hasta 1548. En Europa central, en varias ciudades-Estado del Sacro Imperio Romano Germánico, de la antigua Orden Teutónica, de la Unión de Kalmar y del reino de Polonia, se forma la Liga Hanseática en 1358, una federación comercial y defensiva con capital en Lubeca, que estableció una red portuaria por todo el mar Báltico y del Norte, así como en varios ríos del interior centroeuropeo, como el Rhin. La clase dominante de la Liga era la burguesía comercial. Los puertos implicados iban desde Novgorod, en la actual Rusia, hasta Londres y Brujas. Duró hasta 1630. Se trata de una de las primeras formas de mercado interestatal capitalista de la historia. El comercio de granos, vinos, sal, pescado, lino, a través de buques de carga armados por los propios gremios, transformó las antiguas rutas de pillaje vikingas de aquellas aguas en rutas comerciales plenamente capitalistas todavía dentro del modo de producción feudal, y anticipando en parte el mercantilismo por llegar. Sin embargo, en el contexto de todos estos eventos, se produce otro hecho económico crucial que marca la transición del feudalismo al capitalismo.

La acumulación originaria

Aunque la teoría de la acumulación originaria ha recibido críticas de economistas austriacos como Ludwig von Mises (1881-1973), Joseph Schumpeter (1883-1950) o Friedrich August von Hayek (1899-1992), del historiador suizo Jean-François Berger (1931-2009) o del sociólogo estadounidense Immanuel Wallerstein (1930), lo cierto es que esta teoría de Karl Marx sigue estando de actualidad, generando debate y explicando de una manera bastante satisfactoria el proceso de acumulación de excedente productivo que, combinando elementos tanto económicos como políticos, permitió la transición del feudalismo al capitalismo desde el seno mismo de las relaciones de producción de la Baja Edad Media. El motivo de la polémica es sencillo: mientras los austriacos y otros reprochan a Marx incluir elementos extraeconómicos (políticos) en la explicación, que ponen en tela de juicio el equilibrio general del mercado a la hora de asignar recursos, Marx y otros que aceptan su teoría insisten en que las categorías propias de la economía política (formaciones históricas socioeconómicas, modos de producción, medios de producción, relaciones de producción, valor, precio, dinero, moneda, capital, trabajo asalariado, comercio, mercado, etc.) tienen un carácter histórico, no eterno ni natural, que tuvieron un principio, una evolución y un final, como cualquier categoría histórica. Y que la producción de dichas categorías, y su entretejimiento en el campo económico, se realizaron también a través de categorías extraeconómicas, principalmente políticas, pues economía y política son cogenéricas. La combinación entre derecho natural, teoría del equilibrio general y *Homo oeconomicus* en el neoliberalismo y en la escuela austriaca, al entender que el campo económico funciona armónicamente a través de acciones óptimas de *preferidores* naturales en un entorno natural cuya armonía preestablecida se rompe por la acción estatal, de manera violenta y artificial, no puede comprender que el proceso de acumulación originaria se defina como desequilibrado, artificioso y violento, que es precisamente lo que afirma Marx. Así lo teorizó en el «capítulo XXIV» de la «Sección Séptima» del tomo I de *El Capital* (1867).

La acumulación originaria, según Marx y siguiendo a Adam Smith (1723-1790), es precapitalista, previa a la existencia de este modo de producción, y comienza en la Baja Edad Media. Es su punto de partida, y no su consecuencia, como afirmarían Mises y Hayek. Desde un punto de vista antropológico e histórico, la acumulación originaria desempeña en la economía política lo que el pecado original desempeñó en la teología cristiana. Si este fue la disociación del hombre del paraíso, aquella fue la disociación entre el productor precapitalista y sus medios de producción. O lo que es lo mismo, la estructura de la sociedad capitalista brotó de la estructura de la sociedad feudal, la cual, al disolverse, permitió que salieran a la superficie los elementos necesarios para la conformación del modo de producción capitalista dominante. En donde surgen las primeras relaciones de producción capitalistas hace tiempo que se había abolido la servidumbre y la existencia de ciudades soberanas, vasallas de la monarquía pero relativamente libres en materia económica y fiscal, hace tiempo que palideció. Es el caso de las ciudades-Estado del norte de la actual Italia. Allí fue donde antes declinó la servidumbre. Los siervos se emanciparon antes de haber perdido ningún derecho, por prescripción, sobre el suelo que trabajaban. De esta manera, el siervo de la gleba se convierte en hombre libre, pero privado de medios de vida, teniendo que hallarlos en los burgos más importantes, donde la clase burguesa ya está asentada desde hace tiempo. Al operarse, desde finales del siglo xv, la revolución de la primera globalización con el descubrimiento de América, las burguesías comerciales veneciana, genovesa, etc., florecieron, empujando a muchos obreros de las ciudades de nuevo al campo, pero para trabajar en la tierra según los métodos de la horticultura, en formas de explotación de la tierra que ya no eran feudales. Antes, aquellos campesinos liberados en las ciudades trabajaban para los burgueses a cambio de un salario más o menos periódico, sin sujetarse legalmente a la protección de estos. De esta manera nacen los modernos proletarios, productores de valor a través de su fuerza de trabajo, que es alquilada por los burgueses a cambio de un salario, que es el precio mercantil de dicho alquiler, permitiéndole adquirir medios de subsistencia en los burgos. Mientras el proletario produce capital con sus manos, este pertenece al burgués. Este tipo de relación social irá madurando durante varios siglos,

Campesinos medievales

hasta la primera Revolución Industrial y el auge del capitalismo.

La teoría de la acumulación originaria explica el proceso de expropiación de la tierra de la población rural, que dio como consecuencia el nacimiento del excedente de producción capitalista a gran escala. El poder del señor feudal, como el de todo soberano, no solo descansaba en su capacidad rentista, sino sobre todo en el número de súbditos que tenía, el cual, a su vez, dependía del número de campesinos independientes. En el Japón medieval, que comprende el período Asuka (552-621), el período Hakuho (621-702), el período Nara (710-792), el período Heian (794-1185) en el que surge la clase de los samurai, el shogunato Kamakura (1193-1333) tras el que vino la breve Restauración Kenmu de ocho años y, luego, el shogunato Ashikaga (1336-1573), la organización puramente feudal de la propiedad inmueble y su régimen desarrollado de pequeña agricultura pudo mantenerse sin alteraciones capitalistas, salvo por influencia externa, hasta la renovación realizada por el shogunato Tokugawa (1600-1868) y el inicio del Imperio japonés (1868-1947), de matriz colonial. De ahí que el estudio del período Tokugawa, en tiempos de Marx, permitiera tanto a él como a otros historiadores y economistas comprender mejor el funcionamiento de la economía feudal europea y el paso del feudalismo al capitalismo, aunque Europa vivió una experiencia propia de evolución no extrapolable al Japón.

En Europa, el preludio de la transformación que cimenta el modo de producción capitalista, además de las nuevas relaciones de producción surgidas entre los siglos XI al XIII en Europa central, y la consecución de la Liga Hanseática, se da en el último tercio del siglo XV. El licenciamiento de las huestes feudales lanzó al ya incipiente mercado de trabajo a masas de proletarios libres, sin protección señorial. El poder real, que contó también con la burguesía para su desarrollo y evolución, aceleró dicha disolución por la violencia, aunque esta no fue la única causa. Los grandes señores feudales, dueños de latifundios, expulsaron también violentamente a los campesinos de las tierras que cultivaban, sobre las cuales tenían títulos jurídicos. Ocurrió al levantarse contra las monarquías que evolucionaban de un modelo feudal a otro autoritario en Portugal, España, los Estados Pontificios, Génova, Venecia, Francia, Inglaterra, el Sacro Imperio y Polonia. Esto arrojó a más campesinos y siervos a las ciudades, y terratenientes, nobles rentistas y burguesía rural usurparon sus bienes comunales.

El florecimiento de las manufacturas laneras de Flandes y el alza de los precios de la lana sirvieron, en Inglaterra, para este tipo de movimientos. La servidumbre acabó devorada por guerras civiles y rebeliones sangrientas, convirtiendo las tierras de labranza medievales en tierras de pastoreo. El fin de la servidumbre en Inglaterra y el resto de monarquías autoritarias supuso el fin de la tierra comunal de los campesinos, salvo en aquellas tierras protegidas por la Iglesia católica, al menos hasta la Reforma protestante del siglo siguiente. La expulsión de los campesinos libres de sus tierras, además, permitió el aumento de los ejércitos en lo que respecta a sus efectivos, sobre todo en infantería. Junto a los mercenarios, los nuevos ejércitos postfeudales se llenaron de antiguos campesinos expulsados de sus tierras. En el siglo XVI, la Reforma protestante (luterana, anglicana y calvinista) en la Europa germánica y anglosajona, expropió todos los bienes de la Iglesia católica, impulsando con ello, según Marx, el «proceso violento de expropiación de la masa del pueblo». La Iglesia católica era propietaria mayoritaria del suelo cultivable en los reinos medievales, junto a los nobles. La persecución contra los conventos católicos lanzó a los campesinos que trabajaban allí, y a los que comerciaban localmente con ellos, a la pobreza y, en última instancia, a engrosar las filas del proletariado. Muchos bienes de la Iglesia se regalaron a validos de los reyes que aceptaron el protestantismo, vendidos a muy bajos precios a especuladores y a residentes en las ciudades que, al reunir sus explotaciones urbanas y rurales, arrojaron de ellas en masa a antiguos tributarios, que trabajaban la tierra de manera hereditaria por generaciones. Así, el derecho de los labradores empobrecidos a percibir una parte de los diezmos de la Iglesia, algo que les estaba jurídicamente garantizado, fue confiscado. La pauperización de la población inglesa obligó a tributar un impuesto de pobreza a través de las *Poor Laws*, tratando de obligar a los campesinos expulsados a encontrar trabajo en las ciudades para poder pagarlo, manteniéndose incluso

Obreros en la Edad Media, antes campesinos

después de la primera Revolución Industrial. La abolición, no ya solo de la servidumbre, sino de la propiedad del campesino libre sobre la tierra que trabajaba mediante la Reforma protestante y, más adelante, por las revoluciones jacobinas y liberales en la Europa católica, con sus desamortizaciones de los bienes de la Iglesia, convertía a los campesinos o en proletariado o en pobres. Francia tuvo su propia *Poor Law*, con la Ordenanza de Moulins (1571) y el Edicto de 1656.

Si bien es verdad que las relaciones de producción capitalistas surgen en un contexto bajomedieval de hegemonía religiosa católica, la Reforma protestante acabó con el patrimonio eclesiástico, baluarte detrás del cual se atrincheraba el viejo régimen de propiedad territorial. Al derrumbarse dicho patrimonio, el régimen feudal de propiedad privada no duró demasiado.

Este modelo fue seguido tanto en el norte de la actual Alemania como en Dinamarca y Suecia, la Holanda de Guillermo d'Orange (1533-1584), Inglaterra y Escocia. El derecho natural católico a la propiedad fue sustituido por el derecho natural burgués a la misma. Los terrenos comunales de pastos fueron convertidos en cotos privados de caza, y a partir del siglo XV se redactaron en todas las monarquías autoritarias protestantes de Europa Occidental leyes que reducían el salario de los campesinos expropiados, ahora proletarios o vagabundos. Un ejemplo: en 1530, Enrique VIII (1491-1547) promueve en Inglaterra leyes por las cuales para mendigar había que tener una licencia. Si se carecía de ella, los vagabundos más jóvenes y fuertes eran recluidos y torturados en prisión. Los obreros no podían percibir salarios mayores que los estipulados por ley en la Inglaterra de la reina Isabel I (1533-1603). Además, la expulsión violenta de los campesinos de sus tierras permitió generar capital acumulado por terratenientes, naciendo así el arrendatario capitalista. Este se enriquece a costa del campesino pobre. El comercio de metales preciosos de los siglos XV-XVI, junto con el desarrollo de la horticultura, permitió a los arrendatarios acumular mucha riqueza, depreció los salarios y alzó los precios de trigo, lana y carne, contrayendo la renta de la tierra, por la cual el arrendatario empezó a pagar muy poco. Surgen nuevas instituciones económicas que enriquecen el campo de las categorías económicas, pero se reparten el botín que la acumulación originaria, en su fase protestante, libera. Esto repercute también en las relaciones políticas. En expresión de Marx:

> En la esfera económica, por ejemplo, son el financiero, el bolsista, los comerciantes, los tenderos, los que se quedan con la mejor parte; en los pleitos, se alza con la cosecha el abogado; en política, el diputado es más que sus electores,

> el ministro más que el soberano; en el mundo de la religión, Dios es relegado a segundo plano por los «profetas» y estos, a su vez, por los sacerdotes, mediadores imprescindibles entre el buen pastor y sus ovejas.

La Revolución agrícola del siglo XV ayuda a formar un mercado interior, estatal, que posibilitaría siglos después el auge del capital industrial. La propiedad feudal y los gremios impedían al dinero capitalizado en la usura y al comercio convertirse en dicho capital, hasta que se produjeron todos estos fenómenos aquí relatados. La existencia, a partir del siglo XVI, de población con capacidad para trabajar por un salario mantuvo la ley de oferta y demanda de fuerza de trabajo según las necesidades de explotación del capital. La coacción extraeconómica inicial, de esta manera, dejó poco a poco, aunque nunca completamente, que las leyes naturales de la producción regularan lo que ocurría con esa población. Pero esto no sucedió de manera completa hasta tres siglos después.

6

Mercantilismo, transición entre feudalismo y capitalismo

Entre el siglo XV y el XVI se inicia un proceso que se extendería hasta mediados del siglo XVIII, que señala los albores del modo de producción capitalista, pero que tarda todavía tres siglos en convertirse en hegemónico, pues las relaciones sociales y económicas feudales todavía resistirán ese tiempo, en el cual surgen formas sociales nuevas propias exclusivamente de dicho período de transición entre el feudalismo y el capitalismo, que es conocido históricamente como mercantilismo.

Durante el mercantilismo, y por primera vez, la guerra comercial entre Estados, continuación evidente de la acumulación originaria, se vuelve global. La independencia de los Países Bajos respecto de España (declarada en 1581, admitida en 1648 con la Paz de Westfalia), que permite a los neerlandeses comenzar su propia expansión comercial a través de un imperio de nuevo tipo, colonial, universaliza el proceso de

Puerto de mar típico del mercantilismo

acumulación originaria. Con la Paz de Westfalia, acontecimiento de importancia histórica trascendental, la integridad territorial de los Estados monárquicos es admitida por todos los firmantes como algo fundamental para la paz y la diplomacia entre todos ellos (España, Inglaterra, Sacro Imperio, Suecia, Francia, Países Bajos, Dinamarca, Suiza), si bien luego la dialéctica de clases y de Estados posterior no permitió cumplir este precepto en numerosas ocasiones, como muestra la unificación alemana posterior, que Suecia y Francia trataron de impedir. Se pone fin a la guerra de los Ochenta Años que enfrentó a España contra las Provincias Unidas (precursoras de los Países Bajos), Francia e Inglaterra, y a la guerra de los Treinta Años (1618-1648), que en principio era por motivos religiosos (potencias católicas contra protestantes), pero que acabó derivando a cuestiones políticas y económicas. La Paz de Westfalia supone el punto de inflexión por el cual las monarquías autoritarias del Renacimiento, en las que el poder político se concentra en el rey, el cual mantiene mediante equilibrios y pactos peculiaridades territoriales y privilegios administrativos de grupos heredados de la Edad Media (feudos, municipios, universidades, gremios, familias, fueros), dan paso a las monarquías absolutas, en las que el monarca concentra todos los poderes del Estado, es fuente de soberanía y el territorio le pertenece a él en exclusiva. La concentración de poder que supuso esta transición de la monarquía feudal a la absoluta, pasando por la monarquía autoritaria, permitió centralizar competencias económicas, dirigir el comercio interno y externo con vistas, en el primer caso, a la generación de un mercado interior bien comunicado y recurrente, y un mercado exterior en constante movimiento hacia la conquista de nuevas tierras y poblaciones con las que comerciar, o a las que dominar. De esta manera, se combina la expansión comercial universal con un fuerte proteccionismo económico y altas dosis de intervencionismo, sin los cuales hubiese sido inviable competir con otros Estados a la hora de realizar dicha expansión económica.

Aunque en el capitalismo la combinación de expansión comercial, colonialismo y proteccionismo se ha seguido dando, en el mercantilismo clásico todavía se entremezclan estas características con relaciones económicas y políticas propias de la etapa feudal: equilibrios gremiales, servidumbre, primacía de la agricultura sobre la industria, dominio de la nobleza y el clero como clases dominantes a nivel político (a pesar del empuje burgués), unión del trono y del altar en el poder del Estado, proletariado urbano minoritario, control de la moneda, monopolios estatales y concesión de monopolios privados a miembros de las clases dominantes subsidiando sus empresas, protección de la producción local frente a las mercancías extranjeras, prohibición de exportar metales preciosos, etc. La ciudad vuelve, progresivamente, a primar sobre el campo, convertida de nuevo en centro de poder político, económico y cultural. Se producen toda serie de avances tecnológicos y científicos fundamentales, auspiciados en buena medida por los descubrimientos geográficos. Surge la economía política como disciplina del conocimiento en el siglo xvii, con antecedentes en la Escuela de Salamanca del siglo xvi. El mercantilismo, políticamente hablando, supone el período de transición que va del Estado feudal a la nación política, el Estado-nación.

Imprenta, Renacimiento, descubrimiento de América y expedición Magallanes-Elcano. La primera globalización

Nuevas ciencias surgen, se dan grandes novedades tecnológicas, se amplía la cartografía terrestre y marítima, se produce el descubrimiento y justificación de la existencia de un cuarto continente, América, que amplía el mapamundi de Ptolomeo (siglo ii d. C.) redescubierto hacia el 1300, que separaba el mundo en tres continentes (África, Asia y Europa), lo que supone un cambio económico, científico, político y cultural solo comparable al surgimiento de la agricultura y de la escritura. Esos son los elementos con los que arranca el mercantilismo. Estos períodos de un modo de producción a otro (Mesolítico, Edad de los Metales, Antigüedad tardía, mercantilismo) varían en el tiempo más o menos dependiendo del grado de desarrollo técnico, tecnológico y científico logrado y de la dialéctica de clases y de Estados que se produzca en ese momento. Si bien los desarrollos tecnocientíficos y los eventos económico-políticos que los acompañan permiten entender cada época histórica, sea de transición o no, la diferencia entre las etapas de transición y las que no lo son (que solo pueden reconstruirse historiográficamente *a posteriori*) reside en que, en estas, esos desarrollos y eventos se conjugan de tal manera que producen cambios de modos de producción, cosa que no ocurre en otras circunstancias.

La combinación entre el perfeccionamiento de las primeras técnicas de caza y recolección, la manufactura de piezas cada vez más complejas para las tareas de explotación de recursos y el asentamiento estable en zonas de grandes ríos y mares, con multitud de animales y plantas, que permitió reorganizar los clanes en tribus unificadas entre sí, permitió el paso del Paleolítico al Neolítico. La combinación entre revolución neolítica y desarrollo de la minería, la metalurgia, la siderurgia y la escritura, junto con el paso de sociedades humanas a políticas, marcó el tránsito de la prehistoria a la historia, particularmente al despotismo hidráulico. La combinación entre el desarrollo del molino hidráulico, el surgimiento de los latifundios y la pérdida de capacidad tributaria por parte del Estado sobre las clases dirigentes urbanas, desplazando estas al campo y provocando la conversión de esclavos en campesinos siervos marcó el tránsito del esclavismo al feudalismo. En el caso del mercantilismo, ocurre esa misma combinación. Después de la rueda, la escritura, el molino hidráulico y el reloj mecánico, técnicas que evolucionan hacia la máquina-herramienta y, por influencia científica en su desarrollo, se convierten en tecnologías, la invención tecnológica que marca tanto el inicio como el desarrollo posterior del mercantilismo es la imprenta. Aunque pueden rastrearse protoimprentas en la Antigua Roma, y en la China medieval ya se inventó el primer sistema de imprenta de tipos móviles de porcelana con caracteres tipográficos chinos tallados, en aquellos contextos no existía la producción industrial de libros para consumo de particulares en un sentido mercantil. Todavía a mediados del siglo xv la difusión de textos se hacía en manuscritos por monjes y frailes artesanos amanuenses. Estas obras se hacían por encargo de la nobleza y el clero, también por monarcas. Muchos copistas eran analfabetos, por lo que se limitaban a dibujar signos (letras, palabras, frases) que no entendían, lo cual era útil cuando se encargaban de textos prohibidos. El proceso de producción de cada pieza podía durar una década. Antes, en la Alta Edad Media, se producían hojas publicitarias políticas, etiquetas o folletos mediante xilografía, textos y dibujos trabajados en tablillas de madera acopladas a mesas también de madera, impregnadas en tinta azul, roja o negra, aplicadas a un papel mediante rodillo. El desgaste del material era enorme, por lo que no podía utilizarse para trabajar en la producción de libros. El inventor de la imprenta, Johannes Gutenberg (1400-1468), natural de Maguncia, en el Sacro Imperio, seguro de que podía reducir el tiempo y el coste de la producción de esos manuscritos, lo aplicó a la producción de Biblias, confeccionando varios modelos de moldes en madera de las letras del alfabeto latino, los rellenó con plomo y los unió uno a uno sujetos por un soporte para generar las palabras. Amoldó una plancha de impresión que sujetó el soporte dejando un hueco para dibujos y mayúsculas que seguirían, durante un tiempo, siendo confeccionados artesanalmente. De esta manera, el taller de Gutenberg produjo misales y Biblias en meses cuando antes se tardaban hasta diez años, y lo hizo en muchísima mayor cantidad y con una relación coste-precio-tiempo más rentable. Entre 1449 y 1501, la industria tipográfica, todavía no especializada, que Gutenberg inició se expandió por un total de 1200 imprentas en 260 ciudades europeas, produciendo

Imprenta germánica del siglo xv en dibujo de la época

hasta 35 000 títulos, que posteriormente fueron conocidos como incunables.

El primer libro impreso en España se produjo en Segovia, en 1472. La primera imprenta en América se abrió en México, virreinato de Nueva España, en 1534. Los primeros incunables americanos, entre ese año y 1619, tratan sobre gramática y vocabulario de lenguas indígenas, así como de doctrina católica. Por primera vez en la historia, la información escrita se producía a escala mercantil, industrial, aunque cada impresor era dueño y manipulador de su propia maquinaria, materiales, papel, encuadernación, al tiempo que era editor y artesano. Fue en el transcurso del mercantilismo cuando la división del trabajo editorial y de impresión especializa las tareas, alcanzando un modelo de producción editorial típicamente capitalista. Cada modo de producción tiene su particular forma de producir, compartir y conservar la información. Y la impresión y producción de textos escritos en formato libro es la forma típica del capitalismo, ya realizada en los albores del mismo, durante el mercantilismo. La imprenta fue vehículo excepcional de información, haciendo posible que todo aquel que dispusiera de dinero para ello pudiera comprar un libro, por el que conocería cosas antes solo asequibles a nobles, alto clero y granburgueses.

La imprenta fue fundamental para el impulso comercial y la expansión de las ideas del humanismo renacentista. Artistas, científicos y filósofos eran financiados en sus trabajos por los nobles, por el Estado y por el clero desde la Antigüedad. En los siglos XV y XVI, la gran burguesía, presente en todas las ramas de las relaciones de producción (producción, distribución, intercambio, cambio —de moneda entre Estados— y consumo) empieza también a financiar a estos profesionales. Con las imprentas, las ideas de estos humanistas, que se aproximaban desde una perspectiva cristiana católica a la filosofía, las artes y las ciencias grecorromanas, se expanden y ganan una enorme influencia. Los humanistas renacentistas entienden que el libre albedrío que Dios ha concedido al hombre le permite desarrollar una inteligencia al servicio de la fe en el Creador, pero de manera soberana sobre la naturaleza (el hombre como centro y medida de todas las cosas).

Esta idea básica se propaga por todas partes ya en el siglo XV, impulsada desde Génova, Florencia y Venecia, grandes potencias económicas. Y, con esta expansión, se invierte la relación teológica cristiana teocéntrica por otra antropocéntrica que, no obstante, no niega a Dios, sino que lo reafirma a través de la acción del hombre sobre la realidad. Estas afirmaciones, en un mundo que vive una explosión comercial, política, científica y tecnológica abrumadora, junto a guerras de religión debido a la Reforma protestante (1524-1697) y su correspondiente Contrarreforma católica en el Concilio de Trento (1545-1563), penetraron en corrientes que, con el tiempo, fermentarán en la construcción política y económica del liberalismo, ideología que finiquita el período mercantilista y asienta las bases ideológicas que sostienen el capitalismo como modo de producción. En definitiva, estos cinco fenómenos anteceden al liberalismo y permiten su construcción doctrinal: 1) los antecedentes humanistas renacentistas; 2) de la Escuela de Salamanca en España y el arbitrismo (precedente español de las escuelas económicas mercantilistas e influyente sobre todas ellas entre 1500 y 1750); 3) el protestantismo y sus cinco solas (*Sola scriptura*: solo la palabra de Dios mismo, en la Biblia, salva y es fuente de autoridad única; *Sola fide*: solo la fe salva sin necesidad de buenas obras; *Sola gratia*: la gracia divina salva sin necesidad de hacer méritos por ello; *Solus Christus*: Jesucristo es el único mediador entre Dios y el hombre, sin necesidad de la Iglesia católica, y salva a través de la introspección infinita en uno mismo a través de la fe y de la lectura de la Biblia; y *Soli Deo Gloria*: solo Dios debe ser adorado, ni santos ni la Virgen María); 4) la escuela fisiócrata francesa defensora del libre mercado; 5) la Ilustración iniciada durante la Revolución Gloriosa de Inglaterra (1688), y desarrollada sobre todo en la Francia del siglo xviii, y durante procesos políticos y económicos muy diversos, entre los cuales se produce la secularización de ideas religiosas originada tras el desgaste de las guerras entre católicos y protestantes, todo tras la Paz de Westfalia.

Fueron los inicios de la expansión comercial de estas ideas lo que inspiró proyectos como los que llevó a cabo el marino genovés Cristóbal Colón (1451-1506). El propósito del primer viaje de Colón (1492-1493) fue el de abrir nuevas rutas comerciales marítimas entre Asia (China, India) y España, taponada la Ruta de la Seda por la hegemonía en Europa oriental del Imperio otomano. Con el viaje se pretendía coger a los turcos por la espalda en Extremo Oriente y, cuando fuese posible, avanzar militarmente hacia Estambul de este a oeste. Los cálculos del diámetro y circunferencia de la Tierra que Colón manejaba eran los de Marino de Tiro (60-130), geógrafo fenicio que calculó la circunferencia terrestre en 30 000 kilómetros, cuando en realidad son 40 000 kilómetros. Cuando el 12 de octubre de 1492 desde las carabelas de la *Pinta*, la *Niña* y la *Santa María* avistaron tierra, Colón pensó que aquello corroboraba su cálculo. Realizó tres viajes más (1493-1496, 1498-1500 y 1502-1504), en los que fundó La Isabela en la isla de La Española, en 1494, primera ciudad española levantada en América. También llegó a América del Sur y descubrió el río Orinoco, puso pie en tierra continental en la actual población de Macuro (Venezuela), y recorrió las costas caribeñas de América Central. Al llegar a la actual Panamá en 1502, los indios le dijeron que andando 9 km hacia el sur divisaría otro océano. Colón no quiso seguir a pie la ruta porque buscaba una salida a ese otro océano sin dejar de navegar. No fue hasta once años después, en 1513, cuando Vasco Nuñez de Balboa (1475-1519), hidalgo español, cruzó a pie el istmo de Panamá y descubrió el océano, al que llamó mar del Sur, tomando posesión del mismo para los reyes de España. Más tarde sería conocido como «lago español» por la cantidad de expediciones españolas que lo cruzaron y exploraron. Hoy día es conocido como océano Pacífico. En ninguno de esos viajes, durante los cuales ya se producían otras expediciones españolas, portuguesas y de otras monarquías al continente, Colón se percató de que no era Asia, ni el paraíso terrenal, como llegó a pensar. En viajes en los se pretendía abrir una nueva ruta comercial con Asia, Colón pensó que había llegado a Cipango (Japón), siendo en realidad la isla hoy conocida como La Española (donde se encuentran los actuales países de Haití y la República Dominicana), y se murió sin ser consciente de que se había topado con un cuarto continente, antes desconocido. Fue el navegante florentino naturalizado español Américo Vespucio (1454-1512), miembro de la Casa o Lonja de Contratación de Sevilla, destinada al control de la actividad comercial y del tránsito de personas de España a América, quien en sus obras *Mundus Novus* (1503) y *Carta a Soderini* (1507), de gran éxito comercial en toda Europa occidental, afirmó que las tierras descubiertas eran un continente, al que él denominaba Nuevo Mundo, y que el cartógrafo del Sacro Imperio, Martin Waldseemüller (1470-1520), en el mapa *Universalis Cosmographia* de 1507 llamó en su honor América. El contexto de descubrimiento se cierra, así, con el contexto de justificación.

Aunque la explotación de los recursos del Nuevo Mundo, por parte de España y Portugal, empezó ya a hacerse efectiva tras la firma del Tratado de Tordesillas, en 1494, que dividía la influencia de ambas potencias en la esfera por una línea que dividía el océano Atlántico en dos, la ruta hacia las especias por vía marítima a China seguía todavía vedada, por la existencia de América. En el reparto de estas zonas de influencia por

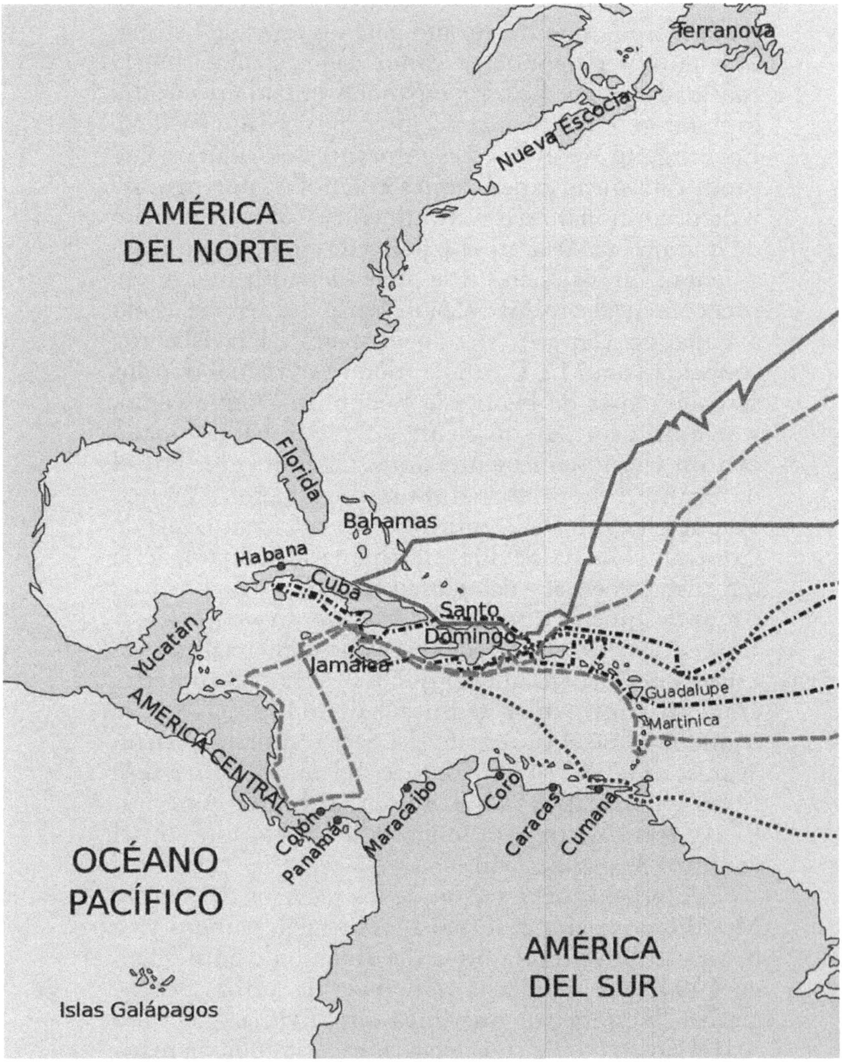
Terranova
Nueva Escocia
AMÉRICA
DEL NORTE
Florida
Bahamas
Habana
Cuba
Santo
Domingo
Yucatán
Jamaica
Guadalupe
Martinica
AMÉRICA CENTRAL
Colón
Panamá
Maracaibo
Coro
Caracas
Cumaná
OCÉANO
PACÍFICO
AMÉRICA
DEL SUR
Islas Galápagos

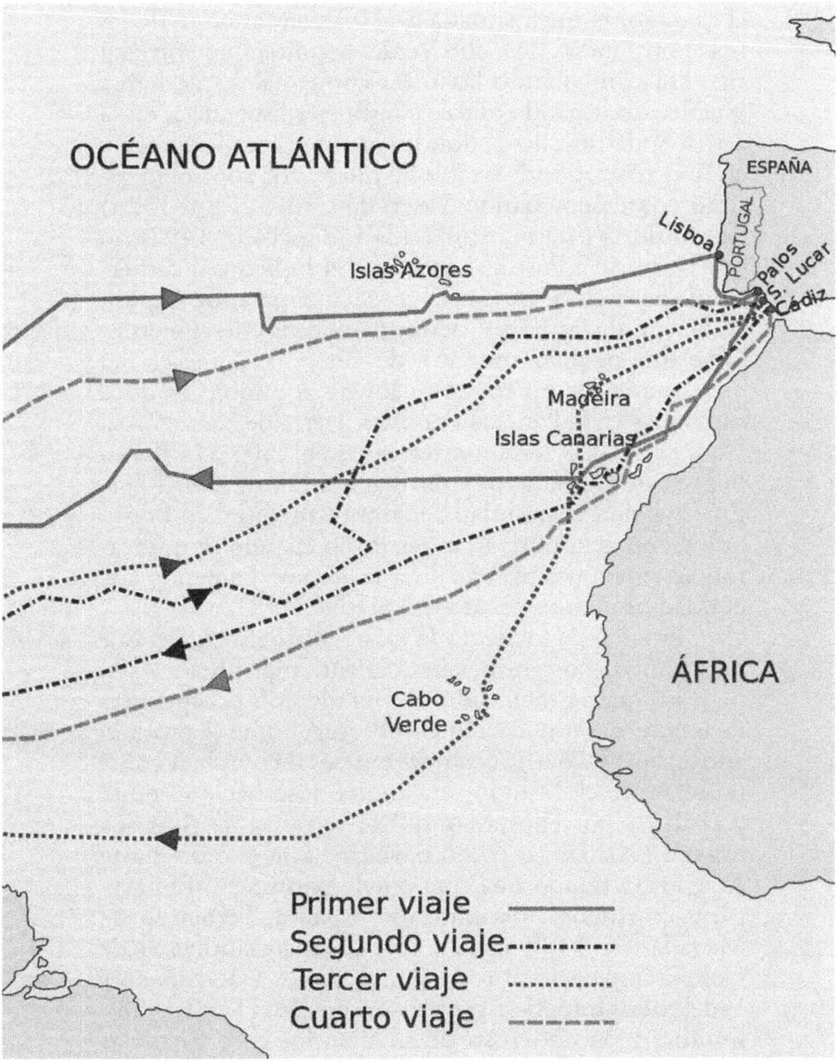

Viajes de Colón

el Tratado, la línea situada a 370 leguas al oeste de las islas portuguesas de Cabo Verde, permitía que Portugal siguiera controlando las rutas comerciales que había establecido llegando al cabo de Buena Esperanza, en la actual Sudáfrica, desde donde partían al océano Índico y el sur de Asia, donde estableció puestos de control marítimo comercial cuando Vasco de Gama (1460-1524) descubrió la ruta marítima a la India (1497-1498), lo que permitió a Portugal controlar el Índico y el comercio de especias por esa ruta. España se garantizaba, así, el control de las islas y tierras americanas descubiertas, salvo una pequeña porción de tierra, en América del Sur, donde los portugueses lograron establecer doce capitanías en la llamada entonces Tierra de Santa Cruz. Estas capitanías fueron arrendadas en 1503 a la Banca Fugger, de Augsburgo, y devueltas a Portugal en 1511. En estas tierras abundaba el árbol llamado palo brasil, que acabó denominado al territorio cuando se unificaron las capitanías para facilitar la gestión, llamando a la entidad resultante Estado del Brasil.

España, conociendo la existencia del mar del Sur (el Pacífico) no renunciaba a la ruta marítima a Asia, pero no quería incumplir el Tratado con la esperanza de una futura unificación con Portugal (que se produjo entre 1580 y 1640). Los portugueses incumplían constantemente el Tratado, expandiéndose hacia el oeste y el sur, y por ello la conquista terrestre de América urgía a España, así como navegar hacia el oeste hasta Asia, encontrando una ruta que lo permitiera. El navegante portugués, naturalizado español, Fernando de Magallanes (1480-1521), con un plan similar al de Colón, convenció al rey español Carlos I de España y V del Sacro Imperio Romano Germánico (1500-1558), hombre más poderoso de su tiempo, para financiar la misión a través de las Capitulaciones de Valladolid (1518). 239 hombres, entre españoles, portugueses, venecianos, irlandeses, romano-germánicos, subsaharianos y un traductor malayo se embarcaron en la aventura, en un total de cuatro naves. Zarparon en 1519, llegando a la bahía de Guanabara, donde se encuentra ahora Río de Janeiro, cuatro meses después. Hacia el sur, descubrieron el estuario del río de la Plata, que recorrieron pensando que era el paso al otro océano. Más al sur descubrieron nuevas costas, que Magallanes bautizó como Patagonia. En marzo de 1520 llegaron a la actual bahía de San Julián, en Argentina, donde acamparon para pasar el invierno (las estaciones se invierten en el hemisferio sur).

Tras una sublevación y una pérdida de una de las naves, Magallanes reemprende el viaje, hasta que entre octubre y noviembre cruzaron el difícil estrecho, que hoy tiene el nombre de estrecho de Magallanes, llegando al Pacífico, nombre que ellos mismos le dieron al mar del Sur debido a lo tranquilas que encontraron las aguas. Antes de cruzar el estrecho, otra nave se sublevó y regresó a España. Tardó tres meses en llegar a tierra, siendo su tripulación pasto del escorbuto y el hambre, habiendo poca y mala comida en los navíos. En marzo de 1521 descubren la isla de Guam, perteneciente a las Marianas. Aprovisionados y asistidos por nativos, diez días después llegan a las islas de San Lázaro, hoy conocidas como Filipinas. En abril, tratando de conquistar las islas, Magallanes desafía a Lapulapu (1491-1542), jefe de la isla de Mactán en una batalla donde Magallanes resulta muerto. El resto llegó días después a Cebú, donde treinta de ellos fueron asesinados en un banquete organizado por el rajá de la isla. Solo quedaban dos naves, que llegaron a las islas Molucas, hoy Indonesia, en donde el rey de Tidore, llamado por los españoles Almanzor, les permitió comerciar. Consiguieron llenar las dos naves de clavo, especia molida, muy fuerte, para la comida y elaborar cigarros. Por una avería, una de las

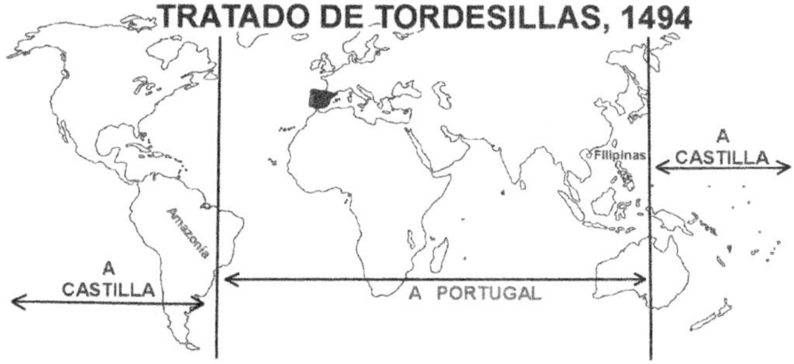

Tratado de Tordesillas

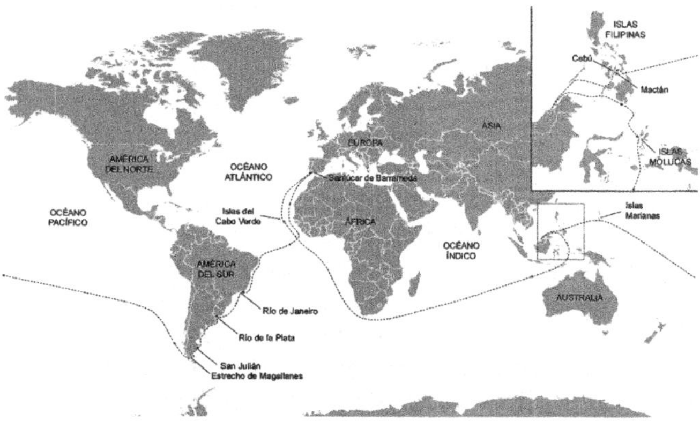

Expedición Magallanes-Elcano, primera vuelta al mundo

naves, *Trinidad*, se quedó a reparar y trató de retornar por el Pacífico hasta Panamá. La otra nave, la *Victoria*, continuó el viaje hacia el oeste. Al mando se encontraba el español Juan Sebastián Elcano (1476-1526), que atravesó el Índico y dio la vuelta al cabo de Buena Esperanza evitando los puertos africanos controlados por portugueses. Llegó a Sanlúcar de Barrameda el 6 de septiembre de 1522, desde donde remolcó el barco hasta Sevilla por el Guadalquivir. La carga de clavo en la nao *Victoria* permitió cubrir de sobra los gastos iniciales de la expedición, de la cual solo regresaron 18 vivos, más otros 12 apresados en Cabo Verde días después y los cinco supervivientes de la *Trinidad*, que se reparó en Tidore.

Esta expedición completó la primera vuelta al mundo, demostrando en la práctica la esfericidad del planeta Tierra. El comercio de las especias con Asia, vía marítima, sin recorrer la Ruta, ni circunnavegar el Índico, era posible. En diversas expediciones posteriores, bien desde la España ibérica, bien desde las tierras españolas de América, se emprendieron nuevos viajes que descubrieron muchos otros territorios (Nueva Guinea, Australia, Hawaii, las islas Carolinas, Palaos, Polinesia, etc.). Los descubrimientos españoles y portugueses, que siguieron otras potencias después (Inglaterra, Francia, Holanda, Rusia conquistando Siberia), ampliaron la tierra conocida y los mares recorridos. El comercio se volvió entonces global. Las mercancías alcanzaron difusión universal, incluidos los libros impresos que contenían toda la información científica de la época.

La primera globalización, la mercantilista, se había completado, y la habían realizado Portugal y, sobre todo, España. Estos descubrimientos cambiaron para siempre, y de manera irreversible, la concepción del mundo que se tenía. A ello se unió la publicación, años después, de *De revolutionibus orbium coelestium* (1543), obra póstuma del astrónomo polaco Nicolás Copérnico (1473-1543), cuya repercusión fue progresiva, primero negativa y luego positiva en el siglo XVII. Copérnico afirmaba que la Tierra no era el centro del universo, sino que lo era el Sol, y que aquella giraba alrededor de este, algo ya propuesto por Aristarco de Samos (310-230 a. C.). Solo fue aceptada positivamente en la Universidad de Salamanca, centro intelectual del nuevo gran imperio del mundo, que, habiéndose hecho grande sobre un mundo mayor del que se pensaba, se ponía a la vanguardia de una revolución científica que, con sus descubrimientos y conquistas, lidera, iniciando lo que posteriormente se ha conocido como modernidad.

Un ejemplo de sociedad política transicional, ni feudal ni capitalista: el Imperio español

Como corresponde al período de tiempo histórico que le tocó existir, según los historiadores que asocian la existencia del Imperio español con su presencia en América (1492-1898), la mayoría de este tiempo, hasta la independencia de los territorios continentales a comienzos del siglo xix, corresponde con un modelo económico cuya estructura no encaja ni en un modelo propiamente feudal (aunque tuviera relaciones propias de aquel modo de producción), ni tampoco en un modelo propiamente capitalista (aunque tuviera también relaciones propias de aquel). Durante todo el mercantilismo, el mayor ejemplo de modelo económico de transición entre un modo de producción y otro fue la monarquía católica universal, monarquía hispánica o Imperio español, aunque puedan estudiarse otros modelos que, en algunos casos, tendían más hacia un modelo feudal (sobre todo en el siglo xvi) o hacia un modelo más capitalista (Venecia, Génova). Esta estructura económica transicional hizo que solo al final de su período imperial adoptara un modelo capitalista colonial de Imperio, entre el último cuarto del siglo xviii, la totalidad del siglo xix y en el siglo xx hasta la pérdida de las posesiones africanas (protectorado español de Marruecos, Guinea española, Ifni y el Sáhara español). Bien es verdad que nunca de una manera tan característica como lo hicieron Holanda, Inglaterra, Francia o Bélgica, pero sí abandonando por completo el régimen polisinodial propio del Antiguo Régimen hispánico de la monarquía de los Austrias (1516-1700) y los Consejos herederos de aquella administración, que tuvo el Imperio en su época borbónica (1700-1808).

El régimen polisinodial se basó en los órganos consultivos medievales de las coronas de Castilla, Navarra y Aragón. Había tres tipos de consejos polisinodiales: de competencias y asesoramiento, de Gobierno territorial y hacienda y las Juntas, algunas temporales, para asuntos concretos. La forma de Consejos se amplió a todos los territorios del Imperio, habiendo Consejos de Castilla, Aragón, de Indias (América y Filipinas), de Flandes, Italia (Reino de Nápoles y las dos Sicilias) y Portugal. Así pues, la dinastía de los Austrias (Habsburgo) extendió estas estructuras feudales a escala intercontinental para administrar un patrimonio inmenso de recursos, territorios y hombres que ya no podía gestionarse a la manera típicamente feudal. En esa época se creó el Consejo de Estado, órgano consultivo cuya actividad ha continuado hasta hoy. También existía un Consejo de Inquisición, encargado de asuntos de apelación y de tribunales locales. Un Consejo de Cámara, encargado de organizar nombramientos, gracias y mercedes entre la nobleza, un Consejo de Órdenes para organizar los mayorazgos (reparto de la herencia) de las órdenes militares al servicio de la corona imperial, y el Consejo de Hacienda, creado en 1523, que centralizó y unificó la contaduría estatal y los impuestos, velando por su recaudación y administración. Constaba de tres consejeros funcionarios y cuatro asistentes (secretario, contador, escribano de finanzas y tesorero), que decidían sobre asuntos de la Real Audiencia en pleno, o con auspicio de sus tres tribunales más importantes: el de Millones, la Contaduría Mayor de Cuentas y el de Oidores. También ejecutaban gastos, proponían nuevas fuentes de financiación del Estado y lidiaban con el resto de Consejos antedichos, formados por nobles en sus cúpulas, mientras en este los funcionarios de carrera no solían venir de esa clase social.

El Consejo de Indias, como órgano independiente del Consejo de Castilla, se formó en 1524, y era el encargado de nombrar virreyes, gobernadores, oidores y jueces en tierras americanas. Realizaba la planificación administrativa, demográfica y comercial del Nuevo Mundo, tutelaba el buen funcionamiento de la burocracia del poder indiano, autorizaba el comercio de libros impresos desde España a América y viceversa, aplicó la legislación castellana desde 1614, dictaba sobre la legislación originada en América, elaboraba las normas que luego eran dictadas en reales cédulas o reales provisiones para mediar en conflictos, dividía los obispados, revisaba las bulas papales que solo se cumplían si recibían el pase regio por parte del Consejo, así como de las disposiciones de la Iglesia católica y sus sínodos en el Nuevo Continente. Era el más alto tribunal en América, y dictaba sentencia sobre todo tipo de delitos, también comerciales como evasión tributaria, contrabando o no cumplimiento de las rutas comerciales por la Flota de Indias, que monopolizaba las rutas mercantiles del Imperio. Sus funcionarios se encontraban bajo revisión constante mediante el mecanismo de los Juicios de residencia, procedimientos donde se escuchaban testimonios a favor o en contra de sus actuaciones, y que si se demostraban delictivas, acababan en multas. Durante los juicios, los funcionarios no podían abandonar su lugar de trabajo y residencia hasta la sentencia final. También examinaba las cuentas los oficiales reales, y era el responsable del cobro de impuestos como el quinto del rey, pagado al descubrir un tesoro o capturar una presa, dando al Estado un 20 % de lo descubierto o capturado. Asociada al Consejo, aunque establecida antes de su surgimiento, en 1503, la Real Casa de Contratación de Indias era la encargada de regular la navegación comercial entre la España peninsular y la de ultramar. El mercantilismo hispánico quedó establecido a través de documentos que, validados por la Real Casa de Contratación, permitían el comercio, en forma de monopolio, sobre determinadas rutas comerciales y sobre determinados productos, llamados asientos, que les permitió recaudar desde su sede en Sevilla (luego trasladada a Cádiz), centenares de miles de kilos de plata y oro de América, África y Asia.

El Consejo de Indias dividió las posesiones americanas en virreinatos. Estos fueron instituciones de la corona administradas por un virrey en representación de la corona imperial española. Esta forma administrativa original del Imperio español fue copiada más tarde por franceses (virreinato de Nueva Francia, en Norteamérica, entre 1534 y 1763), portugueses (virreinato del Brasil, de 1763 a 1808) y rusos (varios territorios entre 1776 y 1796). Por orden cronológico, el primero fue el virreinato de las Indias y Tierra Firme de la Mar Océano (1492-1535), iniciado con Colón y abolido con la creación del virreinato de Nueva España (1535-1821), donde se encontraba la principal ciudad de todo el Imperio, México, y que abarcó territorios como los actuales Estados mexicano, de Guatemala, Cuba, República Dominicana, Puerto Rico, Trinidad y Tobago, Guadalupe, Belice, Honduras, El Salvador, Nicaragua, Costa Rica,

Filipinas, Carolinas y Marianas; así como el norte de Formosa (hoy Taiwán), los actuales estados de Florida, Washington, Oregón, Texas, Arizona, Nuevo México, Utah, Colorado, Nevada, California y partes de Luisiana, Oklahoma, Kansas, Wyoming, Montana y Idaho en los actuales Estados Unidos de América; y el suroeste de la Columbia Británica, en el actual Canadá. En Sudamérica se creó el virreinato del Perú (1542-1824), que abarcaba desde el actual Panamá a Tierra de Fuego en la Patagonia, salvo el realengo de Venezuela, dependiente directamente del rey, y los territorios portugueses. Con posterioridad fue dividido en dos virreinatos más, el de Nueva Granada (1717-1819) al norte (actuales Panamá, Colombia, Venezuela, Guyana, Ecuador, norte de Perú y el noroeste de Brasil), el de Perú con capital en Lima y el virreinato del Río de la Plata (1776-1814), que abarcó los actuales países de Bolivia, Paraguay, Uruguay y Argentina, así como parte de Brasil y de Chile, cuya capitanía general pertenecía al virreinato del Perú. Las capitanías generales tenían cierta autonomía respecto de los virreinatos, así como las reales audiencias, que también eran parte de estos.

La administración política del Imperio se conjugaba con una administración económica particular, cuya estabilidad duró más de tres siglos. No obstante, en los inicios del Imperio tuvo que establecerse una codificación jurídica que, con adaptaciones posteriores a contextos históricos y demográficos distintos, se mantuvo estable, sentando además precedentes jurídico-políticos y económicos sin los cuales no puede entenderse la hegemonía española durante esta primera globalización. En 1511, el rey Fernando el Católico (1452-1516) convocó una junta de juristas y teólogos que, tras un año de deliberaciones, concluyó con la promulgación de las

Leyes de Burgos que abolieron la esclavitud de los indios americanos y sancionaron la conquista y evangelización de aquellos, siguiendo la tradición medieval de la Reconquista. Se reconoció al indio como súbdito del rey de España, hombre libre y con derecho a la propiedad, con el deber de trabajar para la corona. Podía moverse por todos los territorios de la monarquía universal sin ser explotado. Para garantizar este tratamiento se crearon dos instituciones. Una, el requerimiento, un texto que debía leerse a viva voz por los conquistadores a las asambleas y autoridades indoamericanas como procedimiento para exigirles convertirse en súbditos del rey, de las leyes españolas y colaborar con los conquistadores en las tareas económicas y administrativas. La otra, la encomienda, institución de origen medieval castellana y aragonesa por la que un grupo era obligado a retribuir a otro en trabajo o especie para disfrutar de un bien o prestación. Fue muy empleada para conseguir que los indios trabajaran en las minas a cambio de dinero. El caos inicial que provocó fue criticado por el gobernador Nicolás de Ovando (1460-1511), que pidió a la corona que la conversión de los indios al catolicismo se hiciera sin explotación en las minas, que se les congregara en pueblos, luego ciudades, y que se fomentaran los matrimonios interraciales. Con Ovando, la encomienda cambió de sentido, dejando de ser perpetua y durando solo unos dos años. La encomienda, dirigida desde las ciudades españolas en América, permitió centralizar el trabajo en las ciudades y hacer depender el trabajo agrícola y ganadero del comercio y acrecentamiento urbanos, además de ayudar a la evangelización obligatoria de indios. Sin embargo, las Leyes de Burgos no impidieron la continuación de ciertos abusos, e incluso se dieron casos de rebeliones de encomenderos, como la del virreinato del Perú en 1544, abortada en 1548.

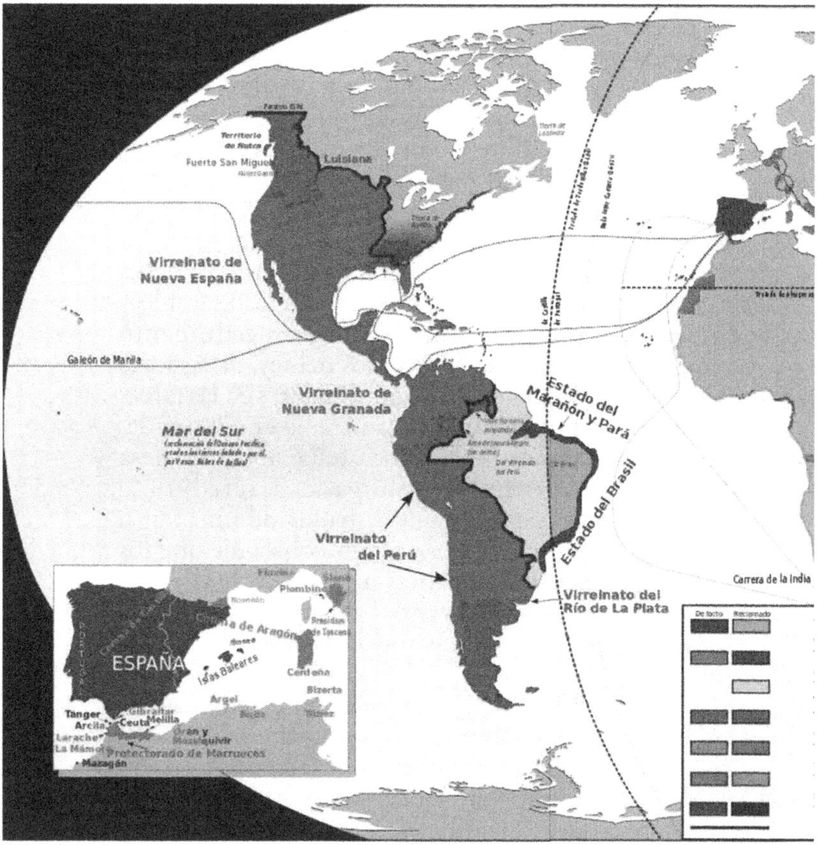

Esta revuelta se produjo después de la aprobación, por Carlos I, de las leyes nuevas, que revisaron el sistema de encomiendas y otorgaron más derechos a los súbditos indios del rey. Estas Leyes, y las de Burgos, son precursoras del derecho internacional público y, según algunos, de la Declaración Universal de los Derechos Humanos de 1948.

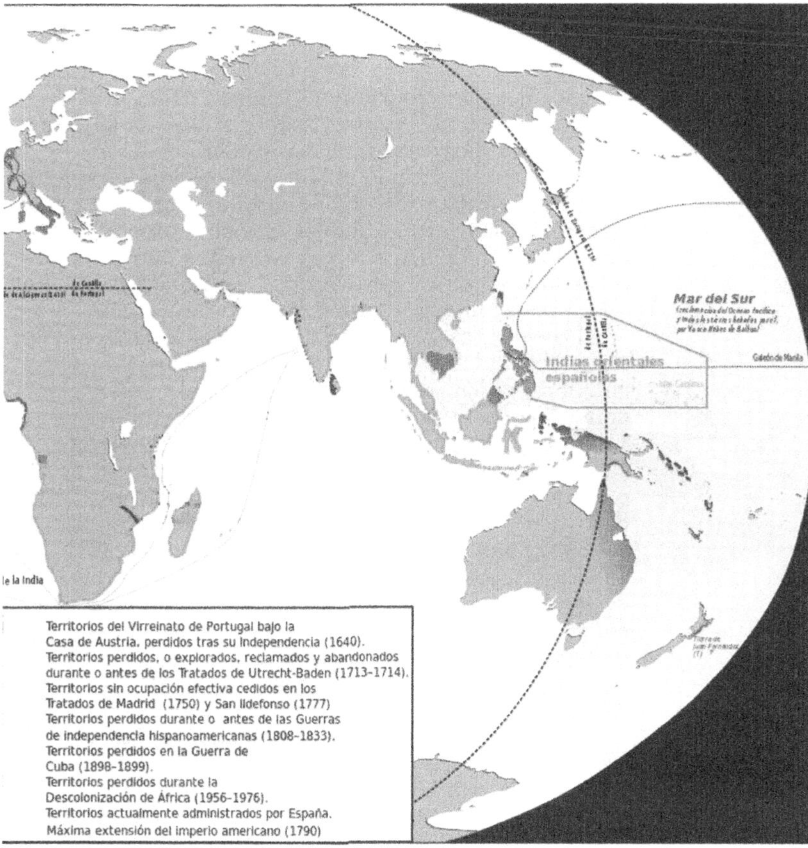

Imperio español

Los territorios del Imperio estaban unidos a España a través de la corona y diversos órganos gubernamentales compartidos. Aunque la evolución del comercio mundial durante el mercantilismo permitió la configuración de imperios coloniales, propiamente capitalistas, España no se configuró como tal en

América. El colonialismo se definió en otro lugar como sigue (2017):

> Entendemos por colonialismo a la forma política y económica de relación entre clases y Estados por la cual diversas sociedades humanas y políticas, cuyo desarrollo no ha seguido el modo de producción capitalista, acaban integradas en este, reproduciendo parcialmente en ellas las relaciones sociales de producción de la metrópoli, y siendo administradas mediante un gobierno indirecto que deja a las poblaciones conquistadas en una situación igual o peor a la que tenían anteriormente, pero sin posibilidad de regresar a modos de producción anteriores. Además, los sujetos de las poblaciones conquistadas apenas se mezclan con el nuevo sujeto dominante, y su estatus jurídico nunca alcanza el de súbditos en igualdad de condiciones, o de ciudadanos de pleno derecho, respecto de los de la metrópoli, pudiendo adquirir la condición de súbditos pero siempre por debajo de los súbditos autóctonos metropolitanos. La clase dominante de la metrópoli jamás reproduce totalmente el entramado institucional, cultural y administrativo de dicha metrópoli en las colonias, y en algunos casos la fuerza de trabajo colonial solo ha de ser formada para asegurar la supremacía del poder político y económico instalado en las colonias. Esta fuerza de trabajo, además, es susceptible de eliminación física parcial en tanto que capital sobrante o excedente de producción. Al mismo tiempo, el dominio colonial asegura a la clase dominante en la metrópoli la explotación sobre la fuerza de trabajo autóctona de dicha metrópoli, llegando a enfrentar los intereses de unos y otros para dividir fuerzas.

Esta definición del colonialismo, que coincide con la definición de imperialismo de Lenin (1870-1924) de 1916, y la de imperio depredador de Gustavo Bueno (1924-2016) de 1999, no puede aplicarse a España estrictamente en ningún caso de sus territorios históricos, salvo parcialmente cuando el modo de producción capitalista se asentó desde finales del siglo xviii. En cambio, el gobierno era directo sobre los virreinatos a través de los Consejos imperiales, que elegían a los funcionarios, representantes jurídicos y virreyes bajo sanción del rey. Y al igual que hizo Roma, España sí reprodujo las instituciones de la metrópoli en todos los territorios conquistados, hasta el punto de que aunque la corte se encontraba en Madrid, los virreinatos americanos, particularmente el de Nueva España, eran el centro demográfico, económico y territorial del Imperio. Incluso, algunos nobles y burgueses criollos del Nuevo Mundo (muchos mestizos) eran más ricos y ostentaban mayor patrimonio que sus pares ibéricos. Nicolás de Ovando trasplantó a América la organización arquitectónica urbana de las ciudades castellanas. El llamado «modelo ovandino» se basó en el poblamiento de territorios nuevos, la promoción del desarrollo urbano, la estimulación del mestizaje sexual, la elección local de alcaldes y corregidores y la promoción social urbana mediante el mérito personal. Este modelo pudo implementarse otorgando tierras a indios y peninsulares, siguiendo el modelo del repartimiento de tierras de la Reconquista. Así hizo Hernán Cortes tras conquistar Tenochtitlán. Alonso de Ojeda (1468-1515), fundador de Venezuela, perfeccionó el modelo, trazando un cordel en el plano de las nuevas ciudades, que permitiese conservar el Templo Mayor, inspirado en el trazado clásico del *castrum* romano o cuadrícula. Las calles eran rectas, las manzanas cuadradas o rectangulares (como los ensanches decimonónicos de Barcelona y Madrid), que se unificaban en la plaza de Armas, una plaza mayor también cuadriculada, basada en el viejo foro romano, que sería el centro de la vida urbana. En esta plaza, a un lado, estaría la iglesia central o catedral, y a otro el cabildo, de origen canario y basado en los ayuntamientos medievales. Este modelo se basaba en las plazas de las ciudades de Roma, con el templo de Júpiter a un lado, y las dependencias municipales al otro. Salamanca o Madrid siguieron este modelo en la península, y en América fueron generadas ciudades de esta clase, como San Juan de Puerto Rico, Santa Marta, Cartagena de Indias, Panamá, Campeche, Veracruz, La Habana o Santo Domingo, entre otras.

El modelo ovandino fue sustituido por el mendozino en 1535, de Antonio de Mendoza (1490-1552), virrey del Perú, basado en generar ciudades con calles anchas, soleadas y ventiladas, adecuadas para la circulación de carros y carruajes, con edificios no muy altos. Puebla de los Ángeles, Valladolid y Oaxaca de Juárez siguieron este modelo, ideal para la circulación terrestre de mercancías que unía a todas las ciudades del Imperio a través de caminos terrestres larguísimos, llamados caminos reales, que al modo de las calzadas romanas unificaban mercados terrestres desde California y Texas hasta Chile y Buenos Aires. Tenían entre 8 y 10 varas de anchura de media, por la que pasaban carros tirados por caballos. Dichos caminos estaban llenos de pequeñas misiones religiosas.

Esta red de transporte comercial terrestre también comunicaba centros urbanos de gestión importantes, como los hospitales, que seguían el modelo ya instaurado por los Reyes Católicos, organizando el Tribunal Real Protomedicato, que examinaba a los que quisieran obtener la licencia médica. Muchos médicos españoles pudieron ir a América, cuando Nicolás de Ovando mandó construir el primer hospital de América, el hospital San Nicolás de Barí, en Santo Domingo de Guzmán, La Española, con el fin de mitigar las epidemias devastadoras que cercenaron la vida de los indios caribeños en su contacto con enfermedades traídas del Viejo Mundo. Esos hospitales sirvieron de red en el Imperio para la Real Expedición Filantrópica de la Vacuna, dirigida por el médico Francisco Javier Balmis (1753-1819),

Plaza de Armas de Cuzco, Perú

que vacunó de la viruela a toda la población del Imperio entre 1803 y 1814, en la que sería la primera expedición sanitaria de la historia, llegando a vacunar también a población en Cantón, China. Hubo luego más hospitales, mayores en tamaño que catedrales y cabildos. Un total de veinticinco, solo entre 1500 y 1550, además de otros más pequeños en pueblos de más de 500 habitantes entre los Caminos Reales.

Además, para formar a la población al más alto nivel, se fundaron más de veinte universidades en América, de las que salieron 150 000 licenciados y doctores en toda su historia, hasta la independencia, cosa que jamás ocurrió en el Brasil portugués. En ellas, empezó el estudio concienzudo de las lenguas americanas precolombinas, que fueron codificadas y compendiadas. Esta red institucional, que no era colonial, permitió conectar las nuevas ciudades fundadas, no solo a través de caminos terrestres, sino con las rutas marítimas que atravesaban el Atlántico y el Pacífico constantemente, por lo que las ciudades portuarias tenían que tener un buen acondicionamiento para la recepción de mercancías, cuyo monopolio comercial trató de ser barrenado constantemente por corsarios y piratas, a sueldo o no de potencias rivales como Inglaterra u Holanda, quienes también asaltaban los galeones españoles en busca de oro, plata y materias primas de todo tipo. También conectó a todo el Imperio español con potencias asiáticas como China y Japón, y las rutas de las especias marítimas. Así, diversas delegaciones de estos dos reinos orientales acabaron en territorios españoles, y viceversa, incluidas misiones jesuíticas españolas a Japón, reprimidas en el siglo xvi.

Incluso se toleró hasta 1759 (hasta el período propiamente colonial) la existencia de reducciones de indios organizados por sacerdotes de la Compañía de Jesús (o jesuitas), fundada en 1534 por san Ignacio de Loyola (1491-1556), la mayor orden religiosa masculina de la Iglesia católica, dedicados a la acción educativa, social y misionera. Las reducciones, catalogadas posteriormente como organizaciones comunales socialistas utópicas, eran organizadas por los sacerdotes, que aprendían el idioma de los indios (algo que sirvió en el actual Paraguay para codificar el guaraní, idioma oficial en el país junto al español), permitiéndoles organizar reducciones que eran pueblos de más de mil habitantes, económicamente autosuficientes, donde los indios aprendían música, pintura, escultura y arquitectura tanto renacentista como barroca, pues estas reducciones fueron uno de los núcleos que permitieron la eclosión del Barroco hispanoamericano en el siglo xvii. Pero incluso las reducciones guaranís organizaron a más de 300 000 habitantes en conjunto. Las técnicas agrícolas de cultivo de maíz, batata (patata

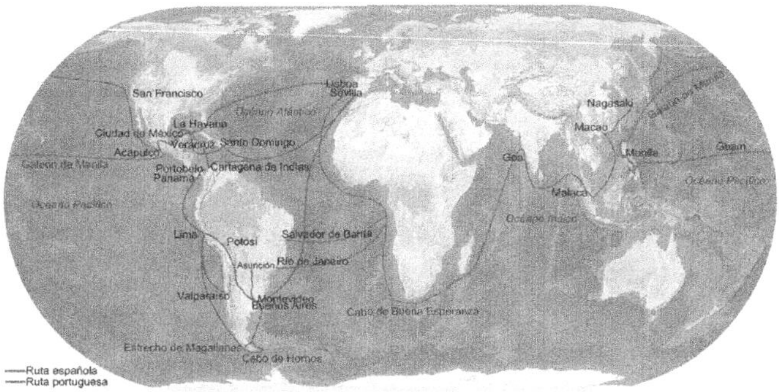

Rutas marítimas comerciales del Imperio español

dulce), algodón, mate, etc., se mezclaron con las técnicas importadas por los jesuitas. El intercambio era a través del trueque, y el tráfico de bienes era intenso, gestionado centralizadamente desde la localidad de Candelaria, hoy en Argentina. Existía la propiedad privada familiar (*avamba'e*), con una chacra de cultivo para el sustento anual, y la colectiva (*tupambaé*, 'tierra de Dios'), era para el cultivo de trigo, legumbres y algodón. Cada localidad se especializaba en un tipo de producción (siderurgia, metalurgia, carpintería, cocina, telas, instrumentos musicales), y en todas se fijó la jornada laboral en seis horas diarias, dedicando el resto del día a la oración, la educación o el desarrollo de las artes.

Para defenderse de los bandeirantes, cazadores de esclavos portugueses, las misiones se fortificaron y organizaron milicias con armas de fuego. También se defendían de otras tribus como los guaycurúes o paraguás, que solían atacarles. La Pragmática Sanción de 1767, elaborada por el rey Carlos III (1716-1788), con la que se expulsó a los jesuitas del Imperio en América, acabó con estas formas de organización socialista preindustrial. Siete de las misiones, en Brasil, Paraguay y Argentina,

1- Yapeyú
2- La Cruz
3- Santo Tomé
4- San Borja
5- San Nicolás
6- San Luis
7- San Lorenzo
8- San Miguel
9- San Juan
10- Santo Angel
11- Apóstoles
12- Concepción
13- Santa María
14- San Javier
15- Mártires
16- San Jose
17- San Carlos
18- Candelarias
19- Santa Ana
20- Loreto
21- San Ignacio Miní
22- Corpus
23- Jesús
24- Trinidad
25- Itapua
26- San Cosme
27- Santiago
28- Santa Rosa
29- Santa María de Fe
30- San Ignacio Guasú

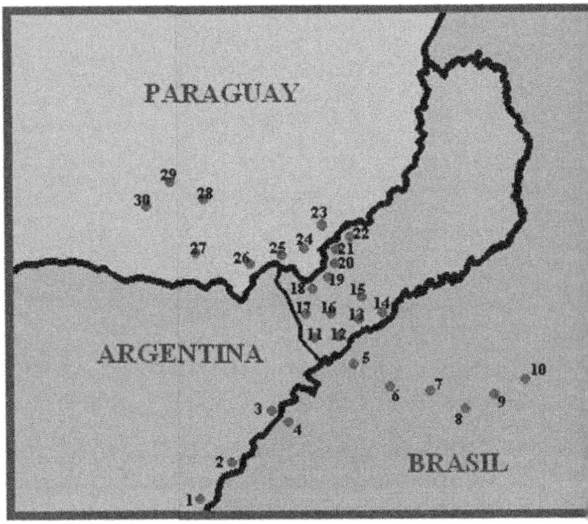

"Reducciones Jesuíticas"

han sido declaradas, por su interés artístico e histórico, Patrimonio de la Humanidad por la Unesco. Los guaraníes, tras ser cerradas las misiones, conservaron los instrumentos musicales y lo aprendido allí para transmitirlo a las generaciones siguientes, ya con Brasil, Argentina y Paraguay convertidas en naciones políticas.

A pesar de la evolución colonial del Imperio con los Borbones, progresiva pero efectiva, y del comercio esclavo que fue incesante en la América española, muchas formas de la organización económica y social del Imperio siguieron vigentes, heredadas de los Austrias, como pudo comprobar el polímata prusiano Alexander von Humboldt (1769-1859), y que describió en su *Ensayo*

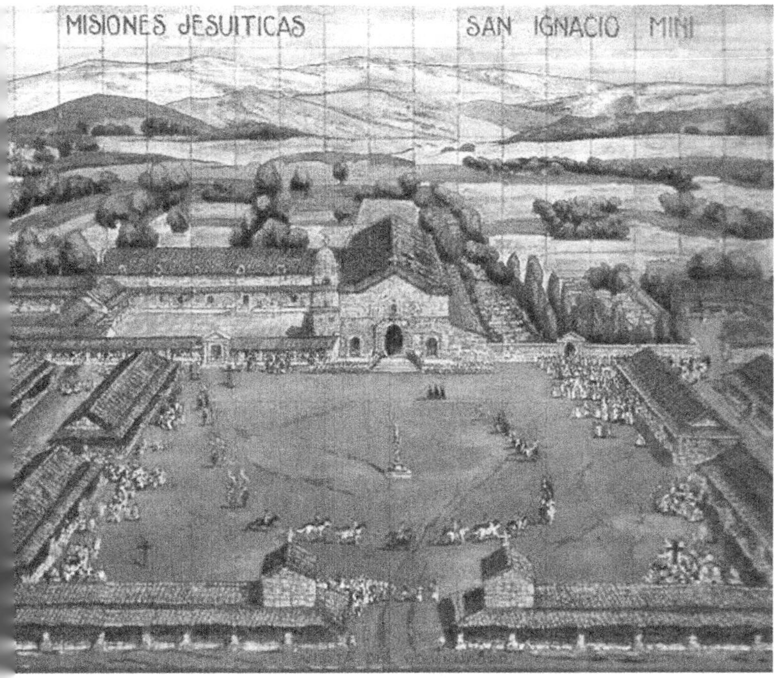

Localización de misiones jesuíticas en Sudamérica y plano típico de una de ellas

político del reino de la Nueva España (1800), tras visitar el virreinato años antes. A pesar de la expulsión de los jesuitas, todavía quedaban reducciones de indianos en Nueva España, con un funcionamiento similar a aquellas. Los campesinos, indios o no, no pagaban impuestos indirectos ni alcábalas, e incluso los indios pagaban menos impuestos que los campesinos blancos. El trabajo en las minas era controlado por el Estado. Había desaparecido ya la mita, sistema de trabajo fiscal de origen inca, por el que se pagaban los impuestos por trabajo. Los españoles la modificaron, haciendo que el trabajo fuese elegido por sorteo entre varones de 18 a 50 años, y se pagaba en salario. No trabajaban ni mujeres ni niños en las minas novohispanas, al contrario que en la Inglaterra de la primera Revolución Industrial. Los mineros tenían casa propia, humilde pero suya. Los salarios de los mineros eran similares a los de sus pares franceses, salvo en Veracruz y Tierra Caliente, donde eran superiores. Y eso cuando las condiciones de trabajo ya eran insalubres, y seguían modelos típicamente capitalistas. No obstante, el *laissez-faire, laisse-paser* fisiócrata y liberal, no reinaba por completo en el Imperio español, que siempre combinó formas feudales y capitalistas, además de esclavistas, con un alto grado de planificación económica estatal y comunal, presente en el control de precios del trigo y el maíz, para evitar la especulación. Se construyeron muchísimos silos, pósitos y alhóndigas para prevenir la especulación, donde se almacenaba grano, cereal para luego inyectarlo en el mercado en grandes cantidades para evitar la elevación de los precios en los años de malas cosechas. A pesar de la combinación de elementos económicos de todo tipo, estas características impiden catalogar al Imperio español como capitalista o feudal. Se trató de un Imperio de transición de un modo de producción a otro, adaptado a una época, la mercantilista, que duró tres siglos, y donde este Imperio fue hegemónico a todos los niveles.

El comercio en la dialéctica de imperios universales

No puede entenderse el comercio mundial durante el mercantilismo sin el concurso que el Imperio español realizó con la acuñación del real de a ocho, primera divisa mundial de la historia. Fue una moneda de plata, la de mayor acreditación y demanda en los tres siglos que duró el mercantilismo, durando su influencia hasta mediados del siglo XIX. Sirvió de referente a monedas circulantes del resto de Estados en los cinco continentes ya conocidos, y permitió comerciar con solvencia y garantías por todo el planeta. No puede entenderse la primera globalización sin el real de a ocho, también denominado peso de ocho, peso fuerte, peso duro, duro o dólar español en territorios anglosajones. Fue también moneda de reserva, patrón de cambio equivalente para todos los territorios del Imperio español. Estados de todo el mundo acudieron a ella para efectuar transacciones financieras y económicas. El auge universal del capital financiero pudo realizarse gracias a su solvencia y estabilidad. Hasta el punto que la moneda del real de a ocho, en tanto que toda moneda es también una mercancía, se convirtió en el principal producto exportado por España, más allá de su Imperio, a pesar de que el intervencionismo estatal y comercial era grande, impidiendo el «libre comercio» con otras potencias. Inspirada en el tálero acuñado en Austria y Bohemia a finales del siglo XV (dólar viene del alemán *thaler*), empezó a ser acuñada después de la pragmática de Medina del Campo, en 1497, en una unidad de plata establecida y regulada por los Reyes Católicos. Inicialmente, tenía un peso de 27,468 gramos y una pureza de 0,93055 %, conteniendo 25,560 gramos de plata pura. Cada moneda tenía un valor de ocho reales. Empezaron a emitirse en cecas (del árabe *sikka*, lugar de fabricación y emisión de moneda) en Burgos, Segovia, Toledo y Sevilla entre 1543 y 1566, año en que Felipe II (1527-1598), hijo y sucesor de Carlos I, reforzó su papel con la pragmática de la Nueva Estampa, cambiando las normas de emisión de monedas anteriores, determinando el valor cambiario del real de a ocho en 272 maravedíes. Son mencionados por primera vez en los textos de Diego de Covarrubias (1488-1570), de la Escuela de Salamanca, quien desarrolló las teorías del justo-precio junto a su compañero Luis de

Molina (1535-1600). También aparece mencionada en la petición XXXVI a las Cortes de Valladolid de 1558. El Imperio difundió el real de a ocho, con ligeras variantes, por todas sus tierras, y lo exportó a Estados vecinos y potencias enemigas. Desde entonces, viajó por todas las rutas comerciales del mundo, tanto marítimas como terrestres, hasta finales del siglo xviii. Mantuvo un prolongado dominio en los mercados mundiales, no igualado por ninguna moneda posterior, ni siquiera el dólar estadounidense, moneda inspirada en aquella. Tanto la economía como la demografía de Europa occidental en el siglo xvi mejoraron gracias a ella. El Imperio español se convirtió, con el real de a ocho, en la fábrica de moneda del mundo, alcanzando una aceptación casi unánime. Su contenido en metal fino, su alta e invariable ley, y la garantía de no tener variación en peso y valor por parte del Imperio, garantizaron su estabilidad y longevidad como divisa mundial. Lideró las transacciones financieras del comercio universal, y fue tomada como modelo de unidad monetaria para otros Estados y sistemas económicos. No solo del dólar estadounidense, donde el real de a ocho fue moneda de curso legal hasta 1857, sino también del canadiense, del yuan chino, de la peseta española posterior (1868-2002), del peso en Filipinas, México, Cuba, República Dominicana, Colombia, Uruguay, Argentina y Chile, y de monedas nacionales en Guinea Ecuatorial, Guinea Bissau, Paraguay, Bolivia, Perú, Ecuador, Venezuela, Costa Rica, Nicaragua, El Salvador, Honduras y Guatemala. China fue el principal mercado del real de a ocho, y no se emitió moneda de plata propia allí hasta 1899, el tael, siguiendo el modelo del real de a ocho. Reinos desde la India hasta el golfo Pérsico también aceptaron el real de a ocho como moneda comercial. Sus sucesores han sido, ya en el siglo xix la libra esterlina y, tras la Segunda Guerra Mundial (1939-1945) el dólar estadounidense, acabando con

Real de a ocho

el patrón oro como respaldo de monedas nacionales. Ya en tiempos del dinero fiduciario, desde 1971, todavía el precio de las acciones en el mercado de valores estadounidenses tenía un precio en octavos de dólar, hasta 1997.

La acuñación de esta moneda venía acompañada de otros fenómenos comerciales, que continuaron lo iniciado durante la acumulación originaria. A partir del siglo XVI, se construyeron nuevas manufacturas cerca de puertos marítimos de exportación, o en lugares alejados del control gremial o de las antiguas ciudades. El descubrimiento y explotación de yacimientos de oro y plata en América, poniendo a esclavos negros y a indios a trabajar en ellas, la conquista y saqueo del sureste asiático por la Compañía Británica de las Indias Orientales

(1600-1874), grupo de burgueses y nobles empresarios que acabó con el monopolio neerlandés sobre las mismas, y se convirtió en una de las primeras empresas transnacionales de cuño capitalista con muy poca intervención estatal, permitieron una transformación de la economía sin precedentes en la historia anterior. La Compañía acabó controlando la mitad del comercio mundial a finales del siglo XVIII.

África se convirtió en cazadero de esclavos negros, por lo que la expropiación de tierras a los campesinos libres europeos es continuada con la expropiación de tierras y personas en los nuevos territorios que la burguesía y la nobleza, en conjunto, empiezan a descubrir. No puede entenderse el paso progresivo del feudalismo al capitalismo, con su transición mercantilista, sin esos procesos, a los que hay que añadir la dialéctica de Estados europea, que extendió las guerras a todas las partes del globo, como las guerras de religión entre católicos y protestantes del siglo XVI, la guerra de los Treinta Años o, ya en el siglo XVIII, la guerra de Sucesión Española (1701-1715), que puso fin al modelo polisinoidal de la monarquía hispánica y a sus posesiones europeas, y la guerra de los Siete Años (1756-1763), por el control de Silesia y de las colonias en América del Norte (Guerra Franco-India), que enfrentó a Estados europeos y asiáticos a escala global por primera vez, incluyendo el intento frustrado de invasión angloportuguesa del virreinato del Río de la Plata en 1763. Esta guerra, la primera propiamente mundial, convirtió a Prusia en potencia europea, comenzando así el final del equilibrio de la Paz de Westfalia. Francia perdió Quebec a favor del Imperio británico, aunque conservó la colonia de Puerto Príncipe, hoy Haití, productor de la mitad del azúcar consumido a nivel mundial entonces. Pero empobreció las arcas reales provocando carestía en la población, lo que tuvo repercusiones políticas décadas después.

Lo cierto es que Portugal, España, Holanda, Francia e Inglaterra, en Europa occidental, fueron las potencias que completaron y extendieron a escala universal el proceso de acumulación originaria que comenzó en el campo en el siglo XV. En Inglaterra, a finales del siglo XVII, el mercantilismo termina dando paso a un imperialismo de tipo colonial capitalista puro, copiado posteriormente por otras potencias. El colonialismo la deuda pública, el proteccionismo solo a las mercancías propias y un nuevo sistema tributario más flexible para con las compañías capitalistas se combinaron bajo el amparo del Estado, reforzado tras el Acta de la Unión de 1707, que unificó Inglaterra con Escocia, naciendo así el Reino Unido de Gran Bretaña e Irlanda. Este nuevo poder acortó los intervalos del modelo mercantilista al capitalista, mediante una expansión imperial violenta, y una reordenación de la división del trabajo en las Islas Británicas no menos violenta. Este proceso lo resumió Marx con estas palabras: «La violencia es la comadrona de toda la sociedad vieja que lleva en sus entrañas otra nueva. Es por sí misma, una potencia económica».

El modelo capitalista inglés se basó en el neerlandés, también en la caza de esclavos en África y las Indias orientales. Los príncipes nativos vendían esclavos a cazadores y ladrones de hombres, incluidos niños que eran encarcelados en Célebes (hoy Indonesia) hasta una edad madura en que su fuerza de trabajo ya podía ser transportada para producir con garantías. La Compañía Británica de las Indias Orientales, en la que también participaron altos funcionarios del Imperio británico, obtuvo el monopolio del comercio del té, de la sal, del opio, del bétel y del transporte de mercancías entre China, las Indias orientales y Europa. Ventajosos contratos con vendedores locales en Asia hicieron brotar grandes fortunas, sin apenas inversión. Entre 1757 y 1766, la Compañía ganó más de seis millones de libras esterlinas de esta manera, y entre

1767 y 1770 lograron acaparar toda la producción de arroz, negando su venta si no se pagaban precios muy altos por ella, provocando la gran hambruna de Bengala de 1770, muriendo diez millones de personas. Los colonos puritanos de Nueva Inglaterra, en Norteamérica, ponían precios a niños, mujeres y hombres indios para venderlos luego en mercadería esclava, auspiciados por el parlamento británico entre 1703 y 1744. Las colonias brindaban a las nuevas manufacturas que brotaban por todas partes mercados para sus productos y una acumulación de capital intensificada gracias al régimen de monopolio. La explotación de materias primas, la producción manufacturera y la esclavitud en África, Asia y América refluían a Londres, París o Ámsterdam para convertirse en capital, que se unía, o competía, con el capital generado desde hacía siglos en suelo europeo.

El Imperio neerlandés (1602-1975) fue el primero plenamente colonial, disponiendo ya en 1648 de la casi exclusividad del comercio en las Indias orientales (arrebatado por los británicos después), y del tráfico comercial marítimo en Europa noroccidental, con una población totalmente empobrecida. Entonces, la supremacía comercial aseguraba la supremacía industrial, y esta la acumulación de valor económico a partir del trabajo asalariado. El sistema de crédito público, nacido en Génova y Venecia en el siglo xv, impulsó la producción manufacturera, y ayudó en parte a financiar el colonialismo neerlandés y británico. La deuda pública, contraída tanto por monarquías autoritarias como absolutas, o por repúblicas, se convirtió en la única riqueza compartida por todas las clases de aquellos Estados. Se generaron multitud de rentistas, acreedores del Estado que convertían la deuda en títulos negociables, y muchos capitales financieros pudieron, así, convertirse en mediadores económicos entre el Estado y los contribuyentes. Esta deuda impulsó el nacimiento de sociedades anónimas, instituciones mercantiles cuyos titulares lo son en tanto que participan, por títulos o acciones, en su capital. Surgen también las primeras bolsas de valores, instituciones privadas donde se especula la compra y venta de capitales, bonos públicos o privados y diversos instrumentos de inversión. También surgen grandes bancos especulativos, como el Banco de Inglaterra en 1694 que, negociando con el Estado y consiguiendo privilegios de este, le adelantaban dinero para sus empresas comerciales y bélicas. Este Banco prestó, en sus inicios, dinero al Estado a un 8 % de interés (precio del dinero en forma de crédito), ganando a cambio la capacidad de acuñar dinero que prestaba en forma de billetes de banco a diversos acreedores, con los que podían descontar letras, abrir créditos sobre mercancías y comprar metales preciosos. Así el dinero fiduciario, basado en el conjunto del valor presente en una sociedad política emisora de moneda (lo que los economistas llaman *dinero fíat*), empieza a circular en Europa occidental, aunque nació ya en China en el siglo XI. Y así, los bancos, tanto privados como públicos (bancos centrales acuñadores de moneda) se convertían en acreedores perpetuos del Estado, depositarios de los tesoros metálicos en oro y plata (a los cuales, a pesar del *dinero fiat* hoy dominante, no renuncia ningún Estado), y centro de gravitación del crédito comercial. Comienza la persecución legal de los falsificadores de billetes de banco.

La deuda pública permitió el surgimiento de sistemas interestatales de crédito que, ya existentes en Venecia y perfeccionados en Holanda e Inglaterra, van repartiendo entre diversos sectores burgueses todo el valor generado y apropiado durante el proceso mercantilista y de acumulación originaria. Y así, los Estados colonialistas se convierten en acreedores y deudores entre sí, por lo que la prestación de grandes capitales entre Estados competidores a menudo acababa en guerras y en sucesiones en el dominio comercial marítimo. Entre 1701 y 1776 eso ocurrió entre Holanda e Inglaterra, y después entre el Imperio británico y los Estados Unidos de América, país que fue colonia suya, y que se independizó, apoyado por Francia y España, tras la primera guerra de descolonización de la historia (1775-1783). Surge así la primera nación política liberal, con un sistema de democracia representativa y de partidos, en 1776. Estas guerras se financiaron, en gran parte, mediante sistemas tributarios edificados sobre empréstitos públicos anteriores, que permitieron hacer frente a grandes gastos públicos sin apenas repercutir en los bolsillos de los contribuyentes de manera directa, aunque a la larga provoquen recargos impositivos que, a su vez, conllevan la acumulación de deudas contraídas sucesivamente. Empieza a producirse así un fenómeno cíclico empréstito-deuda para hacer frente a gastos extraordinarios. Los impuestos sobre todo tipo de artículos, principalmente de primera necesidad, a veces implicaban el encarecimiento de los mismos, lo que empezó a repercutir entre los proletarios y campesinos neerlandeses y británicos, que en la fase proteccionista mercantil del capitalismo seguían participando del proceso de acumulación de capital mediante el pago de altos precios por esos medios de primera necesidad, y de impuestos cada vez mayores. El proteccionismo mercantilista fue esencial en el tránsito al nuevo régimen de producción capitalista. La explotación de la población autóctona junto al latrocinio sobre su propiedad personal y de la propiedad comunal de la tierra, más la destrucción violenta de la manufactura y la industria de otros países menos potentes, y la esclavitud, fueron el sostén de esta transición moderna a la Edad Contemporánea, aunque hubo ejemplos como el Imperio español donde esta transición fue más matizada, prolongada en el tiempo e, incluso, menos violenta. De hecho, el paso al capitalismo se produjo con las independencias de sus partes formales en las actuales naciones hispanoamericanas, que desde entonces basan su economía en el extractivismo de monocultivo de materias primas. En el resto de países de Europa occidental, el proceso de acumulación originaria fue tan radical y extremo que, prácticamente, pasaron del feudalismo al imperialismo colonial sin apenas transición a formas imperiales similares a la hispana. La prueba, que en el siglo XVIII, el Reino Unido instaura, en las propias islas británicas, la esclavitud infantil legal. La llegada histórica del trabajo asalariado, productor de capital, que define el modo de producción capitalista, existió a la par con la intensificación de la esclavitud en las Antillas, las Indias orientales o en Norteamérica, lo que permitió el crecimiento económico de ciudades como Liverpool, desde donde partían solo en 1730 hasta quince barcos negreros, llegando a ser 132 barcos en 1792. En los estertores del mercantilismo, proletariado y esclavitud iban a la par a la hora de producir capital, aunque esta relación económica cambió con el surgimiento de una nueva forma de sociedad política: el Estado-nación.

La acumulación originaria, presente en el mercantilismo, supuso el paso del productor directo y de la propiedad privada basada en el trabajo a la propiedad privada basada en el capital. Supuso el tránsito del siervo de la gleba al obrero asalariado, apoyado también sobre el trabajo esclavo a escala universal que, una vez dejó de ser útil, se convirtió también en proletariado. Aunque la pequeña propiedad basada en el trabajo era común también en el despotismo hidráulico, en el esclavismo y en el feudalismo, en el capitalismo este tipo de propiedad sobrevive a duras penas frente a la gran propiedad burguesa, que organiza el trabajo de manera industrial, mediante grandes masas de obreros asalariados, organizados a escala nacional e internacional. La historia ha condenado estas relaciones económicas a ser parte de un pasado que, muy probablemente, no se reproducirá ya jamás. La concentración privada, y estatal, de la producción de

Declaración de Independencia de los Estados Unidos de Norteamérica

capital a gran escala, dirigida por unos pocos sustituyó a la producción raquítica de medios de vida de muchos. La propiedad privada capitalista, legal o no, basada en la explotación de trabajo ajeno, sustituyó en este proceso, a la propiedad privada fruto del trabajo propio, con un obrero y un campesino compenetrado con sus condiciones de trabajo. Así, la existencia de la propiedad privada personal empezó a depender de las necesidades económicas y políticas de la propiedad privada capitalista y del Estado-nación que la sustenta y de la que depende. No obstante, la propiedad privada capitalista siguió descansando, al igual que otras formas de propiedades históricas anteriores, en el trabajo cooperativo, en métodos sociales de producción cada vez más complejos y sofisticados, y generadores de contradicciones sociales cada vez más aguzadas, incluida la supervivencia de ciertas formas de propiedad social a través de la acción económica estatal.

7

El capitalismo

El capitalismo, en cuanto que modo de producción, es el conjunto de sistemas económicos caracterizados por relaciones de producción basadas en la existencia de capital. Surgido en la Baja Edad Media, y acrecentado y expandido universalmente por el proceso de acumulación originaria y el colonialismo, el capital es el conjunto de bienes, mercancías y fuerza de trabajo que, como elementos patrimoniales legales en régimen de propiedad privada de los empresarios (medios de producción en manos de ciertas clases: capitalistas burgueses, pequeñoburgueses, terratenientes, cierta burocracia estatal en algunos casos, etc.), aunque cabe la propiedad ilegal o alegal (mercados negros, grises, etc.), es descontado del pasivo (deudas y obligaciones tributarias) en el conjunto total de la propiedad contable de su poseedor. El balance contable del capital, cuando se acrecienta, ve un aumento de los activos en su generación de valor, y un descenso del pasivo.

El acrecentamiento de valor, de capital, se produce mediante varios recursos, como la firma de contratos de asociación mercantil con entidades privadas o la administración pública, mediante la venta de bienes y servicios fruto de la producción, distribución y consumo del valor mercantil producido mediante este sistema de apropiación legal, y mediante la producción de valor nuevo mediante el trabajo asalariado. Este tipo de relaciones sociales de producción, aseguradas por los poderes estatales (ejecutivo, legislativo, judicial, tributario, administrativo, militar, diplomático, etc.), en tanto que es la propia clase capitalista la que domina en el Estado y desarrolla leyes que beneficien sus intereses, permite no solo producir más capital (más valor), sino también acumular cada vez más, solo repartido mediante la acción estatal tributaria, y tras presiones sociales por parte de los grupos en que se organizan los productores de capital que no son dueños legales de los medios de producción: los trabajadores asalariados de todo tipo (administrativos, campesinos, del sector servicios), y particularmente los productores de valor, los proletarios. Los obreros trabajan para el capitalista a cambio de un contrato de trabajo, por el cual venden su fuerza de trabajo, única propiedad que tienen capaz de generar valor-capital, a cambio de un salario, que es el precio en el mercado de su fuerza de trabajo y con el cual pueden adquirir medios de subsistencia y propiedad privada personal legal (vivienda, medio privado de transporte, ropa, etc.). Esta propiedad privada personal, no obstante, puede también convertirse en capital mediante la especulación financiera privada, o pública, convirtiendo dichos bienes privados personales en medios de producción capitalista mediante un proceso que el geógrafo británico David

Harvey (1935) llamó «acumulación por desposesión», que no es sino continuar con los mecanismos propios de la acumulación originaria pero con el objetivo de mantener el capitalismo mercantilizando ámbitos sociales antes ajenos a él.

A diferencia de modos de producción anteriores, en el capitalismo es el burgués el encargado de organizar la producción, de acuerdo a un desarrollo técnico, tecnológico y científico que permite que en el capitalismo se produzcan mercancías imposibles de producir en el feudalismo o en el esclavismo. El capital, en cuanto que relación social producida por proletarios y apropiada por burgueses, también se caracteriza porque, aparte de otras formas de ganancia, producen una cantidad de valor, de capital, que acrecienta el poder económico burgués, que es llamado plusvalor por Marx. Este plusvalor es la diferencia resultante de restar la cantidad de valor producido en un período de tiempo determinado por los obreros, de la cantidad que se le paga por su salario. El plusvalor, que legalmente pertenece al burgués, es repartido entre este (en cuanto que patrón directo del obrero), entre otros capitalistas mediante asociaciones de intercambio, y otra parte para el Estado a través de impuestos.

El capitalista que se apropia de este plusvalor lo utiliza, junto a otras cantidades que gana con el comercio o mediante contratos públicos o privados de inversión, para reorganizar constantemente sus empresas, a nivel técnico y de gestión, para adaptarse a las siempre cambiantes condiciones de los mercados. De ahí que los economistas liberales vean esta apropiación y reparto de plusvalor como una retribución justa al riesgo que los empresarios realizan a la hora de invertir su capital en todo tipo de operaciones. Este tipo de relación social de producción ha conseguido ser universal, teniendo diversos efectos, como que el proceso de producción de mercancías ha extrañado al trabajador del producto de su trabajo, que no le pertenece, y que solo le repercute indirectamente mediante diversos procesos de socialización estatal de las ganancias del capital. La diferencia entre liberales y marxistas a la hora de catalogar el plusvalor es que, mientras aquellos lo ven como un beneficio justo del empresario, estos lo ven como algo más que un mero beneficio, en tanto que también lo ven como la fuente contemporánea de la explotación de la fuerza de trabajo a la hora de generar riqueza para la clase dominante.

A su vez, la oferta y la demanda, ajustadas según Marx a los elementos constituyentes de estas relaciones de producción que llamó teoría del valor-trabajo, hacen que los precios comerciales finales de las mercancías oscilen, por el lado de la oferta, sobre el precio de producción (coste de producción más ganancia media del capital en el proceso productivo, que debe ser amortizada en el precio final) y, por el lado de la demanda, sobre el efecto-precio, conjunción de cambios en la capacidad de poder adquisitivo de los consumidores sin cambios en el coste de producción (efecto-renta) y de cambios en el proceso productivo que determinan cambios en el precio de producción sin cambios en la renta de consumo (efecto-sustitución). El efecto-precio, unido a determinadas concepciones psicológicas sobre la conducta del consumidor respecto del grado de satisfacción último que proporcionaría la compra de una mercancía, y una concepción del efecto-sustitución como coste marginal de producción, es teorizado desde la economía neoclásica dominante como utilidad marginal. Cuando el proceso productivo es exitoso, el precio comercial es superior al coste de producción. Cuando no es así, es inferior. El intercambio y la circulación mercantil capitalista son universales, y proporcionan un ingreso neto al capitalista que es también fuente de beneficio privado, y en parte público a través de impuestos al capital. Así pues, en el capitalismo, las entradas y salidas de la producción entre Estados se realizan, en su mayoría, a través de la propiedad privada sobre el capital medio de producción. El capital depende de este comercio mercantil, y de asentarse a escala universal por todas partes, transformando cada sociedad a su imagen y semejanza, y cada elemento material que encuentra en fuerza productiva. Depende, también, del trabajo asalariado, sin el cual no se podría mantener. Y este trabajo asalariado depende, a su vez, del capital para poder ganar su sustento. Pues si no logran vivir de él, existirá otra fuerza de trabajo dispuesta a ocupar su sitio, por lo que existe una competencia entre los propios trabajadores y entre estos y la fuerza de trabajo desempleada, los parados, o «ejército industrial de reserva», en el que se incluyen los pobres y marginados. También los capitalistas tienen que competir entre ellos en el mismo sector en que se especialicen, o con otros tipos de capitalistas (industriales, financieros, comerciales, etc.), y de varios Estados distintos. A pesar de la dialéctica de clases, en el capitalismo burguesía y proletariado acaban siendo dos clases mutuamente dependientes, pues la existencia del capital depende de la existencia de estas dos clases sociales. El resto de clases se mueven, según sus intereses, actuando en torno a esa dependencia.

La transición del feudalismo al capitalismo, que duró tres siglos, se cerró con tres procesos cuyo impacto económico y extraeconómico supuso, sin duda, un cambio de época, también de mentalidades, hacia un mundo totalmente diferente respecto de los anteriores, que sin embargo acumulaba técnicas, tecnologías, instituciones culturales y relaciones sociales de producción desarrolladas durante mucho tiempo atrás. Estos procesos son las revoluciones tecno-científicas industriales, el surgimiento del Estado-nación como nueva forma de sociedad política y el colonialismo que le siguió, y la inversión teológica por la que surge la economía política. Además, en el capitalismo, las crisis económicas y las guerras serán más extremas, virulentas y a mayor escala que en momentos anteriores de la historia. Todos estos procesos determinarían otra de las más importantes características de este modo de producción: ha sido capaz de generar las formas sociales de riqueza más altas y el mayor bienestar social jamás alcanzado por población alguna, y a la vez las formas sociales de pobreza, miseria y explotación más crudas y extremas jamás desarrolladas.

Revolución Industrial, maquinaria, tecnología y ciencias

La Revolución Industrial, en sus distintas variantes entre los siglos XVIII y XX, ha supuesto el mayor cambio en el uso de herramientas técnicas desde la revolución agrícola del Neolítico. Con la Revolución Industrial, el paso de la hegemonía de la técnica-manufactura a la de la tecnología-maquinaria, de la producción artesanal a la industrial, vía desarrollo de las más importantes ciencias naturales, transforma las sociedades políticas por completo. Señala, además, el paso de la breve Edad Moderna que coincide con el mercantilismo, a la actual Edad Contemporánea.

La Revolución Industrial viene acompañada de revoluciones políticas muy importantes, y la combinación de ambos procesos señala el comienzo de la hegemonía burguesa tanto a escala económica como política. Es el período de desarrollo de la física, primero con la revolución copernicana, ya mencionada, luego continuada por el toscano Galileo Galilei (1564-1642), quien estableció —en paralelo al inglés Francis Bacon

Paisaje inglés típico de la primera Revolución Industrial

(1561-1626)— el método científico experimental en ciencias naturales. Antes, el filósofo y astrónomo napolitano Giordano Bruno (1548-1600) sentó las bases de la cosmología moderna, superando a Copérnico al afirmar que el Sol no era el centro del universo, que era una estrella más, que contenía infinitas estrellas e infinitos mundos habitados por todo tipo de criaturas, también inteligentes. Estas ideas fermentaron tiempo después, ya en el siglo XIX. Mientras, el germánico Johannes Kepler (1571-1630) amplió lo dicho por Copérnico con sus leyes sobre el movimiento de los planetas en su órbita alrededor del Sol, en un proceso de cierre que culminaría el inglés Isaac Newton (1642-1727), con su obra *Philosophiae naturalis principia mathematica* (1687) en la que describe la ley de la gravitación universal y se establecen las leyes de la mecánica clásica, además de desarrollar el cálculo infinitesimal paralelamente al matemático sajón Gottfried Leibniz (1646-1716). Por su parte, apoyada en las técnicas agrícolas, textiles, metalúrgicas y siderúrgicas ancestrales, y pasada por el filtro protocientífico de la alquimia nacida en Arabia, surge la química con el británico Robert Boyle (1627-1691), acuñador del término «materialismo filosófico», y el francés Antoine Lavoisier (1743-1794), quien también fue economista y revolucionario.

Las hazañas geográficas de Colón, Magallanes y Elcano fueron luego seguidas por descubridores como el británico James Cook (1728-1779), o en tierra con los hallazgos de la conquista rusa de Siberia en el siglo XVI, cuya cartografía completa realizó, en el siglo XVIII Mijaíl Lomonósov (1711-1756), fundador de la universidad que lleva su nombre, en Moscú, en 1755.

La biología, por su parte, también surge en esta época, a partir de la obra *Filosofía zoológica* de Lamarck, que continuaría el británico Charles Darwin (1809-1882) en su libro *El origen de las especies* (1859). Las grandes ciencias naturales, así como las sociales, y con la excepción de las ciencias matemáticas, surgen en la transición mercantilista al capitalismo y durante las revoluciones industriales, posiblemente gracias a este desarrollo científico sin parangón.

La producción con máquinas a gran escala surge entonces. Mientras la manufactura era una combinación de oficios, la combinación de manufacturas que dio lugar a la máquina-herramienta (molino hidráulico, reloj mecánico, brújula, compás, el uso de la pólvora para artillería y armas de fuego, imprenta), alcanzó sus cotas de desarrollo más altas con la Revolución Industrial. Y fue fundamental para establecer la división del trabajo típicamente capitalista y para la simplificación de tareas por parte de los obreros asalariados. En este contexto, además, las categorías de la economía política se van cerrando hasta constituirse, por fin, la disciplina como tal durante el proceso histórico, científico y cultural llamado «inversión teológica», provocado por esta explosión científica que influye en la filosofía racionalista de los siglos XVII y XVIII, por la cual los asuntos del mundo que antes eran explicados por la acción divina, empiezan a ser explicados por la naturaleza y la cultura. La economía política comienza a entender el orden social por la acción espontánea del mercado, cuando antes era dependiente de la acción de Dios. Este equilibrio armónico se justificará aún más cuando la economía política clásica liberal evolucione hacia la economía neoclásica, a partir de 1871, y el adjetivo definitorio de política es suprimido para hablar, simplemente, de economía.

La Revolución Industrial, en cada una de sus etapas, supuso un incremento de la población, desplazamientos migratorios a escala mundial (sobre todo entre Europa y América), tecnologización de la agricultura, sucesión de sistemas productivos que reducían tiempo y costes en competencia entre sí, y una transformación muy profunda a nivel cultural y sociológico. Supuso también un cambio político, pues a nivel de dialéctica de clases la nueva clase dominante, la burguesía, se enfrentó constantemente a la nueva gran clase dominada, el proletariado. Y a nivel de dialéctica de Estados, la expansión colonial ofreció ventajas a aquellos imperios que tenían un mayor nivel de industrialización que otros, además de sentar las bases de las grandes diferencias actuales entre países ricos y países pobres. El auge de la Revolución Industrial, además, señala el principio del fin del Imperio español, y su sustitución en la hegemonía mundial por el Imperio británico, que se hace dueño de los océanos, domina grandes poblaciones y territorios solo comparables a los dominados antes por la monarquía católica universal, patenta grandes inventos y lanza a su población a emigrar o conquistar y explotar tierras lejanas. A los británicos les seguiría Francia, Bélgica, Alemania, Italia, Rusia, Japón y, sobre todo, Estados Unidos, quien no

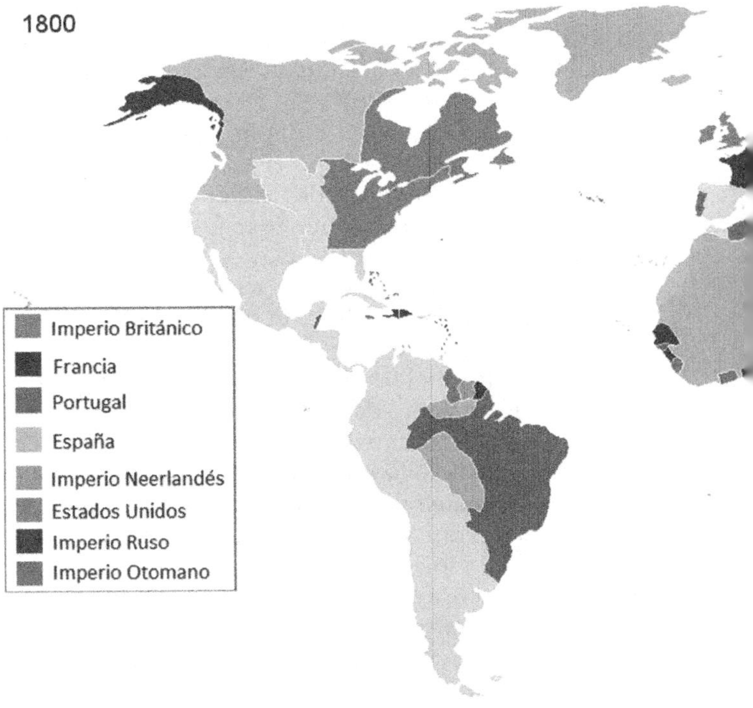

tardó en suceder al Reino Unido como gran imperio hegemónico universal. En todos estos territorios, el desarrollo industrial implicó grandes transformaciones políticas que, necesariamente, tenían que acabar con los restos del viejo orden feudal que impedían la implantación del nuevo orden capitalista.

La primera Revolución Industrial se inicia a finales del siglo XVIII en Inglaterra, y desde allí se difunde. Las ciudades seguían siendo los grandes centros del comercio, pero se volvieron tentaculares, pues en ellas surgen nuevos sistemas de trabajo, llenándose de fábricas, y estas

Mapa de los grandes Imperios de raíz europea en 1800

de máquinas. Surge la ingeniería, combinando física, química, mecánica y tecnología aplicada al nuevo mundo empresarial. Todo acontecimiento histórico posterior, necesariamente, guarda inevitable relación con la primera Revolución Industrial. En algunos aspectos el cambio, además de ser cuantitativo (el mundo se convirtió en un inmenso arsenal de mercancías, incluida la fuerza de trabajo), lo fue cualitativo, pues en las fábricas empezaron a trabajar centenares de obreros, para poco a poco pasar a conectar centros de trabajo quizás con menos obreros, pero interconectados entre sí a escala nacional e internacional, produciéndose piezas distintas de una misma mercancía en puntos geográficos distintos del planeta. Las grandes ciudades capitalistas empezaron a tener millones de habitantes, más incluso que muchos países, con población desplazada del campo por la aplicación tecnológica a la producción agrícola. Cada cambio suscita otro, y así el capitalismo, para sobrevivir, necesita reinventarse constantemente, derribar fronteras naturales y culturales, en una revolución permanente del desarrollo de las fuerzas productivas. A pesar de las grandes migraciones, la revolución demográfica industrial fue tal que, en todo el siglo XIX, Europa pasó de 187 millones de habitantes a 400, proceso solo frenado por las Guerras Mundiales posteriores.

La producción de mercancías empieza a ser en serie, facilitada por el crecimiento demográfico, que hace aumentar tanto la oferta como la demanda de mercancías con la ayuda del desarrollo tecno-científico. También afectó a mejoras en los productos alimenticios, sanitarios e higiénicos como el jabón, el tratamiento clorado de las reservas de agua de las ciudades o el alcantarillado moderno, lo que aumentó la esperanza de vida y redujo la mortalidad. Sin embargo, durante el siglo XIX persistió una mortandad infantil elevada, hambrunas como las de Irlanda entre 1846 y 1848 y epidemias de cólera como la de Hamburgo de 1892. El aumento de la producción agrícola ayudó al despegue industrial, aplicando la maquinaria a la rotación de cultivos, la irrigación, el abono y la producción en masa de maíz y otros excedentes alimentarios para dar de comer a las masas obreras de las grandes urbes industriales. El campo aportó capital a la industria e impuestos al Estado, que poco a poco fue aplicando la progresividad fiscal a los capitalistas para acometer grandes proyectos en todo su territorio, sobre todo para medios de transporte. La relación entre

Hiladora industrial de algodón

Máquina de vapor del siglo XVIII

industria y campo permitió la producción de arados y trilladoras, que redujeron la fuerza de trabajo asalariada rural. El algodón se convirtió en el sector-palanca del crecimiento industrial británico y estadounidense. El proceso de hilado de algodón redujo su tiempo y coste, así como aumentó su capacidad productiva, mediante máquinas de hilado, con tornos giratorios movidos a mano o por agua, que fueron luego sustituidas por máquinas con rodillos, como la *Mule*. La producción de algodón, por logística, se concentra en el Reino Unido en la baja Escocia y Lancashire, y en Estados Unidos en los estados esclavistas del sur, situación que determinaría la guerra de Secesión con el norte liberal (1861-1865), el fin de la esclavitud y la proletarización de la población negra de Estados Unidos, lo que no supuso cambios profundos en el racismo sociológico hacia ellos.

La hulla y el hierro son el otro gran sector productivo de esta primera Revolución Industrial. Se empieza a producir acero utilizando carbón como combustible, surgen nuevos procedimientos de forja, batiendo el hierro fundido con varillas para eliminar escorias. Esto hace, además, que el carbón se imponga como la principal fuente de energía, por su bajo precio, su abundancia en minas y su potencia calorífica. Los centros industriales empiezan a establecerse cerca de las minas. El hierro pasa a ser el material de construcción de aperos de labranza, de máquinas fabriles y de los raíles de líneas férreas. La industria siderúrgica se vuelve masiva, y se convierte en pilar fundamental de economías nacionales. Pronto releva al algodón como motor de crecimiento económico.

El gran progreso de la siderurgia industrial fue la aplicación del vapor a la producción, con la aplicación de hornos de soplo caliente, ahorrando con ello combustible. En 1865 surge el procedimiento Bessemer, mediante un convertidor que insuflaba aire al hierro para obtener un acero más flexible. Esto convirtió la ciudad de Sheffield en la fábrica de acero del Imperio, y a la compañía de Henry Bessemer (1813-1898) en una de las empresas capitalistas más poderosas del siglo XIX. El hierro fundido y el acero hacen del Reino Unido la fábrica del mundo, y su producción saca del atraso económico a Estados Unidos, Alemania, Japón y, en menor medida, a Rusia. El vapor, como fuente de energía, también será fundamental en la revolucionaria red de transportes que conecta fábricas y ciudades entre sí para asentar el mercado nacional interior. El ingeniero mecánico James Watt (1736-1819), aplicando agua a la máquina de vapor atmosférica de Thomas Newcomen (1663-1729), transformó la industria textil y el transporte. Gracias a él, el barco de vapor desplaza al velero en el transporte marítimo y oceánico, y surge el ferrocarril como sistema de transporte terrestre de personas y mercancías sobre vía férrea. La primera locomotora se construye en 1812, transmitiendo la fuerza del vapor al arrastre de mercancías por railes, mediante una máquina que pudo trasladar cargas a 8 kilómetros de distancia. En 1823 la producción de locomotoras en serie ya es una realidad, y dos años después el primer tren minero hace su primer recorrido entre Stockton y Darlington. En 1830, el primer tren de pasajeros parte de Manchester a Liverpool. A partir de 1840, Bélgica, Francia, Prusia y España inician la construcción de sus propias redes nacionales de ferrocarril. Desde 1850, los tramos cortos se convierten en líneas transnacionales. A partir de 1858, la supremacía británica sobre el Raj británico en el subcontinente indio se asienta sobre una red ferrocarrilera inmensa que, a la larga, sería el soporte material de la nación India ya independiente, desde 1947. El Imperio británico se conectó, vía terrestre y marítima, gracias a la máquina de vapor de agua de Watt. Esto aseguró la especialización productiva de regiones del Imperio, el cual alcanzó su máxima extensión entre 1918 y 1921, desmoronándose al acabar la Segunda Guerra Mundial en pocas décadas.

La Segunda Revolución Industrial, iniciada en 1850 y terminada hacia 1914, hace cambiar de modelo productivo al Imperio británico y al resto de Estados

Ferrocarril

Primer barco de vapor construido en Triana, Sevilla, 1817

de Europa occidental, Estados Unidos y Japón. Nuevas fuentes de energía como el gas, el petróleo y la electricidad, que permiten el alumbramiento urbano y expanden las comunicaciones internacionales a través del telégrafo primero y del teléfono después, más el descubrimiento de nuevas formas de producir cobre aplicadas a la electrificación de las naciones, el descubrimiento de nuevos metales como el aluminio, el níquel, el cromo, el manganeso o el abaratamiento de la producción de acero, la aplicación de fertilizantes artificiales al campo, la nitroglicerina para explosivos (muy útil en la guerra y en la explotación minera), los colorantes artificiales, el cemento, la comunicación por tren de mercancías y pasajeros de vastos territorios como Estados Unidos, Canadá o Europa a través del Orient Express, que unía París con Estambul, y el Transiberiano, que comunicaba Moscú con Vladivostok, ciudad rusa del Lejano Oriente, con Ulán Bator, capital de Mongolia, y con Pekín (recuperando la Ruta de la Seda a la era industrial), son ejemplos de esta continuación de la Revolución Industrial en la era clásica del imperialismo. En la Segunda Revolución Industrial también se fabrican los primeros automóviles en 1886, atribuidos al alemán Karl Friedrich Benz (1844-1929), de modelo Benz Patent-Motorwagen, patentados por la empresa hoy conocida como Mercedes-Benz. También se fabrican los primeros aviones, siendo el pionero el francés Clément Ader (1841-1925), cuyo avión autopropulsado voló 50 metros en 1890, mejorando su fabricación en 1897, volando unos 300 metros. En esta época, los Estados Unidos compran territorios a Francia y Rusia (Alaska). Otros los conquistan mediante la guerra, aprovechando la independencia de Texas (1836-1845), sobre la que se apoyaron para la conquista de más de la mitad del territorio del México independiente (1821-1846), sucesor del virreinato de Nueva España. En esa expansión al oeste, la agricultura se desplaza a medida que llegan nuevos colonos a las tierras antes mexicanas, británicas, francesas, españolas o rusas, gracias a la red de ferrocarriles financiadas por Cornelius Vanderbilt (1794-1877). Surgen grandes empresas como Carnegie Steel Company (1870), Standard Oil Company (1870),

Generador de energía eléctrica del siglo XIX

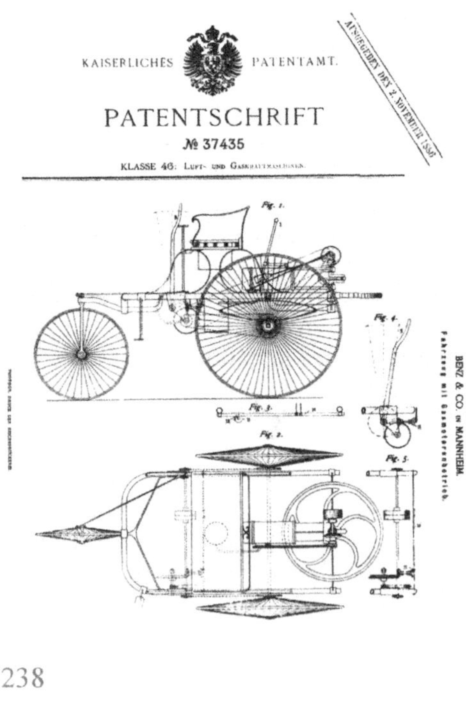

Patente del Benz Patent-Motorwagen

General Electric Company (1892) y Ford (1903), entre otras. Con su monopolio y explotación del algodón, el carbón, la electricidad y el petróleo, Estados Unidos ya era la primera economía mundial a finales del siglo XIX.

El auge capitalista supuso el fin de la esclavitud y de la servidumbre tardía en imperios como el ruso, quien la abole en 1861, al no poder pagarlos tras los gastos provocados por la Guerra de Crimea (1853-1856), para que pasasen a ser campesinos a sueldo de los *kulaks*, terratenientes rusos, u obreros en las grandes ciudades. Aquella guerra acabó con la Europa de la Santa Alianza (Austria, Prusia y Rusia) del Congreso de Viena de 1815 tras el fin de las Guerras Napoleónicas, hizo a Francia recuperarse como Imperio colonial, y posibilitó las unificaciones de Italia en 1861 y de Alemania diez años después. En el contexto de reorganización capitalista de las potencias autoritarias, Japón entró en la era Meiji, cambia su capital de Kioto a Tokio, se industrializa en tiempo record, nacen grandes empresas como Mitsubishi (1870), Nintendo (1889) o Suzuki (1909) y tiene su particular lucha contra los restos del Antiguo Régimen japonés al abortar la Rebelión Satsuma (1877), que supuso la desaparición de la clase social de los samurái, aristocracia militar opuesta a los cambios del emperador Meiji.

Revolución política burguesa y proletariado. La nueva dialéctica de clases

Las revoluciones económicas, científicas y productivas vinieron acompañadas de revoluciones políticas, de un grado de radicalidad, violencia y repercusiones antes impensables. Las revoluciones políticas son procesos políticos de total recomposición de las capas y ramas del poder político de las sociedades, de arriba abajo y viceversa, en las cuales algunas instituciones del régimen anterior se conservan por su funcionalidad, otras son destruidas y otras son modificadas para adecuarse al nuevo poder. Son más la excepción histórica que la regla, y suelen ser precedidas de crisis económicas fuertes nacionales e internacionales, guerras y, en ocasiones, continuadas por otras guerras civiles o de expansión revolucionaria. Así ocurrió con la revolución americana en la guerra de la Independencia estadounidense, en los cuatro períodos revolucionarios liberales que acabaron con el Antiguo Régimen en España (1808-1863), divididos en guerra de la Independencia, Trienio Liberal, Revolución liberal más primera guerra carlista y Vicalvarada más Constitución Liberal de 1845. Ocurrió con las guerras civiles que derivaron en guerras independentistas hispanoamericanos (1810-1898). Y también ocurrió con el habitualmente considerado proceso revolucionario burgués que sirve de parámetro de todos los demás: la Revolución francesa (1789-1815).

Aunque el siglo xix francés, y parte del xx, fue convulso, oscilando entre la monarquía constitucional y la república, esta revolución acabó con el Antiguo Régimen, la unión del trono y el altar, el absolutismo y los restos de feudalismo y mercantilismo que quedaban en el Estado, transformando la monarquía basada en soberanía regia en Estado-nación. La nación política de ciudadanos libres e iguales en derechos y deberes fue proclamada en Francia por el Tercer Estado, el conjunto de clases sociales donde se incluían la burguesía, el proletariado y los campesinos (la clase mayoritaria en la Francia de entonces), carentes de privilegios jurídicos y económicos. Aunque la burguesía (artesanos y comerciantes, básicamente) era ya poseedora de importantes medios de producción, la falta de derechos iguales hizo que el Tercer Estado se proclamara Asamblea Nacional a través del Juramento del Juego de Pelota, en 1789,

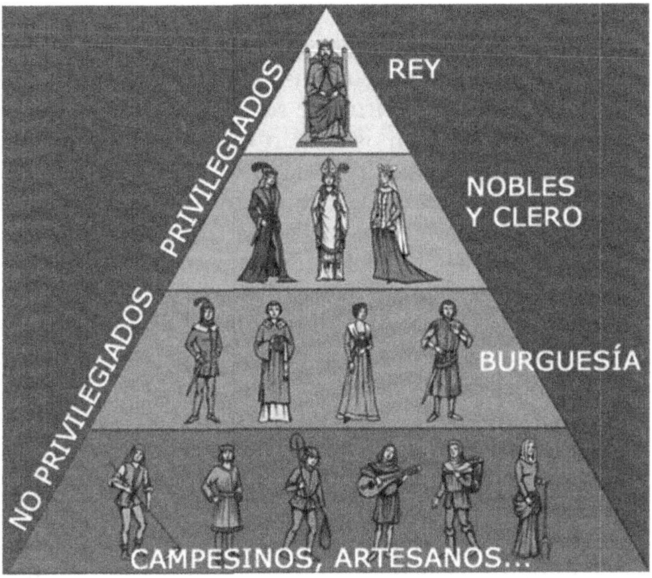

Pirámide social del Antiguo Régimen

por el cual los 578 diputados del Tercer Estado se comprometen a estar unidos hasta dotar a Francia de una constitución, a los que se les unieron 149 diputados del clero y 2 de la nobleza, frente a las presiones del rey Luis XVI (1774-1789), opuesto a tal constitución, que acabaría con el absolutismo francés. El caldo de cultivo que propició la Gran Revolución es el mismo que acompañó a la Revolución Industrial (Ilustración, revoluciones científicas, auge de la burguesía frente a la nobleza, agotamiento del Antiguo Régimen), si bien con características propias del momento francés.

Francia contaba, a finales del siglo XVIII, con 26 millones de habitantes, 20 de ellos campesinos. Otros 4 vivían en el campo. Aunque la burguesía urbana y sus partidos, principalmente los jacobinos, fueron la vanguardia dirigente de la Revolución, las masas campesinas en su gran mayoría apoyaron el proceso revolucionario. Por ello, aunque comenzó en París, la Revolución fue precedida de multitud de rebeliones rurales. Hasta entonces, los campesinos podían vender o transmitir en herencia la tierra que trabajaban, pero la propiedad correspondía al vasallo del rey, en una forma puramente feudal. Los campesinos eran instrumentos de pago de tributos altísimos al Estado, y en cadena, como la corvea al señor (trabajo gratuito semanal), el oneroso y el diezmo a la Iglesia católica y la talla al Estado. Esta no era pagada ni por nobleza ni por clero, pero sí por todas las clases del Tercer Estado. Dicho régimen tributario estaba acompañado por una distribución desigual de la propiedad. La nobleza y el clero poseían hasta el 40 % de las tierras cultivables francesas. Del resto, una parte era propiedad de la burguesía urbana, y solo dos millones de campesinos libres poseían propiedades familiares. Precisamente, estos dos millones de campesinos, que habitaban en regiones como Vandea, fueron partidarios de la contrarrevolución, conocidos como reaccionarios, defensores del Antiguo Régimen y contrarios a la Revolución.

En las ciudades, el proletariado, los pequeños artesanos y los pobres eran la mayoría, mientras que la burguesía urbana, el clero y la nobleza eran la minoría. Ya en 1788, las clases urbanas empobrecidas protagonizaron motines en diversas ciudades francesas. La mitad de los franceses eran menores de 20 años, y la burguesía acusó al régimen feudal de las diferencias de riqueza y de ahogar a la juventud con aspiraciones de reforma social. Por el contrario, había unos 350 000 nobles, que percibían los derechos señoriales y poseían privilegios económicos, como la exención de impuestos. La Corte, unas 4000 personas, vivía en torno al rey en el palacio de Versalles, y de rentas que gastaban hasta la ruina en fiestas. La nobleza provinciana vivía precariamente, su estatuto les impedía trabajar y, para salir adelante, se casaban con miembros de la burguesía. El clero, unas 12 000 personas, percibía el diezmo, aumentado por sucesivas subidas de precios. Poseían inmuebles en las ciudades y no pagaban impuestos, salvo una contribución voluntaria en la Asamblea regia para subvenir cargas del Estado. Las cuantiosas rentas eclesiásticas solo eran disfrutadas por el alto clero (canónigos, abades, obispos y cardenales), mientras que el bajo clero (vicarios y curas), vivía casi en la miseria. La lucha de clases estaba en punto de ebullición.

Hacia 1783 era perentoria una reforma fiscal, estableciendo la subvención territorial, abonada por propietarios agrarios y en base a la extensión de sus latifundios, así como rescatar los derechos señoriales de la Iglesia. La oposición de Corte, alta nobleza y alto clero obligó a convocar los Estados Generales del reino, Asamblea Nacional de notables, pistoletazo del proceso revolucionario. No se reunían desde 1614. Para su preparación, grupos profesionales, sociedades económicas, logias masónicas y salones de tertulia difundieron panfletos y periódicos para informar a la población de su intento de conseguir la reforma fiscal. Los representantes del Tercer Estado, elegidos en asambleas, redactaron cuadernos de quejas muy duros, al igual que nobleza y clero, lo que permitía conocer de primera mano los intereses de clase de cada uno de los estamentos. Sin embargo, hubo coincidencias, como la petición de nobleza y burguesía de pedir una monarquía constitucional, la reforma administrativa y la fiscal. Nobleza y clero, aferrados a sus privilegios, pidieron el fin del despilfarro estatal, la regulación de las aduanas interiores, un sistema unitario de pesas y medidas, libertad de prensa y reunión periódica de los Estados Generales. El Tercer Estado fue más lejos, pues añadía la libertad de expresión, asociación y reunión, de comercio, la igualdad de los tres estamentos, la abolición del diezmo, etc. Los campesinos, dentro y fuera de los Estados Generales, pidieron la supresión de cargas e impuestos y la reforma agraria, a la que se oponían los campesinos propietarios de Vandea y otras regiones. Se produjeron votaciones en los Estados Generales, pero el 5 de mayo de 1789, mientras que nobleza y clero quisieron deliberar los 40 000 cuadernos presentados por separado y emitir un voto por cada estamento, el Tercer Estado quiso una única reunión de todos y un voto por persona. Al no conseguir esto, el diputado nacional Emmanuel-Joseph Sieyès (1748-1836) proclamó que quien no acudiera a la Asamblea Nacional (el Tercer Estado) sería considerado en rebeldía. Y el 27 de junio se realizó el Juramento del Juego de Pelota, y el Tercer Estado y sus aliados nobles y eclesiásticos se proclamaron nación política y se comprometieron a elaborar una constitución. Después de la reunión, el pan subió en París y estalló una revuelta violenta en el mercado de Cambrai. El 12 de julio Jacques Necker (1732-1804), encargado de las finanzas de Luis XVI, fue destituido, la guarnición se retiró al Campo de Marte y las masas de París destruyeron sus puestos de aduanas contra esta decisión. Dos días después, el 14 de julio, los representantes de la Asamblea Nacional se reunieron con los obreros y campesinos de París, y ante el temor de que fueran apresados, tomaron la prisión de la Bastilla (la destruyeron meses después), mataron a su gobernador y, al retornar al ayuntamiento, mataron y decapitaron al alcalde de París. Comienzo así la fase violenta de la Revolución.

A partir de entonces, el Tercer Estado se dividió entre los partidarios de la monarquía constitucional, los *girondinos* (gran burguesía comercial) que defendieron una república de la ley a la ley, y los *jacobinos* (burguesía urbana, pequeña burguesía, proletariado y campesinado), aliados de los *sans-culottes* (guerrilleros campesinos y obreros), que defendieron la república centralista, instaurada mediante el Terror (*la Terreur*) revolucionario, dispuestos a limitar la propiedad privada. Este partido, que acabó siendo el que liderara los momentos más radicales de la Revolución, tiene como máximo exponente a Maximilien Robespierre (1758-1794), líder de la Convención Nacional (poder ejecutivo) y del Comité de Salud Pública, que gestionó el Terror a través de la guillotina.

La década de 1790 fue una sucesión de hechos acelerados, como el Manifiesto de Brunswick (1792), que desde Prusia amenazaba con destruir París si se ejercía violencia sobre Luis XVI. Esto provocó la insurrección popular el 10 de agosto de 1792, que derribó la monarquía, esta trató de ser restaurada durante la batalla de Valmy en septiembre, donde las fuerzas prusianas fueron derrotadas y el ejército francés gritaba, en vez de «¡Viva el rey!», «¡Viva la nación!». La Convención guillotinó a Luis XVI y la República jacobina fue un hecho. Se produjo la leva en masa contra la Vandee reaccionaria, se constituyó la primera comuna de París, que defendía el intervencionismo económico en los precios de granos y harinas, se tasaron los salarios y se castigó duramente a los especuladores.

En 1795 se produjo la reacción de Termidor, que ejecutó a Robespierre y estableció un Gobierno conservador, que sufrió varias revueltas de *sans-culottes* y que acabó con el golpe de Estado de 1799, estableciendo un Consulado que duró hasta 1804, con la instauración del Imperio de Napoleón Bonaparte (1769-1821), el cual permaneció, con altibajos, hasta 1815, expandiendo la Revolución francesa a golpe de bayoneta.

El primer Imperio francés desarrolló la industria francesa, realizó la guerra comercial con el Imperio británico, bloqueando el comercio con él a otros Estados.

Era un Imperio de tipo federal, en el que cada parte pagaba altos impuestos. El proteccionismo económico era la norma, con altos impuestos a las importaciones, endeudando a mercaderes. El Banco de Francia se convirtió en protector, junto al Estado, de la industria burguesa imperial. Se apropió de tierras de cultivo de los países conquistados, que los vendía acumulando el dinero de las ventas. Promovió la generación de empresas por acciones, las sociedades comendatarias y las anónimas. Hizo volver al catastro y creó el franco, moneda francesa hasta 2002. El bloqueo a los británicos hizo caer el comercio exterior francés, lo que afectó a sus puertos atlánticos, provocando problemas de aprovisionamiento y encareciendo el precio del algodón. Al caer Napoleón, los problemas económicos no fueron resueltos por la monarquía constitucional posterior.

Sin embargo, el jacobinismo, transformado en Partido Radical en Francia, y el liberalismo de origen español, se convirtieron en las ideologías hegemónicas en la Europa del Congreso de Viena de 1815, tanto en repúblicas como en monarquías. El capitalismo había logrado asentarse definitivamente en Europa occidental, y la burguesía ejercía ya como clase dominante. El campesinado entró en un letargo político y social del que jamás se recuperó. Y el nacionalismo étnico, inspirado en el Romanticismo germánico de principios del siglo XIX, empieza a cuajar en ciertos grupos políticos. La Revolución Industrial continúa expandiendo sus logros, a la vez que los salarios de los obreros son cada vez más bajos, y más durante las primeras crisis capitalistas. Se suceden varias en ese período de tiempo (1819, 1825, 1837, 1847), cada vez más virulentas, producidas de manera cíclica e inevitable, consustanciales al capitalismo y precedidas de etapas más o menos largas de desarrollo y crecimiento, que saturan de mercancías los mercados, hacen disminuir los precios y causan la

Franco napoleónico

paralización de las ramas de las relaciones de producción. La sobreproducción, un exceso de mercancías sobre la demanda (desde viviendas hasta acciones en bolsas, pasando por la moneda misma, entre otras), son la causa de la crisis y el estancamiento económico, produciendo a su vez subconsumo y pobreza. La relación entre capital constante (mercancías, medios de producción) y capital variable (fuerza de trabajo), sufre desajustes en las formas de producción de plusvalor absoluto (aumentando la jornada de trabajo) o relativo (desarrollando las fuerzas productivas aumentado la capacidad de producción, reduciendo costes y tiempo), pues la competencia entre capitales causa el aumento de la inversión en capital constante en detrimento del variable. Esto produce tanto sobreproducción como subconsumo y pauperismo. La baja tasa de ganancia, proporción entre el plusvalor y la suma de capital constante y variable, decrece sin capacidad de contrarrestarse, lo que obliga a la destrucción de capitales, constantes y variables, para solventar la crisis. Hay dos formas de destruir capital, por la competencia agresiva entre empresas, o mediante la guerra. Algunos capitalistas se arruinan, aumenta el paro y la precariedad laboral, aunque otros amasan fortunas en estas coyunturas, concentrando y centralizando la producción a su favor hasta la siguiente crisis. La recuperación así es posible, pero de manera temporal. Lo que varía es su duración. Y cuanto más larga y generadora de riqueza es la recuperación, más fuerte será la siguiente crisis.

Estas circunstancias provocan ya sacudidas sociales importantes, no previstas en la Revolución francesa. Surge el movimiento obrero y sindical, que ya tiene presencia en las siguiente revoluciones liberales de 1830 en Francia y Bélgica, y sobre todo en las revoluciones de 1848, azuzadas por las malas cosechas de 1845 y 1846, la quiebra de numerosas fábricas textiles y el hundimiento de las acciones de sociedades anónimas, bancos que no pueden responder a la demanda de crédito y fondos del Estado destinados a la compra de productos agrícolas extranjeros. Casi en pie de igualdad, liberales, demócratas, anarquistas y socialistas, se enfrentan por el favor de las masas. También, surge el comunismo como movimiento político entre los obreros más radicales.

Estado-nación y colonialismo-imperialismo

La nación política, el Estado-nación, al centralizar las competencias administrativas para generar mercados estatales internos, permitió a la burguesía organizar el territorio de tal manera que las instituciones del Antiguo Régimen quedaron obsoletas o desaparecieron. La eliminación de las aduanas internas, que dividieron territorios dentro de los reinos durante el Antiguo Régimen, comenzó con el absolutismo, y fue continuada por el liberalismo político. Bien es cierto que, en el transcurso del siglo XIX y el XX, la nación política ha variado en sus formas, pero no en su contenido. Mientras que el

Británicos, alemanes, rusos, franceses y japoneses repartiéndose la tarta de China.

centralismo jacobino pudo sobrevivir a 1815, y fue adoptado por prácticamente todo el espectro ideológico francés, y el liberalismo español fue copiado en las naciones hispanoamericanas que se independizaron de España, aplicando modelos federales, integrales, unitarios, centralistas, republicanos, democráticos o de dictadura militar, en la Italia y la Alemania unificadas primó un modelo de Estado federal. El auge tecnológico industrial y las comunicaciones férreas, así como la construcción de las primeras autopistas para automóviles (Italia construyó la primera autopista, entre Milán y Varese, en 1921) y los primeros aeropuertos (el primer aeropuerto comercial fue el de Sidney, Australia, en 1920), permitieron cerrar los mercados nacionales y conectar los internacionales. Mientras tanto, el Estado-nación va pasando ya por fases distintas, muy marcadas por la evolución económica del capitalismo. De Estados donde el librecambio de las mercancías propias era combinado con el proteccionismo respecto de las ajenas, la presión social de movimientos revolucionarios liberales, y de los primeros sindicatos y partidos obreros, obliga a los Estados a invertir parte del presupuesto público en las primeras formas de economía de bienestar. La idea de un Estado providencia surge bajo el segundo Imperio francés (1852-1870), bajo la monarquía de Luis Bonaparte, que reinaría como Napoleón III (1808-1873), pero por parte de la oposición republicana, que criticaba la supresión legal de los sindicatos tras el fracaso de la revolución de 1848. Al ser prohibidas las corporaciones tradicionales de caridad en 1864, los republicanos franceses pidieron la estructuración de un sistema estatal de solidaridad nacional más eficaz frente a la generalización de la pobreza y la desnutrición entre campesinos y obreros.

En el Imperio alemán (1871-1918), el desarrollo económico permitió un nivel exportador de mercancías solo superado por Estados Unidos. La metalurgia alemana dominaba el continente europeo, estando a la cabeza la empresa del acero Krupp. Este Segundo Reich, originado tras la victoria en la guerra franco-prusiana (1870-1871) sobre el Segundo Imperio francés, que termina con Napoleón III e instaura la Tercera República (1870-1940), reforzó su presencia política en Europa bajo el mando del canciller Otto von Bismarck (1815-1898). Artífice de la unificación de Alemania, combinó proteccionismo con librecambismo, tanto para potenciar la industria como para favorecer a los terratenientes. En su ataque a los católicos con la *Kulturkampf* (1871-1878), atacó al partido del Zentrum, agrario y católico, que tras ganar las elecciones de 1874 al Reichstag, se convirtió en el mayor aliado de Bismarck contra el Partido Socialdemócrata de Alemania (SPD), fundado en 1863 por Ferdinand Lasalle (1825-1864), primer partido obrero de la historia, de inspiración marxista. Contra el auge obrero, Bismarck aplica las Leyes Antisocialistas (1878-1888), como respuesta a un atentado anarquista contra el káiser Guillermo I (1797-1888), con el apoyo del Zentrum y atenuando la lucha contra los católicos, pues si bien veía en estos un peligro para el pangermanismo, vio más peligroso aún al movimiento socialista. El SPD no fue ilegalizado, pero sí lo fueron los sindicatos, varios periódicos fueron cerrados y los socialdemócratas tuvieron que ingeniárselas para hacer llegar sus ideas a los obreros, publicando sus intervenciones parlamentarias, que no podían ser censuradas. Temeroso de que el SPD liderara una revuelta obrera como la de la comuna de París de 1871, primera revolución proletaria de la historia que logró establecer un gobierno socialista de dos meses, Bismarck desarrolló la *Wohlfahrtstaat*, el primer sistema generalizado de protección social de un Estado capitalista. De carácter autoritario y antiliberal, este sistema tomó ideas del programa del SPD para combatirlo y los aplicó en forma de leyes, como los seguros en previsión de accidentes, enfermedades, ancianidad e invalidez. Estas iniciativas bismarckianas fueron adoptadas poco tiempo después en el Imperio austrohúngaro, Francia y el Reino Unido. En 1911, el primer ministro británico David Lloyd George (1863-1945), implanta los seguros oficiales de enfermedad, invalidez y desempleo y las pensiones de ancianidad sin aportación de particulares, que fueron difíciles de mantener en principio. El seguro de desempleo no llegó a Alemania hasta 1927. En España, estas medidas fueron adoptadas bajo el nombre de «revolución desde arriba» por Antonio Maura (1853-1925) entre 1903 y 1909. El economista británico Arthur Pigou (1877-1959), teorizó acerca de estas medidas en su obra *La economía del bienestar* (1920), ampliadas luego por John Maynard Keynes (1883-1946) con su *Teoría general de la ocupación, el interés y el dinero* (1936). Así, políticos y economistas, en el período histórico de la Segunda Revolución Industrial, conscientes de los problemas económicos generados por los mercados, y para evitar nuevas guerras, permitieron la evolución del Estado-nación desde sus inicios librecambistas y colonialistas a formas que luego se denominarían *economía social de mercado*. Este sistema se consolidaría después de la Primera Guerra Mundial (1914-1918), en diversas formas tanto democráticas como autoritarias-bismarckianas, como ejemplificaron la Italia Fascista (1922-1945) de Benito Mussolini (1883-1945), el Tercer Reich nacionalsocialista (1933-1945) de Adolf Hitler (1889-1945) y la dictadura militar (1939-1975) de Francisco Franco (1892-1975). Tras la Segunda Guerra Mundial, el estado de bienestar adoptó formas políticas liberales y democráticas, y aunque todavía se mantiene, se vio sacudido por diversas crisis económicas en el último tercio del siglo xx.

Bismarck dimitió en 1890 porque era contrario a que Alemania tuviera un Imperio colonial de ultramar, como quería Guillermo II (1859-1941). Los inicios del estado de bienestar convivieron con crisis económicas muy fuertes y con la expansión universal del colonialismo europeo, estadounidense y japonés. Una de las primeras grandes sacudidas cíclicas del capitalismo fue el Pánico de 1873, originado en Estados Unidos por la quiebra del banco Jay Cooke and Company en Filadelfia, provocado por la caída de acciones de la bolsa de Viena, que acabó en una Gran Depresión cuyos efectos se prolongaron hasta 1896. Precedido del crecimiento económico posterior a la guerra de Secesión, auspiciado por la Segunda Revolución Industrial, fue sucedido por quiebras de empresas comerciales, la depreciación de los productos agrícolas europeos, el fin de la supremacía económica británica frente a Estados Unidos y Alemania, deflación debido a la sobreproducción (también de máquinas industriales) y una reorganización del reparto colonial. A partir de esta crisis, las potencias coloniales desarrollan políticas económicas más agresivas de cara a expandir sus dominios. La economía del bienestar tenía que alejar a los obreros de la revolución y acercarlos al nacionalismo imperialista, para poder ser utilizados en la expansión colonial y en la movilización de tropas para la guerra. Estos procesos económicos fueron analizados por Lenin en *El imperialismo, fase superior del capitalismo* (1916), en donde afirma:

> ¿Qué otro medio que no sea la guerra puede haber bajo el capitalismo para eliminar las discrepancias existentes entre el desarrollo de las fuerzas productivas y la acumulación de capital, por una parte, y el reparto de las colonias y de las «esferas de influencia» entre el capital financiero, por otra?

La expansión colonial implicaba guerra. El colonialismo, llamado imperialismo por Lenin, tenía rasgos económicos presentes desde los inicios del modo de producción capitalista, pero concentrados y entretejidos a una escala global, una vez finalizada la acumulación originaria per se, pero siguiendo sus mismos métodos de acción. La cada vez mayor concentración de la producción industrial en monopolios que controlan sectores estratégicos de la economía nacional, la fusión del capital industrial y el financiero que hace que los bancos manejen inmensos volúmenes de capital antes impensables, el auge de los bancos públicos y privados a la hora de prestar dinero a empresas y particulares a escalas antes inimaginables, la exportación de capitales a escala universal que permite a las potencias coloniales comprar y adquirir territorios de Estados más pobres, la generación de asociaciones internacionales de capitalistas privados y públicos a escalas que abarcan regiones enteras del Planeta o el Planeta entero (cuyo radio de acción aún universal no impide el conflicto entre ellos), y el final del reparto de la tierra emergida que implicaba que ya no quedaba tierra por descubrir, son los rasgos fundamentales del imperialismo, según Lenin. No obstante, el reparto territorial de la Tierra, una vez terminado el proceso de descolonización y la multiplicación a centenares de los Estados-nación en el mundo, se reorganizará mediante procesos de acumulación por desposesión, el dominio de unos Estados sobre otros a través de la deuda exterior y la balcanización de Estados soberanos. La ocupación de otros continentes en busca de materias primas para las industrias metropolitanas, que permitió ampliar mercados donde colocar productos sin trabas aduaneras, se ha seguido realizando por otros mecanismos.

El colonialismo tuvo tres fases principales. La primera, correspondiente a la primera Revolución Industrial, se aupó sobre el hundimiento del Imperio español, las revoluciones burguesas atlánticas y el control británico de las rutas comerciales marítimas. La segunda, correspondiente a la segunda Revolución Industrial, tuvo su fase de máxima expansión tras la Gran Depresión de 1873 y hasta la Primera Guerra Mundial. 40 millones de europeos se desplazaron a las colonias para hacer fortuna y trabajar para sus respectivas metrópolis, migración masiva posible gracias a los ferrocarriles y los barcos de vapor, surgiendo las primeras compañías transatlánticas de transporte. Con esa emigración colonial, se desplazan también capitales, tanto industriales como financieros. A lo económico acompañaba lo político y estratégico. Surge entonces la geopolítica, disciplina que estudia los efectos de la geografía sobre la política exterior de los Estados. Los préstamos a gobiernos de Estados más pobres por parte de las potencias coloniales, al carecer aquellas de fondos, inician la dependencia económica de unos sobre otros, a cambio de nuevos mercados, inversión industrial, comercial y financiera, fuerza de trabajo barata y favores a las clases dominantes de las naciones endeudadas. Minas y plantaciones se llenan de compañías británicas, francesas, alemanas, holandesas y belgas, explotando productos como el algodón, la seda, el oro, etc., que desde la guerra de Secesión y la crisis de 1873 eran más difíciles de explotar en sus propios territorios o en colonias ya conocidas. África y Asia fueron los lugares predilectos para esta expansión colonial. La navegación a vapor exige disponer alrededor del mundo de depósitos de carbón donde avituallar las flotas. De esta manera, los mares conectan metrópoli y colonia en los tres momentos que sigue la expansión colonial: conquista, organización de la colonia y explotación económica de la misma. El carbón, y después el petróleo, son la sangre que el capitalismo bombea en esta segunda fase del colonialismo.

De esta manera, el Imperio británico logra dominar tierras desde las Islas Británicas que van de Canadá, algunas islas caribeñas, Belice y la Guayana, hasta Australia, Nueva Zelanda y Nueva Guinea, pasando por Gibraltar, Malta, Chipre, Ghana y Nigeria en el golfo de Guinea y la práctica totalidad del este de África, desde el Cairo a Ciudad del Cabo después de la Primera Guerra Mundial. La joya de la corona, en Asia, era el Raj británico, que abarcó los actuales Estados de Pakistán, India, Bangladés y Myanmar. Francia, apoyada en la conquista de Argelia, conquista a su vez el sur de Marruecos y la mayor parte de los pueblos del centro y el oeste del desierto del Sáhara, llegando

hasta África central y la desembocadura del río Congo, Madagascar e Indochina. Alemania pudo conservar colonias de ultramar en Zanzibar y Tanganica (luego británicas, dando lugar al Estado independiente de Tanzania), Namibia, también luego británica, y Camerún, luego francesa. Portugal recuperó cierta iniciativa colonial haciéndose con Timor Oriental en el sureste asiático,

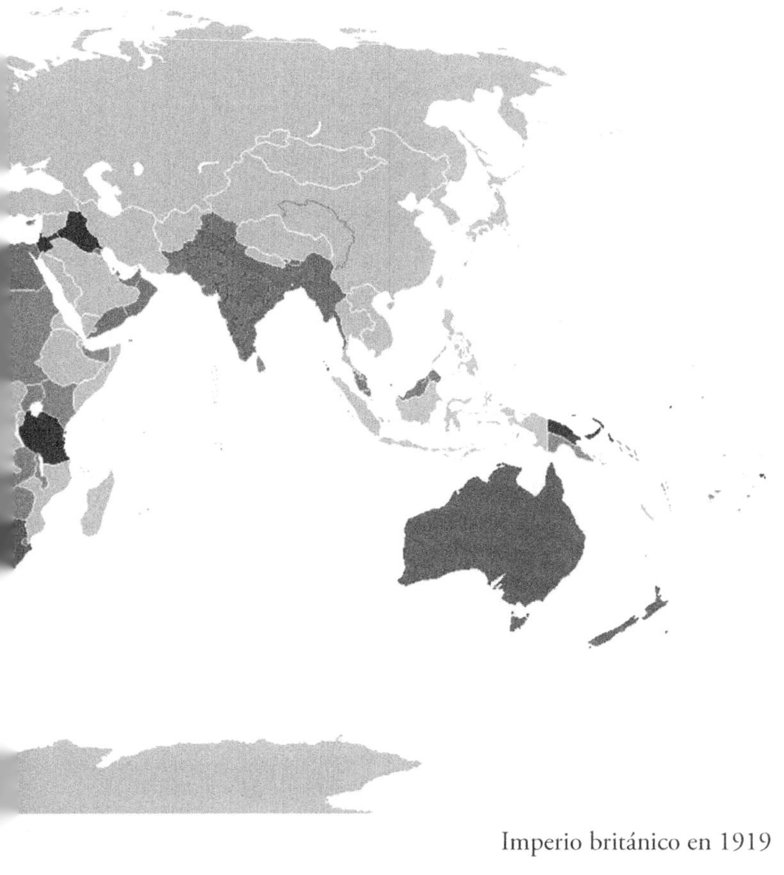

Imperio británico en 1919

y con Angola, Mozambique, las islas de Cabo Verde, Santo Tomé y Príncipe en África. Bélgica organizó el Estado Libre del Congo, en el centro de África, que bajo la administración del rey Leopoldo II (1835-1909) explotó diamantes, caucho y otras materias primas, así como fuerza de trabajo esclava y en trabajos forzados, con mutilaciones de miembros como castigo a díscolos

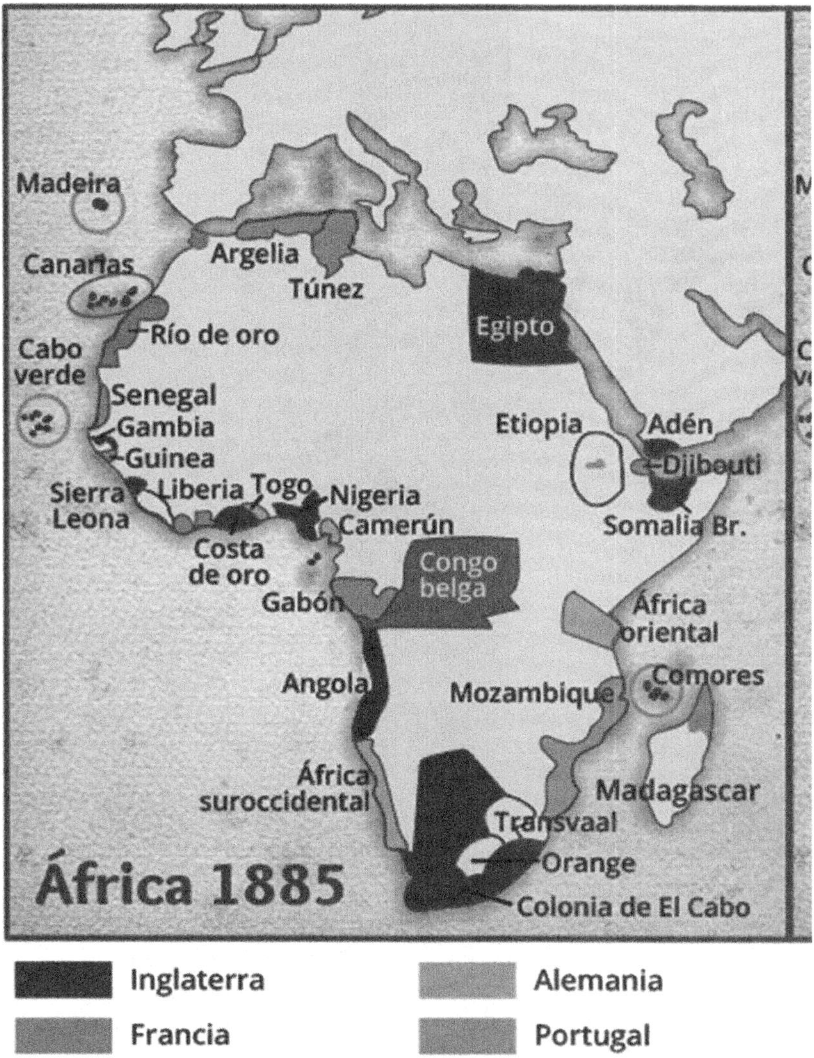
Madeira
Canarias
Río de oro
Cabo verde
Senegal
Gambia
Guinea
Sierra Leona
Liberia
Togo
Nigeria
Camerún
Costa de oro
Gabón
Argelia
Túnez
Egipto
Etiopia
Adén
Djibouti
Somalia Br.
Congo belga
África oriental
Comores
Angola
Mozambique
África suroccidental
Madagascar
Transvaal
Orange
Colonia de El Cabo
África 1885
Inglaterra
Alemania
Francia
Portugal

Reparto de África tras la Conferencia de Berlín

en las plantaciones de caucho. Dichas plantaciones enriquecieron a Bélgica, y volvieron multimillonario a Leopoldo II, que pudo vender caucho barato a fabricantes de neumáticos para automóviles y bicicletas compitiendo con otras plantaciones en América del Sur y el sureste asiático. Las exigencias competitivas de Leopoldo II obligaron a la población congoleña a cumplir con métodos coercitivos de explotación muy violentos, cobrando los capataces de las plantaciones, muchos de ellos funcionarios públicos, primas en función de la cantidad suplementaria de lo que se recolectaba. Se estima que entre 1885 y 1908, más de diez millones de congoleños murieron debido a este régimen extremo de explotación colonial. Esto permitió construir el estado de bienestar belga, con el derecho a la sindicación, la prohibición del trabajo a menores de 12 años en fábricas y del trabajo nocturno a menores de 16 años, el establecimiento del descanso dominical y la compensación por accidente laboral. Como en el caso alemán, británico, francés y español, la economía social de mercado se apoyó sobre la explotación colonial y la represión de los partidos obreros. Para evitar fricciones entre potencias colonialistas en África, se celebró la Conferencia de Berlín (1885-1886), que repartió África dejando solo como Estados independientes a Etiopía y Liberia. Por su parte, Japón estableció colonias en Manchuria (hoy China) y Corea, y Rusia en Europa (Polonia, Finlandia), el Cáucaso y Asia central.

Las consecuencias de esta segunda etapa de la colonización se dejaron sentir en la tercera, que abarca de 1914 a 1946, correspondiente con las dos guerras mundiales y el período de entreguerras. Antes, las metrópolis consiguieron que las colonias les compraran productos que se manufacturaban en estas. Surge el papel moneda, con valor fiduciario, más cómodo de manejar. La economía monetaria se yuxtapone a la de subsistencia, que se vuelve dependiente de aquella. También se establecieron hospitales que contuvieron enfermedades tropicales, aunque se volvió más rápida la difusión de las epidemias. Aun así, aumentó la natalidad y la población a escala global, también en las colonias. La vida urbana rompió las estructuras tribales, instalándose burguesías autóctonas a partir de funcionarios y negociantes privados. Se extendió la agricultura comercial y se prohibió la industrialización desde las propias colonias. La segregación racial, la nula mezcla con los nativos, la generalización de guetos en las ciudades, y la superposición de fronteras políticas sobre etnias enfrentadas ancestralmente sin reorganización política generadora, provocó consecuencias de atraso económico que perduran tras la descolonización. Pero esta dialéctica agresiva de clases y Estados también tuvo sus consecuencias en Europa, como las guerras mundiales muestran. Ambas se trataron de conflictos bélicos motivados por el reparto colonial del mundo. En la primera, el Imperio británico y Alemania competían comercialmente por la hegemonía en el sistema de créditos, y las importaciones industriales. A Londres no le interesaba que ninguna potencia se volviera hegemónica en la Europa continental, y Berlín quería acabar con la hegemonía financiera de Londres y París. El resto de Estados implicados (Rusia, Italia, Bulgaria, Serbia, el Imperio otomano, etc.), se movían entre una opción u otra, aunque al finalizar el conflicto, y tras la firma del Tratado de Versalles (1919) que obligó a Alemania a tener que pagar 132.000 millones de marcos alemanes por reparaciones bélicas, Estados Unidos se convirtió definitivamente en primera potencia económica, financiera e industrial del mundo. En la segunda, Italia y Alemania querían convertirse en Imperios coloniales. Italia apoyada en Libia y Etiopía, para tratar de construir un nuevo Imperio romano. Alemania llevando a cabo los planes de Hitler escritos en su *Mein Kampf*, de 1925, de convertir el Tercer Reich en un Imperio europeo apoyado sobre la idea de *Lebensraum* (espacio vital), en el que Europa del este se convertiría para Alemania en lo que el Raj británico era para el Reino Unido. Azuzadas por la Gran Depresión de 1929, la deuda exterior alemana y la sobreproducción industrial y agrícola, así como de la construcción, provocan la especulación en la Bolsa de Nueva York, antes de tendencia alcista. El 24 de octubre de ese año, 13 millones de títulos son arrojados al mercado a bajo precio y no encuentran comprador. Días después, 19 millones son los que afluyen, provocando una fiebre de ventas. Las cotizaciones perdieron hasta 43 puntos, y no dejaron de bajar en los siguientes años. En 1930, la banca Morgan vendió sus acciones acumuladas, provocando un exceso de oferta financiera, y un nuevo pánico. Millones de accionistas minoritarios se ven en la ruina, y grandes empresas comprueban cómo desciende su cotización en bolsa de manera alarmante (Chrysler, United States Steel, etc.). El sistema crediticio expansivo y barato quebró porque las acciones no producían beneficios, y los bancos tenían que vender los títulos para aumentar su liquidez, pero no encontraban comprador. Esto provocó que la gente tratara de retirar su dinero de los bancos, lo que los obligaba a vender más títulos de crédito, produciéndose un círculo vicioso que ve cómo el dinero, la moneda de toda clase, no podía circular ni acuñarse sin respaldo en la producción y el consumo. Las quiebras de bancos se contaban por miles, provocando la parálisis de millones de clientes. Al repatriar capitales, los bancos estadounidenses tratan de salir de esa situación, pero con ello hunden las instituciones de crédito europeas, particularmente en Austria y en Alemania, totalmente dependientes de las inversiones estadounidenses tras la Guerra. En Alemania, seis millones de personas se vieron abocadas al paro, y este

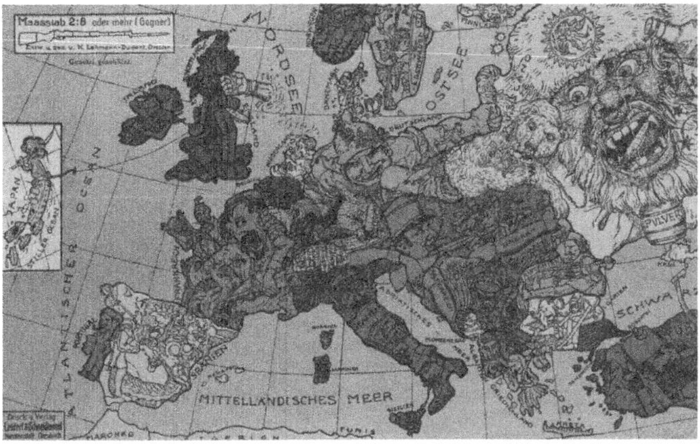

Mapa animado de Europa en 1914

Cola de parados durante la Gran Depresión en Estados Unidos

fue el caldo de cultivo de la llegada de Hitler al poder en 1933.

La inestabilidad política es general, tanto en países agrícolas como industriales. Comienza la guerra civil española (1936-1939), Japón entra en guerra con

China en 1937, Estados Unidos trata de paliar la crisis con la implementación de su propio sistema de estado de bienestar, el llamado *New Deal* (1933) del presidente Franklyn D. Roosevelt (1882-1945), caracterizado por el intervencionismo económico, la reforma de los mercados financieros, del sistema bancario y monetario para asegurar los depósitos, el ajuste agrícola mediante la subvención pública a los agricultores y el control de su producción, y el rescate industrial que estableció una competencia interindustrial *leal* y la capacidad de los sindicatos de negociar convenios colectivos, las ayudas

Mapamundi de la Segunda Guerra Mundial

a los parados y el empleo a través de la construcción y mantenimiento de infraestructuras públicas financiadas con bonos del tesoro. No obstante, nunca se llegó al nivel de intervencionismo de los Estados europeos. Hitler, por su parte, organizó la economía alemana con el objetivo del rearme y la guerra. Para ello, las obras públicas como las grandes autopistas (las *Autobahn*) que facilitaron el transporte bélico, la inversión industrial militar mediante la concertación pública-privada, la limitación a la inversión, la libertad de compra de maquinaria y materias primas sujeta a limitaciones proteccionistas, la libertad de despido, la libertad financiera mediante la reprivatización de empresas, tras la venta de acciones bancarias compradas por el Estado a partir de 1933, fueron las medidas fundamentales que encaminaron a Alemania a la guerra. Como se sabe, las pretensiones colonialistas de este tercer período fueron derrotadas. La Guerra Total, en que fueron movilizados prácticamente todos los recursos de los Estados implicados, acabó con la derrota de Alemania, Italia y Japón. Murieron más de 70 millones de personas y se reorganizaron las relaciones internacionales en torno a los Estados Unidos y la Unión Soviética, Estado vencedor de la guerra en las batallas de Stalingrado (1942-1943) y Kursk (1943), que avanzó con su Ejército Rojo hacia Berlín mientras el resto de aliados lo hicieron desde las playas de Normandía (1944). La recuperación de la idea de la fenecida Sociedad de Naciones, creada tras la Primera Guerra Mundial, en la Organización de Naciones Unidas (1945), dio paso a un nuevo orden internacional establecido por los vencedores, que se enfrentarían durante el resto de siglo xx en el conflicto conocido como Guerra Fría, durante el cual se produjo la descolonización.

8

El socialismo

Las ideas del socialismo y del comunismo han estado presentes en diversos momentos históricos y en sociedades muy diferentes y alejadas entre sí desde el comienzo de la Civilización, con esos nombres o con otros. En el marco de sociedades políticas realmente existentes, hubo filósofos y hombres políticos, así como religiosos, que formularon o trataron de llevar a la práctica formas sociales y económicas donde el excedente de producción perteneciera a toda la comunidad, y donde los privilegios de casta o clase fuesen abolidos. Las formas para llegar a ese socialismo, y ese comunismo, requerían además la abolición de la propiedad privada de los medios de producción de la riqueza social, que pasarían a ser de jurisdicción común, y la anulación y superación de una sociedad cuyas clases sociales dependieran de la propiedad privada legal de esos medios, sustentada por un poder estatal que así lo estableciera. En *La República*

«Il Quarto Statto», de Giuseppe Pelizza. Representa a las clases por debajo de la burguesía

de Platón se describe un tipo de sociedad política jerarquizada en tres clases, la de los trabajadores manuales, la de los guerreros y la de los políticos, que deben ser virtuosos filósofos. Estos salen de los guerreros. En la cúspide de la República debe mandar el rey filósofo, que tras una gran formación física, científica y filosófica podría comprender la idea del Bien, inteligible, real, realizable y fundamento de toda realidad y de su conocimiento. Se trataría de una sociedad con una férrea división del trabajo, en la que los soldados y los filósofos no poseerían propiedades, para evitar el ansia de riquezas, causa de injusticias. La formación integral sería común a guardianes soldados y políticos, y las mujeres de un mismo grupo social procrearían con los hombres guardianes dignos de defender el Estado. La «comunidad de las mujeres y los niños» de Platón aboliría la familia para regular la natalidad desde el poder. También las mujeres podían ejercer las mismas tareas profesionales que guardianes y políticos. Platón admitió que su sociedad igualitaria, solo para las dos clases altas y no para los trabajadores manuales, únicamente sería posible si se formaba a los reyes en filosofía, o si los filósofos tenían el poder (la *República de los filósofos*). Durante el reinado de Dionisio I (430-367 a. C.), Platón se desplazó a la polis siciliana de Siracusa, en las colonias helénicas en la Magna Grecia (sur de la actual Italia), tratando de convertir en filósofo al rey, y de llevar a la práctica su República, sin conseguirlo. Su discípulo, Aristóteles, criticó en *Política* la sociedad ideal platónica, no presentándola de manera totalmente fiel, pero sí condenándola por imposible y desastrosa. Para Aristóteles, la propiedad ha de ser particular, y solo hacerse común mediante el uso. Años después, Cleómenes III de Esparta (260-219 a. C.), eliminó a los éforos, magistrados en 227 a. C., tratando de organizar la Polis al modo platónico, siendo restablecidos por el rey macedonio Antígono III (280-221 a. C.). Los estoicos y los neoplatónicos trataron de recuperar ciertas ideas de socialización igualitaria platónica. Como dato curioso, el puño en alto cerrado, saludo obrero y socialista por excelencia, tiene un lejano origen estoico, pues con este saludo esta escuela filosófica quería representar que comprendían los conceptos mediante la llamada fantasía cataléptica. Los estoicos defendían la búsqueda de la verdad y la felicidad mediante el desprendimiento de los deseos humanos, la huida de la comodidad y del placer.

Las principales religiones también han elaborado ideas socialistas, en tanto que a partir de ciertas normas espirituales o divinas, era posible establecer una sociedad alternativa a la que les tocó vivir cuando surgieron. En el judaísmo, la secta de los esenios establecida hacia el siglo II a. C., trató de organizar pequeñas comunas de economía igualitaria que duraron hasta el siglo I d. C. En el cristianismo primitivo, sobre todo en el período apostólico narrado en el libro Hechos de los Apóstoles, del Nuevo Testamento de la Biblia, se representan comunas igualitarias entre fieles cristianos que repartían la

Platón yendo a Siracusa, a tratar de implantar su República

propiedad y las casas, así como se describían prácticas sociales comunitarias propias de los dos primeros siglos de cristianismo. En el Islam sunní, entre los cinco pilares de la religión musulmana, se encuentra el *zakat*, o azaque (en el chiísmo es uno de los diez principios secundarios o aspectos prácticos de la religión). Se trata de una proporción fija de la riqueza personal de cada musulmán con posibles, que debe tributarse al Estado para la ayuda de los pobres y necesitados, manumitir esclavos y para obras benéficas. Parecido a la limosna, el azaque no se solía dirigir a los pobres no musulmanes en *dar-al-Islam*, y también sirvió para financiar la Guerra Santa contra los cristianos. No obstante, el uso del azaque contrario a la mejora de la vida de los pobres, así como la acumulación de riquezas excesivas por parte de la clase noble y mercantil durante el reinado del Califa Utmán (579-656), fue denunciado por uno de los primeros compañeros de Mahoma, Abu Dhar al-Ghifari (¿?-652), *Muharijun* (uno de los primeros conversos al Islam) venerado por el chiísmo, quien inició una corriente minoritaria en el Islam que clamó por la redistribución de la riqueza.

Ya en el siglo XVI, la corriente protestante de los anabaptistas (que no bautizan niños, porque lo consideran contrario a la Biblia), en el marco de la Guerra de los Campesinos Alemanes (1524-1525), organizó, bajo el liderazgo de Thomas Müntzer (1489-1525), una serie de comunidades agrarias contrarias tanto a católicos como a luteranos. Müntzer defendió que los campesinos pobres eran los que podían aceptar los dones del Espíritu Santo y restaurar la Iglesia primitiva, corrompida por el pago de indulgencias y la opulencia eclesial. Esto, que le acercó a Martín Lutero, al final no impidió su mutua hostilidad, pues Lutero, que se ganó el favor de las clases nobles y burguesas laicas de los reinos norteños del Sacro Imperio, estaba en contra del *Sermón ante los Príncipes* (1524) de Müntzer, en el que defendía que los campesinos y los trabajadores laicos veían mejor la solución a sus problemas que los malos gobernantes corrompidos, llegando a defender la violencia política contra las autoridades para instaurar el *Reino de Dios* en la Tierra. Fundó la Liga de los Elegidos, una organización clandestina, para llevar a cabo sus propósitos liderando la rebelión campesina en el Sacro Imperio. La Liga defendió la liberación de la servidumbre por la violencia armada, la abolición de los privilegios feudales, la disolución de los monasterios, las donaciones para los pobres y los refugios para los desposeídos, en un orden social cuyo lema era «Omnia Sunt Communia». Murió en la Batalla de Frankenhausen (1525), fue empalado y decapitado. En el bando católico, el teólogo inglés Tomás Moro (1478-1535), ejecutado por Enrique VIII por oponerse al anglicanismo, publicó su obra *Utopía*

Jesucristo azotando a los mercaderes del templo, imagen icónica del socialismo monoteísta

en 1516, en la que describe una sociedad política ideal renacentista, en la que los medios de producción son de propiedad comunitaria, las autoridades se determinan por el voto popular, una arquitectura y urbanismo racionales dotan a las ciudades de los recursos agrícolas necesarios, hay jornada laboral de seis horas, una educación universal en materias como la agricultura, trabajo igual para hombres y mujeres y fomento de las artes y las ciencias. Basado en Platón y en el cristianismo primitivo, Moro escribió su obra para criticar las sociedades europeas occidentales de su tiempo, en pleno proceso de acumulación originaria. *Utopía* influiría por igual a los jesuitas en la edificación de sus reducciones y en los socialistas utópicos de los siglos XVIII y XIX (la palabra viene del griego *Ou topos*, que quiere decir 'no lugar', o bien de *Eu topos* que quiere decir 'buen lugar'; la traducción plausible sería 'el buen no lugar'). Müntzer y Moro inspirarían, ya en el siglo XX, a las vertientes protestantes y católicas de la llamada teología de la liberación.

En la Revolución francesa, del ala más a la izquierda de los jacobinos y los *sans-culottes*, surgió la Conspiración de los Iguales, liderada por Gracchus Babeuf (1760-1797), que trató de derribar el Directorio de la Convención Termidoriana para suprimir la propiedad privada de la tierra e instaurar la «comunidad de bienes y de trabajos». En 1795 editan el periódico *Le Tribune du Peuple*, desde el que expanden sus ideas, su crítica a las leyes de propiedad del Antiguo Régimen y de los partidos moderados de la Gran Revolución, incluidos los jacobinos. Para lograr instaurar una sociedad sobre la base del trabajo en común, Babeuf defendió la revolución violenta y la instauración de una dictadura temporal. Reunidos, junto a otros jacobinos, en el Club del Panteón, los Iguales empiezan a ser perseguidos. En 1796, el Club es cerrado por Napoleón Bonaparte, pero se organiza la Conspiración para reinstaurar la Constitución republicana de 1793, que al final es abortada, siendo Babeuf y los suyos ajusticiados. Su compañero, Filippo Buonarroti (1761-1837), compiló los escritos de Babeuf a su muerte, y los publicó en 1828 con el nombre de *Conspiración por la igualdad, llamada de Babeuf*. La corriente que inició, el babuvismo, inspiró a movimientos como el blanquismo, de Louis Blanqui (1805-1881), partidario de una conspiración de estudiantes e intelectuales para instaurar el socialismo, al anarquismo y al primer comunismo. Sus ideas influyeron, casi 50 años después de su publicación, en la segunda comuna de París, que tras la guerra franco-prusiana logró instaurar un gobierno socialista de dos meses, en la que supone la primera experiencia política seria de instaurar un modelo económico de este tipo. Blanquistas y anarquistas fueron los principales partidos organizadores de la insurrección comunera, aunque también hubo inspiración marxista. En el poco tiempo que duró, la comuna realizó la remisión de rentas, abolió el trabajo nocturno en las panaderías parisinas, concedió pensiones a las viudas de la Guardia Nacional, devolvió la gratuidad a las herramientas de los obreros a través de casas públicas de empeño, se pospuso la obligación de deuda y se abolió el interés de la misma, permitiendo a los obreros tomar una empresa si estaba abandonada. Tampoco pudo entenderse la comuna sin el auge del movimiento obrero. Este, en un primer momento, consciente de que la tecnología aplicada al trabajo provocaba un extrañamiento del producto que realizaban, y que no les pertenecía legalmente, tuvo un carácter antimaquinista. De ahí el surgimiento del ludismo a finales del siglo XVIII en Inglaterra, que seguía las acciones de Ned Ludd, personaje cuya existencia real es motivo de debate. Supuestamente, incendió varias máquinas textiles de varias fábricas en Leicestershire, ya un gran centro industrial. Pronto los proletarios comprendieron que el enemigo no era la máquina, sino su dueño, que la utilizaba como capital constante para producir mercancías en exclusiva que, junto al capital variable, acrecentaba su lucro personal. En la Revolución francesa se prohibieron las asociaciones obreras, al igual que en el Reino Unido, que no empezaron a ser legales hasta 1824. La maquinización y simplificación del trabajo industrial, la insalubridad y miseria de las familias obreras, el trabajo infantil y femenino en minas y fábricas, la generación de *slums* o guetos en ciudades industriales, etc.,

Representación decimonónica del conflicto ente capital y trabajo

hizo afirmar al Primer Ministro británico victoriano Benjamín Disraeli (1804-1881), en su novela *Sybil* (1845): «Nuestra reina... reina sobre dos naciones». Esas dos naciones eran los ricos y los pobres, la burguesía y el proletariado, explotadores y explotados. Así, el conflicto entre capital y trabajo es reivindicado como prioridad política por el socialismo organizado, que toma partido por el segundo frente al primero.

Este socialismo se divide, desde el principio, en varias corrientes. Por una parte, el socialismo clerical o feudal, tanto católico como protestante, que busca volver a la propiedad comunal campesina del Antiguo Régimen. Sabedor de la imposibilidad de volver atrás en la historia, ciertas corrientes evolucionarían a teorías más sofisticadas, como la Doctrina Social de la Iglesia, de matriz católica, en cuyo seno nace la expresión «justicia social», acuñada por el jesuita Luigi Taparelli (1793-1862), de mucho éxito en ciertas corrientes fascistas del siglo xx y en muchos partidos actuales de izquierdas. Diversas encíclicas papales condenaron tanto el socialismo como el liberalismo, hasta que el papa León XIII (1810-1903) redacta la *Rerum Novarum* (1891), encíclica básica en la Doctrina Social de la Iglesia, y fundamento de la teoría de la «justicia social», del sindicalismo cristiano y de la defensa de la propiedad privada de los medios de producción en base al derecho natural. Fue clave para la constitución pastoral *Gaudium et Spes* (1965) del Concilio Vaticano II, texto esencial para entender la economía social de mercado desde la democracia cristiana. En Prusia, en 1840, surge el llamado *socialismo alemán* o *verdadero*, impulsado por los jóvenes hegelianos, particularmente por Karl Grün (1817-1887). Consideraban que el socialismo estaba por encima de las clases sociales y que debía ser la realización de una esencia humana universal, negaban la lucha de clases y propugnaban la conciliación capital-trabajo. El influjo de esta corriente se dejó notar en el nacional-bolchevismo de la década de 1920, del político Ernst Niekisch (1889-1967), y en el nacionalsocialismo.

También surgió el socialismo utópico, teóricos británicos y franceses que provenían del babuvismo, del blanquismo o del feminismo burgués como Flora Tristán (1803-1844). De mucho impacto en movimientos posteriores como el ecologismo, el cooperativismo, el movimiento *hippie* o el feminismo socialista, destacan las obras de Henri de Saint-Simon (1760-1825), Charles Fourier (1772-1837), teórico de las comunidades de residencia, producción y consumo de carácter agrícola y habituadas para unas 1600 a 3000 personas llamadas falansterios, y el reformismo de Robert Owen (1771-1858), dueño de una empresa de hilaturas en New Lanark, Escocia. Owen creó los economatos, con comedores y escuelas para obreros dentro de ciudades-jardín, es uno de los padres del sindicalismo, cuando organizó en 1830 la *National Association for the Protection of Labour*. Surgidos a medias entre el owenismo y el cartismo, movimiento que entre 1836 y 1848 pidió la participación de los obreros en el parlamento, los sindicatos fueron la forma de organización de los trabajadores más sólida hasta el momento, el ámbito de entrenamiento de los primeros representantes políticos de los partidos obreros posteriores. La primera gran ideología política del movimiento sindical fue el anarquismo. Inspirado en las doctrinas de Pierre Joseph Proudhon (1809-1865), Mijaíl Bakunin (1814-1876) y, más tarde, Piotr Kropotkin (1842-1921), predicaba la destrucción del Estado, del capital y de la propiedad privada de los medios de producción y el establecimiento del comunismo libertario, una asociación política y económica horizontal *autogestionada* por obreros en régimen de democracia directa. La corriente más organizada dentro del anarquismo fue el anarco-sindicalismo, que en España, en 1936, y en plena Guerra Civil, consiguió organizar comunas autogestionadas caracterizadas por el horizontalismo, el anticlericalismo y el cantonalismo (división del Estado-nación en cantones independientes). Tuvo el apoyo del POUM, Partido Obrero de Unificación Marxista, de tendencia trotskista antisoviética, y de sectores del PSOE (Partido Socialista Obrero Español).

El giro copernicano del pensamiento socialista: Marx y el materialismo histórico

Sin embargo, el punto de inflexión histórico en las teorías socialistas se produce con la obra de Marx y Engels, y los inicios del materialismo histórico. Hasta el año 1844, Marx pasa la mayor parte de su vida exiliándose por su actividad revolucionaria, de Prusia a Francia, y de Bélgica a Londres. Inicialmente miembro de círculos liberales revolucionarios, pero desengañado de estos y de los «jóvenes hegelianos de izquierda» de los que comparte ser discípulo del filósofo alemán Georg W. F. Hegel (1770-1831), escribe las *Tesis sobre Feuerbach* (1845) y, junto a Engels, *La ideología alemana* (1846), obras en las que, a través de la revisión crítica de varios representantes de la «izquierda hegeliana», estructuran las bases ontológicas de su sistema, así como su método dialéctico de análisis de la realidad presente. Su amigo Engels escribió *La situación de la clase obrera en Inglaterra* (1845), y gracias a esta obra Marx empieza a estudiar la economía clásica de autores como William Petty (1623-1687), Adam Smith (1723-1790) y David Ricardo (1772-1823). Influidos por el socialismo francés, así como por filósofos precapitalistas como Platón, Aristóteles o Baruch Spinoza, ambos recomponen esas influencias, también de manera crítica, como muestra el libro *Miseria de la filosofía* (1847) contra Proudhon y el socialismo utópico, con su libro de 1848, *Manifiesto Comunista*, un encargo de la Liga de los Comunistas en el que proponen un programa político para el proletariado y el resto de asalariados, diferenciado de todos los socialismos contemporáneos suyos, a los que combaten. El culmen de la metodología marxista de análisis lo alcanza Marx con los *Grundrisse* (1857-1858), borradores de textos posteriores y complementarios de aquellos, y los tres tomos de *El Capital* (1867, 1885, 1894). Ambas obras, que Marx orienta como una crítica de la economía política clásica, analizan el modo de producción capitalista desde la producción de la mercancía hasta los grandes mercados internacionales, pasando por una reelaboración crítica de la teoría del valor-trabajo de los clásicos, un estudio de la circulación del capital o de la estratificación de las clases sociales y sus formas de vida. El historiador español Antonio Fernández (1936), ha resumido así las bases del materialismo histórico:

> Marx aplica al capitalismo un método de análisis dialéctico, que, a diferencia de la lógica [formal], que se basa en el principio de identidad, apoya sus formulaciones en el principio de contradicción [fuerte]; cada cosa lleva en sí su propia contradicción, su ruina; la dialéctica es el estudio del encadenamiento de las contradicciones que engendra la historia. El marxismo viene a ser la descripción dialéctica del capitalismo, de las contradicciones que provocarán fatalmente su ruina.

La dialéctica entre clases sociales en torno a los medios de producción de la riqueza social es el motor de la historia de todas las sociedades políticas que han existido hasta ese momento. Para los marxistas, las relaciones sociales (relaciones de producción) que se producen en cada modo de producción y en cada formación socioeconómica histórica, alcanzan un punto de conflicto que se convierte en contradicción irresoluble, que lleva a cambios revolucionarios (económicos, políticos, científicos, culturales), dando lugar a etapas nuevas del desarrollo histórico, o nuevos modos de producción. Durante estos cambios, la dialéctica de clases, y de Estados, alcanza tal nivel que, o bien las clases y Estados beligerantes se hunden, o bien unas clases se alzan con el poder sobre otras, y unos Estados sobre otros. El desarrollo de las fuerzas productivas, regido por leyes económicas cuyas categorías se han conformado objetiva, concreta e históricamente, es el que permite que las relaciones de producción cambien, y que los modos de producción evolucionen. Este grado de desarrollo en el modo de producción capitalista, a juicio de Marx, ha llegado a tal punto que la clase social productora de valor (capital) y plusvalor, el proletariado, está en conflicto dialéctico con la burguesía, propietaria legal del capital. Y el enfrentamiento entre ambas, que polariza al resto de clases, solo puede acabar con el triunfo proletario y la instauración revolucionaria de un nuevo modo de producción, el socialismo, que será transición hacia otro modo de producción posterior, el comunismo. Marx nunca explicó detalladamente cómo serían el socialismo y el comunismo, aunque sí señaló algunas pautas en la obra *Crítica del Programa de Gotha* (1875), un documento publicado póstumamente, en 1891, de crítica del proyecto de programa aprobado en el Congreso de la ciudad de Gotha, Alemania, en 1875, por el que nació el Partido Socialdemócrata Alemán. Marx, aquí, se opuso a que el producto del trabajo de cada obrero perteneciera a toda la sociedad política, y de que a cada obrero hubiese que pagarle el fruto íntegro de su trabajo. Argumentando que esto justifica el orden capitalista, y que el fruto íntegro del trabajo pagado al obrero continuaba manteniendo el trabajo asalariado, relación social con la que Marx siempre quiso acabar, afirmó que solo tenía sentido mantener esto en una primera fase de la revolución obrera, en tanto que todavía aparecería el sello de la vieja sociedad capitalista, de la que surge la socialista. Esto mantenía la desigualdad, así como el hecho de que no todos podían aportar lo mismo, ni debían recibir lo mismo según la situación en que se encontrasen. En la transición del capitalismo al socialismo, Marx propone el lema «a cada cual según su aporte», por el que cada trabajador en esta fase de transición recibe un salario y unos beneficios en orden a la cantidad de valor del trabajo que ha aportado. Los trabajadores más productivos recibirán más salario que los menos productivos, en base también a la dificultad del trabajo desempeñado.

En la transición entre el capitalismo y el socialismo, la productividad sería promovida como herencia de la economía capitalista, que solo desaparecería con la automatización completa de todo trabajo, limando la dureza del mismo, y produciendo bienes y servicios en abundancia. Solo cuando esto se produzca, podrá iniciarse la transición al último modo de producción en la cosmovisión de Marx, el comunista. En este, regiría el principio «de cada cual según sus capacidades, a cada cual según sus necesidades», y se llegaría a un punto en que ha desaparecido la división entre trabajo manual e intelectual, así como el trabajo asalariado y el capital mediante la automatización completa del trabajo, convertido en necesidad vital y no en modo de vida. La maquinaria estatal, tal y como se ha conocido hasta ahora, se extinguiría por innecesaria, y la burguesía y el proletariado habrían desaparecido como clases sociales. Las categorías de la economía política también habrían desaparecido como tales, el desarrollo de las fuerzas productivas habría producido una plétora de bienes y servicios muchísimo mayor que en el capitalismo, y las leyes que protegían la propiedad privada de los medios de producción serían una reliquia histórica.

A diferencia de los anarquistas, los marxistas defienden que este proceso se realice mediante la revolución violenta, que resuelva la contradicción capital-trabajo e instaure la dictadura revolucionaria del proletariado, que sustituirá a la dictadura de la burguesía que caracteriza al capitalismo, pudiendo adoptar en cada caso concreto formas muy democráticas o muy autoritarias.

Marx y Engels

Así, la dictadura del proletariado sería lo que caracterizaría, de manera indefinida, el socialismo en tanto que fase de transición del capitalismo al comunismo, en la que se abole el Estado burgués, se instaura el Estado proletario y este se extingue para evitar volver a la situación anterior.

Bajo estas ideas se organizaron los partidos y sindicatos marxistas no solo contra el capitalismo y sus defensores, sino también contra otras corrientes socialistas, particularmente el anarquismo y el blanquismo. Marx y sus seguidores participaron activamente en el asentamiento de sus ideas desde organizaciones obreras como la Asociación Internacional de Trabajadores (1864-1876), o Primera Internacional, en la que se plasmó el enfrentamiento entre los partidarios de Marx y los de Bakunin, hasta su disolución. Aunque el anarquismo siguió enarbolando la bandera de esta internacional bajo las siglas AIT, tras la muerte de Marx se organizó una Segunda Internacional (1889-1920), de corte socialdemócrata, que empezó a defender la posibilidad de llegar

Eduard Bernstein

al socialismo por vía electoral, ganando elecciones en democracias liberales. Entre los principales dirigentes de esta Segunda Internacional se encuentran los alemanes Karl Kautsky (1854-1938) y, sobre todo, Eduard Bernstein (1850-1932), líder de la corriente *revisionista*, que rechaza la *dictadura del proletariado*, afirma que el marxismo es economicista y no materialista, y que es posible llegar al socialismo por vía electoral y sindical pacífica. Esta corriente será crucial en la evolución de los partidos socialdemócratas de Europa occidental desde el marxismo a posiciones de defensa del estado de bienestar y la «justicia social», en conjunción con la democracia cristiana, sobre todo después de la Segunda Guerra Mundial.

Revoluciones obreras y primeros ejemplos de sociedad política socialista: la Unión Soviética

La comuna de París puso en guardia a varios Gobiernos europeos, que trataron de implementar medidas sociales para evitar un episodio parecido en sus respectivas naciones políticas. Estas medidas, que dieron lugar al nacimiento del concepto de estado de bienestar, se combinaron con medidas represivas sobre sindicatos y partidos obreros de diversas tendencias. En Estados Unidos, en 1886, en el contexto de diversas huelgas para conseguir la implantación de la jornada laboral de ocho horas, los conflictos entre el capital y el trabajo se intensificaban por todas las ciudades, de manera particular en Chicago, donde las condiciones laborales y de vida eran peores que en otros centros industriales del país. El 1 de mayo de ese año, 400 000 obreros iniciaron un paro laboral en toda la ciudad que logró parar todas las fábricas, salvo la de producción de maquinaria agrícola de McCormick, que funcionó por el trabajo de esquiroles (trabajadores que aceptan ser pagados un día de huelga, rompiendo el paro laboral). Dos días después, en una concentración enfrente de la fábrica de 50 000 trabajadores, la policía irrumpió tratando de evitar una batalla entre huelguistas y esquiroles. El resultado fue un tiroteo con seis muertos. Octavillas anarquistas pidieron una contundente respuesta obrera días después, proporcional a la acción policial, y los huelguistas consiguieron permiso para una concentración en el parque Haymarket al día siguiente. 20 000 concentrados hubo, ante los que acudieron 180 policías con la orden de reprimir la concentración legal. En el lugar donde se concentraron los policías estalló un explosivo, matando a uno de ellos y produciendo varios heridos. Entonces, el resto de policías abrió fuego, mató e hirió

Mártires de Chicago

a un número indeterminado de trabajadores. Se declaró el estado de sitio y centenares de huelguistas fueron detenidos, golpeados y torturados. La prensa estadounidense inició una campaña contra los huelguistas previa a un juicio lleno de irregularidades que acabó con el ahorcamiento de cinco de los ocho acusados finales. Antes de ser ahorcado, uno de los ajusticiados, August Spies (1855-1887), gritó «¡La voz que vais a sofocar será más poderosa en el futuro que cuantas palabas pudiera yo decir ahora!». Desde entonces, la Segunda Internacional se esforzó por convertir el 1 de mayo, día de inicio de las huelgas en Chicago, como día de lucha conmemorativa por la legalidad de la jornada laboral de ocho horas, dejando de trabajar ese día siempre que fuese posible y sin perjuicio para otros obreros. De manera paulatina, partidos y sindicatos de clase obrera consiguieron convertir el 1 de mayo, no solo en día de reivindicación de los mártires de Chicago y por la jornada de ocho horas, sino en día mundial de la clase trabajadora.

La frase de Spies pareció hacerse realidad varios años después. Marx y Engels contemplaban que ocurrirían revoluciones en las naciones más industrializadas de Europa occidental (Inglaterra, Alemania, Francia), poseedoras de importantes imperios coloniales, donde la organización del proletariado permitiría realizar la revolución socialista de manera más primordial. Y no fue hasta 1882, en el prefacio a la edición rusa del *Manifiesto Comunista*, cuando contemplaron la posibilidad de revoluciones socialistas fuera de Europa. En ese prefacio, vieron posibles revoluciones de esta clase en Estados Unidos, debido al imponente desarrollo de su industria y su agricultura, que acababa con la propiedad agraria granjera en favor de gigantescas haciendas de tierra cultivable maquinizada, haciendo crecer la concentración de capitales así como el número de proletarios en el país. Pero también señalaron que la propiedad comunal campesina en Rusia, influida por el desarrollo del capitalismo y el colonialismo en el imperio de los zares, podría ser punto de partida para una revolución comunista en Rusia, sin pasar por el proceso de disolución de esa tierra en propiedad común, tal y como ocurrió en Europa occidental. De esta manera, el proletariado de las grandes urbes rusas, unido al campesinado, podría hacer la revolución, pistoletazo de procesos similares en la Europa más industrializada, complementándose entre sí. Rusia pasaba, para Marx y Engels, de pilar de los restos del Antiguo Régimen, a «vanguardia del movimiento revolucionario de Europa». Esta consigna fue tomada al pie de la letra por los primeros marxistas rusos, como Gueorgui Plejánov (1856-1918), intolerante con las posiciones revisionistas de Bernstein y contra el economicismo, tendencia socialista rusa que primaba los objetivos económicos sobre los políticos. Esta doble oposición de Plejánov, junto a la tradicional oposición al anarquismo y al populismo (*Naródnik*) defensor de la federación de comunidades agrarias contra el Estado, fue heredada por su discípulo más famoso, Lenin. La Rusia en la que este nació no sería la Unión Soviética que forjó después. Pero las condiciones históricas y sociales con que se encontró fueron las que determinaron que la Revolución Rusa de 1917 supusiera la revolución socialista, obrera y campesina, más exitosa de la historia hasta ese momento, y la primera que generó un orden social estable que trató de superar al capitalismo.

Hasta 1917, Rusia era el Estado más extenso de la Tierra (lo sigue siendo todavía, caída la URSS en 1991). Tenía una extensión de 22 millones de km^2, más de 140 millones de habitantes concentrados sobre todo en su zona geográficamente europea, una inmensa metrópoli que abarcaba desde el mar Báltico hasta el estrecho de Bering, teniendo enfrente a Alaska (territorio ruso hasta 1867), y dominante sobre varias colonias en Europa oriental, el Cáucaso y Asia central. Se trataba de un imperio multiétnico, multirreligioso (siendo el cristianismo ortodoxo la religión oficial y dominante, seguido del Islam sunní, el budismo y el judaísmo), y dominado por una nobleza autócrata aliada con el clero. De creciente producción industrial desde mediados del siglo XIX, sin embargo, la principal fortaleza económica era la producción agrícola, pues el imperio era eminentemente agrario. Aunque se suprimió la servidumbre, la pobreza era generalizada entre las masas campesinas y los habitantes de las colonias, así como entre los pueblos no gran rusos de Siberia, que carecían de derechos políticos. Durante los años de construcción del Transiberiano (1900-1904), afluyeron a Rusia multitud de productos manufacturados en Alemania, lo que provocó paro y hambre, e hizo aumentar las revueltas campesinas, emulando a las que se producían en Europa occidental en la Baja Edad Media y durante el mercantilismo. Empezaban también los paros obreros y las huelgas en cadena, escuela de aprendizaje para muchos revolucionarios posteriores. En 1903, más de 200 000 obreros en toda Rusia se enfrentaron a compañías petrolíferas autóctonas en el primer gran ensayo de rebelión proletaria en Rusia. Ese mismo año se produce la primera escisión, dentro del Partido Obrero Socialdemócrata de Rusia en su congreso de Bruselas y Londres. Por un lado, se encuentran los mencheviques (minoritarios), dirigidos por Yuli Mártov (1873-1923), que nunca tuvieron un corpus doctrinal homogéneo. Por otro, los bolcheviques liderados por Lenin, que defendía la organización revolucionaria del proletariado aliado al campesinado en una organización de vanguardia, un partido político, con una férrea disciplina militante, formada por revolucionarios profesionales, que solo trabajen para derribar el zarismo e instaurar la dictadura del proletariado. Esta ruptura supondrá el germen del futuro Partido Comunista (bolchevique) de la Unión Soviética (se quitó la palabra bolchevique en 1952), la ruptura definitiva del comunismo con la socialdemocracia y la organización doctrinal de aquel bajo la rúbrica de lo que el sucesor de Lenin al mando de la URSS, Stalin (1878-1953), denominó marxismo-leninismo, doctrina oficial de los partidos comunistas de todo el mundo de inspiración soviética.

Los bolcheviques empezaron a ganarse a las masas debido a las decepciones derivadas de la derrota zarista en la guerra ruso-japonesa (1904-1905), en la que ambos imperios coloniales batallaron por el control de Manchuria. Los bolcheviques aprendieron que la explotación política de una derrota bélica sobre campesinos y obreros era fundamental para la organización revolucionaria. En 1905 se produce una revolución, tras la matanza del Domingo Sangriento del 9 de enero, en que 300 personas desarmadas son disparadas a las puertas del Palacio de Invierno de San Petersburgo, entonces capital rusa, pidiendo pan y una asamblea constituyente. Una cadena de huelgas se sucede por toda Rusia, siendo el episodio más importante el motín del acorazado Potemkin, en el que los marineros se rebelaron contra los oficiales. En noviembre, la huelga de ferrocarriles paraliza San Petersburgo y produce su desabastecimiento. Esta huelga fue dirigida por una nueva forma de organización de la acción obrera, los soviets, que lograron establecerse desde entonces, a pesar de que el zar Nicolás II (1868-1918), accede a la convocatoria de una duma, o asamblea por elección popular. En este momento, la burguesía rusa se separó del proceso revolucionario, que desde entonces fue dirigido en exclusiva por fuerzas obreras, mencheviques, bolcheviques y el Partido Social-Revolucionario, fundado en 1901, que disputó a los bolcheviques la hegemonía entre los trabajadores. De hecho, en 1917, hubo dos revoluciones. La de febrero, que en plena Primera Guerra Mundial, y ante el hartazgo de obreros, campesinos y soldados con el conflicto, acabó con el zarismo tras una manifestación de mujeres obreras en Petrogrado (nombre entonces de San Petersburgo), reclamando paz y pan. Consiguieron el apoyo de los obreros, lo que unificó la lucha de mujeres y hombres para derribar al zarismo. La manifestación se produjo el 23 de febrero, 8 de marzo en nuestro calendario, lo que hizo que ese día se convirtiese en el Día Internacional de la Mujer Trabajadora.

Se instaura un Gobierno provisional liderado por los social-revolucionarios, que sin embargo tiene

Primer Día de la Mujer Trabajadora en Rusia, febrero de 1917

que disputar el poder político con los soviets, donde los bolcheviques siguen actuando. El gobierno provisional decide continuar con la participación rusa en la Primera Guerra Mundial, lo que provoca descontento entre las masas y los soviets, así como huelgas e insurrecciones populares. El gobierno detiene a numerosos dirigentes bolcheviques, y Lenin tiene que exiliarse. En septiembre se intenta un golpe de Estado fallido dirigido por sectores contrarrevolucionarios del Ejército ruso, que fracasa. Mientras, los campesinos organizados siguen ocupando tierras, los soviets consiguen concesiones por parte de los industriales, pero la guerra sigue exigiendo incrementos de la producción para poder mantener los gastos del conflicto, lo que obstaculizaba la reducción de horarios. Esto hace aumentar a comienzos de otoño los paros laborales y las huelgas. Los obreros toman las fábricas, que se niegan a abandonar, y en ocasiones secuestran a los patronos. Meses antes, Lenin expone sus *Tesis de abril*, en su regreso del exilio, en las que defiende la necesidad de acabar con el Gobierno provisional, de sacar a Rusia de la guerra que califica de imperialista y burguesa, la abolición del Estado zarista y la instauración del poder de los soviets de obreros, campesinos y soldados (la dictadura del proletariado) dirigidos y organizados por los bolcheviques, para comenzar a controlar la producción social y la distribución de los productos y, desde ahí, construir el socialismo. También propuso un cambio de nombre a su partido, para desvincularse de la socialdemocracia europea, que apoyó mayoritariamente los presupuestos bélicos para iniciar la Guerra. Lenin los llamó «social-chovinistas», y tras el triunfo de la insurrección bolchevique, estos social-chovinistas fueron el germen, junto a los excombatientes en la guerra italianos y alemanes, tanto del fascismo como del nacionalsocialismo. Con las *Tesis de abril* aprobadas por los bolcheviques, que pasan a llamarse Partido Comunista, y con el apoyo del fundamental soviet de Petrogrado, el Gobierno provisional tuvo que buscar la ayuda bolchevique para tumbar el golpe contrarrevolucionario. Lenin ve claramente que el gobierno no tiene poder sobre el ejército para reprimir la revolución soviética. En octubre (calendario ruso), se aprueba preparar la insurrección armada y organizar un comité militar revolucionario, dirigido por León Trotsky (1879-1940), que se convirtió en el núcleo del posterior Ejército Rojo. Antes Lenin, viajando en un tren precintado protegido por los alemanes, que estimaban positivo que se tumbara al gobierno provisional como ventaja estratégica en la Guerra, regresó al Imperio ruso llegando a Finlandia (colonia rusa entonces). Ya en el Instituto Smolny, en Petrogrado, dirige el comité central bolchevique que planificará la insurrección. Sin derramamiento de sangre, los bolcheviques consiguen controlar los puntos estratégicos de la capital, mientras el acorazado Aurora apunta con sus cañones al Palacio de Invierno. El Gobierno provisional, presidido por

Alexandr Kérenski (1881-1970), comprueba que ni los refuerzos asisten ni obedece la guarnición. Kérenski huye, y el resto del gobierno es detenido. El 25 de octubre (7 de noviembre), el Palacio de Invierno es tomado por los bolcheviques y los obreros militarizados, se lanza un manifiesto y, así, se cierra la revolución proletaria de octubre. Se instaura el Consejo de Comisarios del Pueblo (Sovnarkom), presidido por Lenin, con carteras directamente económicas como agricultura, dirigida por Vladímir Miliutin (1884-1937), comercio e industria por Víktor Noguín (1878-1924), abastecimientos o *gossnab*, dirigido por Iván Teodoróvich (1875-1937), trabajo por Aleksandr Shliápnikov (1885-1937), finanzas por Iván Skvortsov-Stepánov (1870-1928) y bienestar social, dirigido por la primera mujer en la historia en ocupar un puesto en el gobierno de una nación, Aleksandra Kolontái (1872-1952). Trotsky ocuparía la cartera de asuntos exteriores, fundamental para negociar la paz de Brest-Litovsk con Alemania y otros aliados suyos, que sacó a Rusia de la guerra, perdiendo todos sus territorios occidentales europeos (los países bálticos recuperados en 1945, Bielorrusia y Ucrania, recuperadas inmediatamente en 1918). Stalin, por su parte, se ocupó de la cartera de nacionalidades, fundamental para reorganizar los territorios metropolitano y coloniales del Imperio ruso que, tras la victoria comunista en la guerra civil rusa (1917-1923) y contra la intervención internacional militar (1918-1922), fue abolido, instaurando en su lugar la Unión de Repúblicas Socialistas Soviéticas, primer Estado socialista de la historia.

El nuevo país se encontraba exhausto tras la revolución, la intervención extranjera y la guerra civil, pero el poder comunista se había consolidado. Se habían perdido Finlandia y Polonia, colonias definitivamente independizadas. El resto, se convierten en repúblicas federadas junto a la metrópoli, que también se convierte

Lenin tras la Revolución de octubre

en república. El gobierno se complementa con tres órganos de gobierno: el Congreso de los Soviets, que se convoca anualmente y reúne a representantes de los soviets urbanos y de los *vólost* (grandes organizaciones fabriles y agrícolas); el Soviet Supremo, compuesto de dos cámaras (Consejo de la Unión y Consejo de las Nacionalidades, que reúne representantes de las repúblicas federadas y otros territorios autónomos), y el Consejo de Comisarios del Pueblo, cuyo poder abarcaba a toda la Unión, mientras que los Comisarios de la Repúblicas Federadas se ocupaban solo de las competencias económicas, agrícolas, laborales, etc., de su respectiva demarcación. El PC (b) de la URSS, como partido único, controlaba todos estos organismos. Se instaura el sufragio universal para las elecciones de base, y el indirecto para organismos superiores. Dentro del partido, Stalin ocuparía el puesto de Secretario General, que acabaría siendo el puesto más importante. Con estos mimbres, el Estado emprende reformas económicas urgentes pero no sin divisiones en el Partido sobre qué hacer. Trotsky era partidario de la socialización directa de los medios de producción y avanzar económicamente desde esa premisa. Otros, como Nikolái Bujarin (1888-1938), propusieron medidas más moderadas para, desde la instauración de un inicial capitalismo de Estado, convertir las empresas antes privadas en entidades estatales desde las que construir el socialismo. Lenin y Stalin toman partido por Bujarin, matizando que se trataría de medidas transicionales de respeto por cierta propiedad privada de los medios de producción y el intercambio libre de productos. De esta manera, se instaura la Nueva Política Económica (NEP), que sustituye a la «economía de guerra» anterior.

El fin de la NEP era estimular la producción, siguiendo indicaciones ya escritas por Marx en su *Crítica del Programa de Gotha*. Se puso fin a las requisas, se sustituye el impuesto en especie —la práctica totalidad de la cosecha— por el impuesto en metálico, el campesino pasa a poder disponer libremente de sus tierras y se le autoriza la comercialización de sus productos, así como a los artesanos. Se desnacionalizaron las empresas industriales de menos de 20 trabajadores, se crearon empresas mixtas con un 50 % de capital extranjero privado invertido. El Estado, mientras tanto, controlaría ferrocarriles, medios de transporte por carretera, bancos y comercio exterior. Tras la muerte de Lenin, ya con Stalin en el poder, la NEP se sigue aplicando. En 1927, se alcanzó el nivel productivo de antes de 1914 en toda Rusia, se duplicó la cosecha de trigo y la extracción de petróleo, se triplicó la producción de carbón y se multiplicó por siete la de acero. Se acabó con el hambre, se reabsorbió el paro y aumentaron los salarios. El Estado pudo contratar técnicos extranjeros, lo que permitió acelerar la modernización de la industria soviética. La NEP divide a Trotsky y sus partidarios, llamados después trotskistas, y a Stalin. Los primeros afirman que la NEP es una concesión al capitalismo inaceptable, por lo que defienden la socialización inmediata y la expansión mundial de la revolución rusa, así como la pluralidad de corrientes dentro del Partido. Stalin, por su parte, apoyado en los éxitos económicos de la NEP, defiende el modelo de disciplina leninista dentro del Partido, y el reforzamiento político y económico de la URSS, sin el cual, el internacionalismo proletario carecería de fuerza fuera del país, porque carecería de referencia. Los trotskistas defienden la idea de «revolución permanente», que entienden como constante, mientras que Stalin la entiende como estable. Para él, la prioridad fue la construcción del socialismo en un solo país, por el momento y por la coyuntura. Stalin entendía que, si no se reforzaba el poder político y la estructura económica soviética, una nueva guerra civil o una nueva invasión extranjera podrían acabar con la URSS de manera fulminante. La oposición de izquierda, los trotskistas, criticaron esta idea durante el período en que funcionaron (1923-1927). En 1929, Trotsky es expulsado de la Unión Soviética, y su opción pierde fuerza interna dentro de la Unión.

Sin embargo, en 1928 la NEP, que se estima ya ha cumplido su cometido, es abandonada por otra política económica. El comité para la planificación económica de la Unión Soviética (*Gosplán*), elabora una serie de proyectos de desarrollo económico estructurados en períodos de cinco años, que recibirían el nombre de planes quinquenales, modelo que fue copiado por otros Estados socialistas, y también capitalistas, con posterioridad. La clave de su estructuración y desarrollo fue el control de la industria y la colectivización de los campos. El primer plan quinquenal (1928-1932) procuró la desaparición paulatina del sector privado, levantó la industria en todas las escalas mediante financiación estatal, que también es el encargado de abastecerla tecnológicamente. El comercio se canalizó por medio de cooperativas y almacenes estatales, los beneficios se invirtieron en ampliar el tamaño de las empresas. Con asesoría técnica extranjera, se construyen gigantescas obras públicas, sobre todo presas, pero también se instalan importantes fábricas de automóviles, tractores, etc. El espionaje y el sabotaje industrial, ya presentes entonces en la URSS, obliga al Estado a formar a sus propios técnicos y a dejar de necesitar paulatinamente a los extranjeros. Para organizar a las masas en los planes quinquenales, se crearon brigadas de choque formadas por los mejores trabajadores de cada centro de trabajo, se incentivó la productividad con el estajanovismo durante el segundo plan quinquenal (1933-1937), mediante el aumento salarial a aquellos trabajadores que, por propia iniciativa, produjeran más, tomando su nombre del pionero de esta iniciativa, el minero Alekséi Stajánov (1906-1977). Había desafíos productivos entre brigadas y fábricas, jornadas de trabajo voluntario en días no laborables, y siempre con la participación de obreros y campesinos en discusiones económicas sobre la marcha de sus empresas. Se colectivizó el campo, mediante granjas de economía cooperativa llamadas *koljoses*, al tiempo que se crearon granjas dependientes directamente del Estado, los *sovjoses*. La pequeña propiedad agraria se redujo a un tercio. Todo ello acompañado del desplazamiento de los antiguos *kulaks* a Siberia para roturar tierras. Entre 1929 y 1937, el ritmo de crecimiento de la economía soviética fue de un 20 % anual, el mayor de la historia en un tiempo record. El país pasó de ser un Imperio colonial con una base industrial muy pobre y dependiente de la agricultura, a la segunda potencia económica e industrial del planeta, solo superada por Estados Unidos. Se instauró la jornada laboral de

7 horas, la jubilación de los hombres a los 60 años y de las mujeres a los 55, se cerraron las oficinas de empleo (no abiertas de nuevo hasta 1988), la vivienda paso a ser propiedad de sus inquilinos a perpetuidad, la educación era gratuita a todos los niveles, así como la sanidad (copiado luego en la Europa capitalista), y se abolió el capital privado. Todo ello permitió a la URRS el poder resistir a dos embates casi consecutivos en ese período con holgura, a la Gran Depresión de 1929, siendo el único país que crecía económicamente, y al Gran Terror de 1937-1938, que purgó al Ejército Rojo y al Partido de elementos opositores a la línea directriz de Stalin. Previa a la Segunda Guerra Mundial, el Gran Terror, émulo del de la Revolución francesa, junto al impresionante crecimiento económico e industrial, además de a la reorganización tecnológica y científica del Ejército, permitió a la URSS aguantar la embestida de la Wehrmacht alemana en la Operación Barbarroja, invasión nazi de Europa oriental en 1941. 27 millones de soviéticos murieron en la guerra, siendo el país con más víctimas. Pero aun así, ganaron la guerra, desplegando la ofensiva hasta conquistar Berlín, y recuperaron el nivel de crecimiento económico previo a 1941, así como la esperanza de vida previa. El grado de organización de la planificación económica soviética se comprobó cuando, previniendo la invasión, trasladaron todas las fábricas de la industria pesada armamentística, una a una y tornillo a tornillo, al otro lado de los Urales, en Siberia, para seguir produciendo a gran ritmo maquinaria para ganar la guerra. Además, durante ese período, y después, con los planes quinquenales de 1946-1950 y 1951-1955 (Stalin moriría en 1953), el aumento de los Estados socialistas en Europa del Este (Polonia, Hungría, Bulgaria, Rumanía, Albania, Checoslovaquia, la República Democrática Alemana o Alemania del Este —el Tercer Reich, derrotado, fue dividido en dos,

Stalin

y la antigua Prusia pasó, en su mayor parte, a formar parte de la nueva Polonia y de la URSS, pues Königsberg pasó a llamarse Kaliningrado, que sigue siendo parte de Rusia—), permitió organizar el Consejo de Ayuda Mutua Económica (COMECON), que se ampliaría posteriormente con más Estados (China hasta 1961, Vietnam, Cuba, Mongolia). Se trató de una alternativa comunista al Plan Marshall, la inyección de 13 000 millones de dólares de entonces para reconstruir las naciones de Europa occidental devastadas por la Guerra, a iniciativa del secretario de Estado norteamericano George Marshall (1880-1959). El COMECON siguió su propia ruta, en tanto que entendieron desde la URSS que el Plan Marshall se aplicaba para contrarrestar la influencia soviética y la posible extensión a Europa occidental del comunismo. En parte gracias al COMECON, hacia 1952 la URSS dobló su producción industrial respecto a 1941, y se igualó la producción agrícola respecto a antes de la guerra. Stalin afirmó entonces que la URSS sería la primera potencia económica para el año 1960. El auge de la carrera espacial, con éxitos como el lanzamiento del primer satélite artificial, el soviético Sputnik en 1957, el primer ser vivo orbitando en el espacio (la perrita Laika en ese mismo año, muriendo durante el vuelo), el primer hombre en el espacio, Yuri Gagarin (1934-1968) y la primera mujer, Valentina Tereshkova (1937), más los éxitos económicos hacían pensar a algunos que el socialismo soviético superaría al capitalismo.

Otros ejemplos de sociedades políticas socialistas

Además de la URSS y los países del COMECON, se instauraron sistemas socialistas y comunistas por todo el mundo. Algunos no marxistas, como en Libia entre 1969 y 2011, en la llamada *Yamahiriya*, basada en una mezcla entre panarabismo, panafricanismo, asambleísmo obrero y tribal, intervencionismo estatal y preceptos islámicos sunníes. Durante su existencia, la Gran Yamahiriya Árabe Libia Popular Socialista fue el país africano con mayor PIB nominal per capita, el segundo en paridad de poder adquisitivo, el de mayor esperanza de vida y el de mayor índice de desarrollo humano. Durante las llamadas «primaveras árabes» (2010-2013), una insurrección yihadista acabó con la Yamahiriya, con el respaldo de la Organización del Tratado del Atlántico Norte (OTAN), organización militar surgida en 1949 frente al posible avance comunista, que contestó la URSS con el Pacto de Varsovia (1955). La OTAN estableció una zona de exclusión aérea comercial para bombardear varios puntos del país, bajo amparo de la ONU. Yugoslavia, entre 1943 y 1992, fue una nación política socialista que, rompiendo con la URSS, fue expulsada de la Kominform (Oficina de Información de los Partidos Comunistas y Obreros), organización de intercambio de experiencias entre partidos comunistas de todo el mundo creada en 1947, heredera de la Tercera Internacional, o Komintern (1919-1943), también conocida como Internacional Comunista. Tanto una como otra centraron en la defensa de la URSS el pilar fundamental de la extensión del comunismo a escala internacional. Yugoslavia fue el primer Estado socialista marxista en no acatar este pilar. Su líder, Josip Broz «Tito» (1892-1980), mezcló elementos marxistas en la planificación económica con *socialismo autogestionario*, basado en la participación de empresas privadas, sindicatos, municipios y militancia de base en la gestión de la administración pública. Era legal la creación de empresas de hasta cinco trabajadores, siendo el resto públicas. La planificación centralizada soviética fue desechada en Yugoslavia, optando por un modelo descentralizado de cooperativas de producción, que permitía a las empresas competir entre sí en los mercados internos del país, y exportar al resto del mundo, particularmente a sus socios dentro del Movimiento de Países No Alineados, donde se integraron todas las naciones que surgieron en África y Asia durante el proceso de descolonización del siglo XX, así como naciones iberoamericanas independizadas en el XIX. A diferencia de los países del Pacto de Varsovia, la fuerza de trabajo yugoslava podía emigrar a países capitalistas a trabajar y formarse. Yugoslavia se disolvió durante una serie de guerras civiles (1991-2001), en que las tensiones religiosas entre católicos, ortodoxos y musulmanes, y entre etnias (bosnios, croatas, serbios, eslovenos, albanokosovares), se entremezclaron, surgiendo seis Estados independientes y capitalistas, dejando 140 000 muertos y 4 millones de desplazados en el camino. Inspirada en el marxismo-leninismo, pero adoptando características teóricas propias, la idea Juche, en Corea del Norte, aplicó un modelo económico que, desde 1948, primó el gasto militar sobre ningún otro, tratando de garantizar la autosuficiencia económica lo máximo posible para no depender de ningún

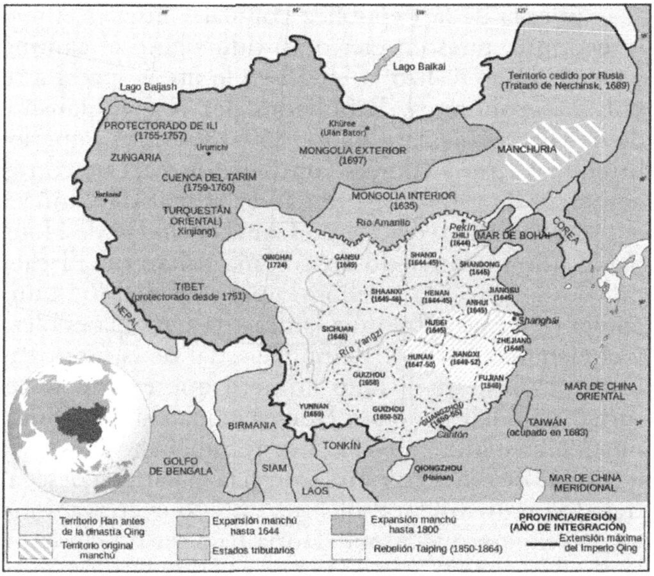

China durante la Dinastía Qing

mercado externo, sea capitalista o socialista. A lo largo del siglo XX, y hasta el XXI, más de 40 sociedades políticas han tratado de organizarse con una economía socialista, inspirada en Marx, en el marxismo-leninismo o en otras propuestas. Actualmente, quedan en el mundo cinco Estados socialistas: la ya mencionada Corea del Norte, Cuba, Laos, Vietnam y China. Por lo que podemos decir que la formación socioeconómica del modo de producción capitalista, desde sus inicios, ha visto la combinación peculiar de capitalismo y socialismo en ámbitos espacio temporales amplios, desde 1871 con la comuna de París hasta hoy día, alterando las relaciones sociales de producción de ambos campos ideológicos y económicos. A pesar del derrumbe del campo del Pacto de Varsovia, esa combinación sigue existiendo.

El caso de la República Popular China es el más interesante, pues en cierto sentido siguió el camino inverso al que realizó la URSS en lo que respecta a su política económica. Expoliados por el colonialismo desde las guerras del Opio (1839-1860), los imperios británico, ruso y francés consiguieron hacerse con el comercio de esta droga por todo el mar de China y el sureste asiático, perdiendo China la ciudad de Hong Kong que se convirtió en colonia británica. El caos provocado llevó a la rebelión Taiping (1850-1864), una guerra civil que enfrentó a la dinastía Qing, la nobleza y el ejército contra el Reino Celestial de la Gran Paz (1851-1864), un Estado efímero que existió en el sureste chino dirigido por Hong Xiuquan (1814-1864), místico cristiano converso que se proclamó mesías, y que trató de establecer una teocracia igualitaria descentralizada muy militarizada, que impuso el cristianismo como religión oficial obligatoria para ser funcionario, la abolición de la propiedad privada de la tierra y su explotación comunal, la igualdad de sexos (las mujeres podían acceder al funcionariado por primera vez), la abolición de las clases sociales, la prohibición de la poligamia y el concubinato y la promoción de la monogamia, la supresión del vendado de pies a las niñas para impedir su crecimiento (costumbre ancestral en China), de las drogas, los juegos de azar, la prostitución y la esclavitud. A pesar de la brutalidad de Hong para llevar a cabo estas medidas, nunca se impusieron del todo, y acabó la rebelión dejando por el camino más de 20 millones de muertos. En su final, la dinastía Qing contó con la ayuda de franceses y británicos, enemigos por el control del opio años antes. Tiempo después, la rebelión de los bóxers (1899-1901), nombre que dieron los británicos a los *Yihetuan*, luchadores de artes marciales chinos, se organizó como una revuelta antioccidental, antijaponesa y contraria a la dinastía Qing. La rebelión fue abortada por la Alianza de las Ocho Naciones (Japón, Francia, Italia, Estados Unidos, Imperio británico, Imperio ruso, Alemania e Imperio austrohúngaro), que logró mantener el mercado del opio y el control colonial de la dinastía Qing hasta su caída en la revolución de 1911. El fundador del Kuomingtang, Sun Yat-sen (1866-1925), instaura una república y promete el sufragio universal y el reparto de las tierras entre los campesinos, clase social mayoritaria de China prácticamente desde su fundación como sociedad política. Esto último no se realiza, iniciándose una serie de guerras civiles que se prolongaron entre 1912 y 1949.

Al fundarse el PCCh en 1921, este chocó desde el principio con el ala más conservadora del Kuomingtang, liderada por Chiang Kai-shek (1887-1975), quien quería mantener la república sin el reparto de la tierra entre los campesinos. El PCCh, ya liderado por Mao Tse Tung (1893-1976), quería acabar con los comerciantes enriquecidos de Nangking y Shanghái a costa del opio y de la explotación de los campesinos, así como con los terratenientes de la región baja del río Yang-tse. En 1927, en Nanchang, los campesinos se niegan a realizar la recolección otoñal de las cosechas, y solo el PCCh les apoya, no así el ala socialdemócrata del Kuomintang, que en un principio contaba con el apoyo externo de los soviéticos. Ese mismo año se forma una comuna en Cantón, imitando a la comuna de París, que es controlada desde el principio por Mao y su partido. Se constituyen soviets de campesinos, imitando a la Revolución rusa, se confiscan los bienes de nobles y campesinos ricos, se colectiviza la tierra y, durante un tiempo, se suprime la moneda. Para asegurar las tierras conquistadas, se crea el Ejército Popular de Liberación, formado por campesinos, que sería después el ejército nacional de la República Popular China. Tras los ataques de Chiang y sus tropas, el Ejército Popular de Liberación inicia, en 1934, la Larga Marcha, que duró un año, por la que las columnas revolucionarias cruzaron 18 cadenas montañosas, algunas con nieve perenne, 24 ríos como el Yang-tse y 12 provincias distintas. 120 000 efectivos empezaron el viaje, huyendo de Chiang y batallando en ocasiones contra él, muriendo la mayoría de ellos pero consiguiendo que nuevos efectivos se fueran uniendo por el camino. En Shensi, el Ejército Popular instauró un Estado que abolió la propiedad privada de los medios de producción. Durante la invasión japonesa y la Segunda Guerra Mundial, los maoístas lograron organizar soviets de campesinos y obreros en la mayor parte del país, lo que les permitió apoyarse sobre ellos para emprender la guerra final contra el Kuomintang. La larga Revolución china, de importancia histórica igual a la francesa o la rusa, fue una guerra civil que se prolongó hasta 1949, cuando Pekín es tomada, y se proclama el 1 de octubre el establecimiento de la República Popular, iniciando la construcción de una economía socialista. El Kuomingtang, derrotado, huye a la isla de Taiwán, donde instaura una república democrática liberal y capitalista, cuya soberanía hoy es reclamada por Pekín.

Entre las primeras medidas económicas del nuevo poder en China está el reparto de las grandes propiedades feudales de la nobleza y la casta sacerdotal entre 300 millones de campesinos, convertidos ahora en pequeños propietarios. Se simplifica la escritura y se prioriza el dialéctico de Pekín en la enseñanza, como los jacobinos impusieron el francés frente al *patois* (lenguas regionales) y Stalin rusificó todas las repúblicas soviéticas. La homogenización lingüística permitió homogenizar el mercado nacional y la alfabetización, sin la cual no es posible esa centralización del mercado interior de una nación política. Se emancipa a la mujer y se proclama la igualdad de sexos, sin la cual no puede desarrollarse ninguna economía moderna. A la colectivización del campo le sigue la priorización de la industria pesada, siendo lo primero condición de lo segundo a partir del primer plan quinquenal chino de 1953. El impulso inversor soviético, en los inicios, fue considerable, pero las diferencias con la URSS marcaron el desarrollo posterior de la política económica china. El segundo plan quinquenal es abandonado en esta circunstancia, y se implementa el Gran Salto Adelante (1958-1961), con la intención de elevar la producción en tres años, siendo la agricultura su prioridad. Se organiza la producción en comunas, de mayor complejidad y volumen que las cooperativas, sustituidas por aquellas. Se generaron 23 500 comunas, con 5000 familias cada una, encargadas de la producción agrícola, pero también de obras públicas (diques de contención fluvial, canales de riego, pantanos), instalación de industrias aplicadas para organizar la distribución comercial de los productos, colectivizando todas las propiedades incluyendo casas particulares, las tareas militares, los instrumentos de trabajo, los bienes muebles, etc. A cambio, el Estado otorgó a las comunas comedores, escuelas, guarderías y ambulatorios gratuitos. Al principio, la repoblación forestal, la producción de arroz y algodón, y las infraestructuras en los ríos Yang-tse y Hoang-ho dan buenos resultados económicos. Pero la producción de artículos de baja calidad, las malas cosechas de 1960 y 1961 en peores condiciones meteorológicas y la reaparición de hambrunas obligan a abandonar el Gran Salto Adelante que, sin embargo, pudo engendrar una base industrial sobre la que edificar la estructura económica china posterior. Mao abandona el poder, pero acaba organizando la oposición a su sucesor, Liu Shaoqi (1898-1969), argumentando que el Partido ha iniciado un camino capitalista alejado de las masas y de los inicios revolucionarios. Se pone en marcha la revolución cultural, por la que Mao recupera el poder, apoyado en las masas campesinas partidarias suyas y en un gran número de estudiantes universitarios. Deng Xiaoping (1904-1997) es retirado de la secretaría general del PCCh, y Mao y sus seguidores toman el control total del Partido y del Estado, se organizan comités populares, que llaman a la vigilancia sobre las autoridades financieras chinas, y se aleja definitivamente a China de la Unión Soviética, a la que acusan de traicionar a la Revolución de octubre de 1917. Mao logra lanzar a sus seguidores incluso contra los cuadros del PCCh, acusados de burocratismo y economicismo. La escolarización primaria y la alfabetización repuntaron, pues se simplificó aún más el número de caracteres del chino mandarín, pero también hubo parálisis del desarrollo tecnológico. La revolución cultural, en lo que respecta a su actitud respecto del pasado milenario chino (destrucción de templos budistas y taoístas, crítica al confucionismo), así como la persecución a artistas considerados ideológicamente burgueses, dentro del proceso revolucionario de China, equivalen a la Convención Nacional jacobina y a la Gran Purga soviética en lo que a represión de cuadros del Partido y de personas se refiere. En el tiempo que duró (1966-1976), además, el *Libro rojo de Mao* (1964) se convirtió en la guía directriz de los maoístas, y hoy día sigue siendo el segundo libro más publicado de la historia, tras la Biblia.

En 1978, Deng vuelve a ser el líder máximo de la República Popular China y del PCCh. Con él, China vuelve a girar económicamente. Entre 1978 y 1984 la industria rural se estimuló, abandonando las formas de colectivización anteriores, otorgando a los granjeros parte de la producción de la tierra tras pagar una porción de la misma al Estado, se estableció un sistema dual de precios por el que la industria estatal vendía parte de sus productos por encima de la cuota establecida, e incluso se venden las materias primas a precios mercantiles, evitando los racionamientos. Las empresas

Mao

privadas recuperan cuotas de producción industrial, incluyendo la inversión extranjera, vigilada y controlada por el Estado, el Partido y el Ejército. Desde 1984, hubo algunas privatizaciones de empresas, se permitió a los líderes regionales y locales incrementar la producción adoptando medidas adecuadas a sus territorios, incluyendo privatizaciones parciales. Tras abortar la matanza de la plaza de Tiananmén en China (1989), Deng sigue con más privatizaciones. Se crean zonas económicas especiales con fórmulas fiscales distintas en cada una de ellas. A la muerte de Deng, sus sucesores han seguido esta fórmula, lo que ha permitido que China sea la economía que más crece en el mundo, hasta un 40,1 % del incremento del PIB en productividad total de factores, una subida del 6,6 % de los ingresos per capita, aumentando el PIB chino en 2005 hasta superar al de Estados Unidos. China se ha convertido, hasta ahora, en la fábrica del mundo, y en la segunda economía mundial, creciendo a más del 13 % cada año, y sacando anualmente a más de 30 millones de personas de la pobreza. El socialismo con características chinas, o economía de mercado socialista, impulsado por China, parece una especie de NEP más compleja, que según el actual presidente Xi Jinping (1953), permitirá a China liderar la segunda globalización desde una superpotencia mundial de tipo marxista.

9

La segunda globalización tras el fin del socialismo soviético

Con la guerra civil griega (1946-1950), una lucha de clases que acabó con la derrota comunista, se inició la Guerra Fría. La guerra de Corea (1950-1953) fue el siguiente conflicto, con intervención de Estados Unidos, de China y de la URSS, y con partición del país en dos, generando dos Estados, al sur capitalista y al norte Juche, enfrentados todavía hoy, aunque ya iniciando procesos de reunificación. La guerra de Indochina (1946-1954), un conflicto de descolonización de Vietnam, Laos y Camboya contra Francia, que acabó con la independencia de los tres primeros, pero con la partición de Vietnam en dos, al norte comunista y al sur capitalista, llevó a los comunistas del norte a querer reunificar las dos partes. Esto da pie a la guerra de Vietnam (1955-1975), en el que Estados Unidos se involucra especialmente, produciéndose protestas por su intervención a escala internacional, hasta su derrota y la reunificación de Vietnam en clave comunista. Coincide con el período más álgido de la Guerra Fría, con la revuelta antisoviética en Hungría y el conflicto por la nacionalización del Canal de Suez en Egipto (1956), el auge de la carrera espacial ya mencionado en el capítulo anterior con la misión Apollo 11 estadounidense a la Luna en 1969, que convirtió a Neil Armstrong (1930-2012) en el primer hombre en pisar un objeto astronómico fuera de la Tierra. El mundo, dividido en dos bloques, capitalista y socialista, obliga a las potencias líderes de los bloques y al resto de Estados a encontrar módulos de conexión que eviten una guerra caliente a escala global. Son los tiempos de la coexistencia pacífica. La Revolución cubana (1953-1959), que instaura un Estado socialista con un partido comunista al frente de la mano de Fidel Castro (1926-2016) y del argentino Ernesto «Che» Guevara (1928-1967), puso en crisis dicha coexistencia pacífica cuando, en 1962, Cuba se llena de cohetes soviéticos de alcance intermedio capaces de colocar proyectiles nucleares en Estados Unidos. Las instalaciones de esos cohetes son descubiertas por los estadounidenses. El conflicto se resolvió endureciendo el embargo comercial, financiero y económico que decretó Estados Unidos sobre Cuba en 1960, endurecido aún más en la década de 1990 en sucesivas leyes que impiden inversiones extranjeras en la Isla y el comercio con determinados países, solo ligeramente levantado en 2014. A cambio, la URSS consiguió el desmantelamiento de misiles balísticos estadounidenses en Turquía, aliada de Estados Unidos.

En la década de 1960 se producen cambios culturales que afectarían a largo plazo a ambos bloques, representados en el caso capitalista por el Mayo de 1968 en Francia, que empezó siendo un movimiento estudiantil universitario y acabó con una huelga general, dirigida por los sindicatos y el Partido Comunista Francés, de más de 9 millones de trabajadores, la mayor del país en su historia. Sin embargo, no se buscó en ningún momento realizar una revolución comunista, y todo se resolvió con una convocatoria de elecciones anticipadas. En el campo soviético, la Primavera de Praga, en el mismo año que el mayo francés, trató de liberalizar el régimen comunista en Checoslovaquia, acabando cuando los tanques soviéticos invadieron el país. La URSS tuvo su propio Vietnam en la guerra de Afganistán (1978-1992), pues salió derrotada por el bando liderado por los muyahidines (yihadistas sunníes) y, desde 1988, por el grupo terrorista Al Qaeda, que atentaría en suelo estadounidense el 11 de septiembre de 2001, en Nueva York, derribando las Torres Gemelas con dos aviones de pasajeros secuestrados, revolviéndose contra su mayor apoyo en Afganistán. Este conflicto, más la Revolución iraní de 1979 que aupó a los ayatolás chiítas al poder derribando al Shá de Persia, la guerra civil libanesa (1975-1990), de carácter religioso, la crisis del petróleo de 1973 en que la Organización de Países Exportadores de Petróleo (OPEP) se negó a exportar crudo a los Estados que apoyaron a Israel en la guerra del Yom Kipur (1973), seguida de otra en 1979 que dio lugar a la guerra Irán-Irak (1980-1988), determinó un resurgir del Islam como religión, y a su vez, el colapso del bloque soviético. En otras partes del globo, la Guerra Fría se localizó en conflictos como la guerra civil angoleña (1975-2002), la guerra civil de El Salvador (1979-1992), y la Operación Cóndor, en que se coordinaban los servicios secretos estadounidenses y las cúpulas económicas y militares de diversos países suramericanos (Brasil, Bolivia, Paraguay, Uruguay, Argentina, Chile, Perú, Colombia, Ecuador y Venezuela) para desmantelar la estructura económica y política de estos e implantar un plan geoeconómico de corte neoliberal en todo el continente, instalando dictaduras militares conservadoras que ejercieron altas dosis de represión política sobre las izquierdas, evitando revoluciones comunistas, con un altísimo coste de víctimas y desaparecidos. Al otro lado del charco, la Revolución de los Claveles (1974) en Portugal acabó con la dictadura del Estado Novo (1926-1974), pero dirigida a convertir el país en una democracia liberal. En España, ante el temor a las repercusiones de lo ocurrido en Portugal, se inició el período de la transición tras la muerte de Franco, culminado con las elecciones democráticas de 1977 y la Constitución de 1978. Ambos hechos prepararon a las naciones ibéricas para su entrada en la Comunidad Económica Europea (CEE) en 1986. Organizada tras la fusión de la Comunidad Europea del Carbón y del Acero (CECA) y la Comisión Europea de Energía Atómica (Euratom), la CEE nace con el Tratado de Roma de 1957, con el objetivo de generar un mercado común entre países capitalistas de Europa occidental. Los Estados fundadores fueron la República Federal de Alemania (reunificada con la Alemania comunista en 1990), Países Bajos, Bélgica, Luxemburgo, Francia e Italia, en los que se encuentra el eje industrial Rhin-Ródano-Pó ya referido en el Capítulo 5. Posteriormente se unieron Dinamarca, Irlanda, Reino Unido (que se encuentra en proceso de salida en la actualidad), Grecia, Portugal y España. Tras la caída de la URSS, se firmó el Tratado de la Unión Europea, en Mastrique, Países Bajos, en 1992. Con este tratado, al mercado común europeo se une el intento de construcción de una política exterior y de seguridad común, así como de interior y justicia. Se acuerda, también, caminar hacia una moneda común oficial, que en 19 de los 28 Estados miembros es actualmente la moneda de curso legal. Esa moneda es el euro, vigente desde 1999, y construida sobre el respaldo del antiguo marco alemán. La Unión Europea se construyó sobre el Plan Marshall, siendo la transición española una suerte

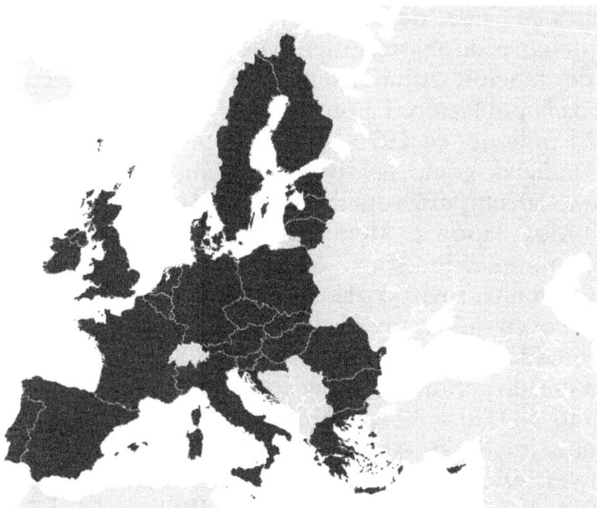

Unión Europea sin territorios fuera de la Europa física

de «Plan Marshall tardío». La industria alemana es el motor económico de dicha unión, generada para impedir el avance comunista a Europa occidental.

Tras el derrumbe soviético, la Unión Europea derivó su política económica a la centralidad de las medidas monetarias del Banco Central Europeo, con sede en Fráncfort (Alemania), siendo su único objetivo práctico el control de la inflación a través de la estabilidad presupuestaria y de precios, que impide subidas salariales incompatibles con las condiciones de rentabilidad de las principales empresas de los miembros más poderosos. La Unión Europea, el resurgir del Islam apoyado en el petróleo, el auge de China y la hegemonía estadounidense se levantan sobre los escombros del hundimiento soviético. Aunque la productividad industrial de la economía soviética no dejó nunca de crecer hasta su caída, desde la década de 1970 se producían problemas de abastecimiento de productos alimenticios y de atención sanitaria, a pesar de estar garantizada para toda la población. La producción de trigo descendió de 225 millones en 1975 a 150 en 1980. De exportadora mundial de grano, la URSS pasó a importadora. A partir de 1970, empezó a quedarse rezagada respecto a Estados Unidos, Japón o Alemania en robótica, informática, telecomunicaciones, etc., lo que repercutió en el inmenso gasto militar soviético, situación aprovechada por Estados Unidos en su Iniciativa de Defensa Estratégica, dirigida por el presidente Ronald Reagan (1911-2004), para establecer un escudo antimisiles soviéticos en el espacio exterior, que costó 38 000 millones de dólares, para incentivar una nueva carrera armamentística en la década de 1980, que los soviéticos no pudieron contrarrestar. Entre 1960 y 1985, la tasa de mortalidad en la URSS pasó del 7,1 ‰ al 10,8 ‰, descendiendo la esperanza de vida de 70 a 67,7 años. Hacia 1989, la renta per capita soviética había descendido hasta el puesto 51 del ranking mundial, descendiendo al 60 en consumo alimenticio. La tercera Revolución Industrial, que inició la propia Unión Soviética junto a Estados Unidos, Japón, la Alemania Federal, Reino Unido, Francia e Italia, unida a la revolución científica del siglo xx en astrofísica (relatividad general y especial de Albert Einstein —1879-1955—, comienzo de la exploración espacial, cálculo de la edad del universo a partir del Big Bang en más de 13 700 millones de años, la posibilidad de otras dimensiones y universos), genética (descubrimiento del ADN y el ARN, decodificación del genoma humano, biotecnología) y medicina (anestesia, rayos X), electrónica (radio, televisión, electrodomésticos, telefonía móvil), informática (internet), ingeniería (desarrollo de los automóviles, trenes eléctricos de alta velocidad, aviones supersónicos y de transporte mejores) y química (importantes inversiones en farmacología), sin embargo, ayudó también a enterrar a la URSS, que no podía producir y exportar productos científicos a escala universal como el resto de potencias. Al llegar al poder Mijaíl Gorbachov (1931), se intentó reformar la economía mediante la *Perestroika* (reestructuración), a la par con una reforma política, la *Glásnost* (transparencia). Se intentó acabar con la demanda hinchada de materiales y máquinas para la construcción y la producción agrícola e industrial, se terminó con la asignación *ad hoc* de precios por parte del Estado (la URSS no seguía la ley del valor-trabajo para asignar precios), se trató de reestimular la productividad laboral, el arriendo a las brigadas campesinas para poder vender su excedente de producción, se convirtió a los obreros en accionistas de sus empresas, pudiendo adquirir incluso obligaciones económicas del Estado. Se quería caminar hacia un «socialismo de mercado» como en China, pero las medidas no consiguieron repuntar la economía, y la apertura política parecía más dirigida a desmembrar el país (que llevaba décadas haciendo equilibrios entre sus repúblicas federadas, sus etnias y sus religiones), que a mantenerlo unido. Como un castillo de naipes, las naciones comunistas de Europa oriental fueron cayendo una a una, incorporándose algunas, años después, a la Unión Europea y a la OTAN. Checoslovaquia se partió en dos. El Muro de Berlín, levantado en 1961 para dividir la capital de Alemania, fue derribado en 1989. En agosto de 1991, tras el golpe de Estado frustrado de agosto por parte del ala más ortodoxa del partido y del servicio secreto, la URSS fue disuelta, aunque un referéndum en marzo dio como resultado que los ciudadanos soviéticos querían que continuara la URSS, con un resultado del 77,8 % de la población de las repúblicas que lo votaron. Boris Yeltsin (1931-2007) ejerció la presidencia de la Rusia independiente y capitalista de 1991 a 1999, año en que fue sucedido por Vladímir Putin (1952), quien

Boris Yeltsin, tras el golpe de Estado fallido que no pudo salvar a la URSS

recuperó inversiones estatales y cierta imaginería soviética, además de potenciar a Rusia en materia militar y comercial, con su alianza estratégica con Brasil, India, China y Sudáfrica, países emergentes con los que creó los BRICS en 2011, que han reconfigurado la cooperación al desarrollo hasta el punto de ser las grandes potencias económicas del siglo XXI. De esta manera, nos enmarcamos ya en la segunda globalización.

Civilización, neoliberalismo y democracia burguesa

La asunción casi universal, en economía política, de la teoría de la utilidad marginal para explicar los precios comerciales de las mercancías en base al grado último de satisfacción que proporciona el consumo de la última unidad de un bien de un stock de bienes iguales, estimando que eso era lo que tira a la baja los precios, dándole todo el peso a la demanda más que a la oferta, y emborronando el factor cuantitativo de esta, así como del efecto-precio en aquella, empezó a generalizarse durante todo el siglo xx. Diversas escuelas económicas (austriacos, neoclásicos, monetaristas, keynesianos, neokeynesianos, agoristas, etc.) asumieron esta teoría como verdad científica, y con la caída del bloque soviético, y salvo en los Estados comunistas que quedan, prácticamente toda la economía académica de todo el espectro político, salvo marxistas, postkeynesianos y algunos más, la han convertido en dogma irrevocable. El peso dado al consumo para el abaratamiento de bienes y servicios en esta teoría encaja con el modelo económico, político y social que la segunda globalización fomenta. Se trata de un proceso histórico todavía en marcha, que comienza a gestarse en la segunda mitad del siglo xx, y que tiene su punto de inflexión en la caída del comunismo soviético. El capitalismo, por ahora, no ha caído víctima de sus propias contradicciones, quizás porque no ha agotado todas sus posibilidades, pero sí cayó el socialismo soviético porque sí agotó las suyas. Y aunque en la formación socioeconómica histórica actual se combinan cinco Estados en proceso de construcción del socialismo con una generalidad capitalista mundial, no es menos cierto que esta ha cedido en muchos aspectos a la presión de movimientos socialistas de todo tipo, como se puede comprobar en el consenso general en todas las sociedades políticas de una cierta economía del bienestar que garantice prestaciones sociales que ya se consideran básicas. Por no hablar de que el PIB de los Estados actuales es muchísimo más alto que el de Estados muy poderosos del pasado. Organizaciones supranacionales como la Unión Europea, entre otras, han supuesto procesos de integración de economías que, hasta cierto punto, vacían de contenido las posibilidades de ciertos Estados de planificar sus acciones político-económicas. Pero estos procesos de integración siempre están dirigidos por Estados (Alemania, bajo la observación de Estados Unidos, en el caso europeo), pues la dialéctica entre clases sociales y Estados sigue operando a escala histórica. En ese sentido, la globalización es el proceso por el cual determinadas sociedades políticas, particularmente Estados Unidos, tratan de generar una cada vez mayor interdependencia entre los mercados nacionales y una aceleración de las comunicaciones, también económicas, hasta hacer universal un modo de vida muy particular: el estadounidense. Eso sí, tomando lo que considera más útil de otras formas culturales, sobre todo aquellas que, al generar diversidad, generen también capital (multiculturalismo).

Para expandir universalmente la globalización actual, pueden realizarse revoluciones de colores, movilizaciones políticas de presión mediante la acción directa no violenta en las que se trata de subvertir un orden social determinado. Iniciadas en Europa del Este a finales de la década de 1980 y principios de la de 1990, se siguieron realizando con posterioridad en ese mismo espacio geográfico (Ucrania, Georgia, Serbia, Macedonia, Kirguistán), pero también en el mundo árabe islámico (primaveras árabes). También se expande mediante las dos guerras del Golfo (1990-1991 y 2003-2011). La globalización es la extensión a escala universal de la democracia liberal, parlamentaria, multipartidista, representativa y burguesa. Una democracia en la que, además, el mercado es pletórico en mercancías. El neoliberalismo, cuya cuna se gestó en 1871, y que llevó a los economistas de Europa central a plantear, en la década de 1930, un resurgir de las ideas del *laissez-faire, laissez-passer* de los fisiócratas, más algo de intervención estatal en lo que luego se llamó economía social de mercado, fue el modelo de desarrollo económico escogido por la Alemania Federal durante el gobierno de Ludwig Erhard (1897-1977), cuya fundamentación teórica era el ordoliberalismo de la Escuela de Friburgo de Walter Eucken (1891-1950). Esta corriente quiso estructurar una tercera vía económica entre el liberalismo clásico y el socialismo, a través un coloquio organizado por el filósofo Walter Lippmann (1889-1974), celebrado en París en 1938, en la que el economista alemán Alexander Rüstow acuñó el término neoliberalismo. Este tuvo un viraje fundamental con la institución en Suiza, en 1947, de la Sociedad Mont Pelerin, un *think-tank* todavía existente que consideró que el capitalismo desregulado, con nula o mínima intervención estatal, reducción drástica del gasto público, liberalización de empresas públicas y confiado en la armonía preestablecida de los mercados capitalistas, aseguraría la extensión universal de los Derechos Humanos, tanto los de la Declaración de los Derechos del Hombre y del Ciudadano de la Revolución francesa, como la de la Declaración Universal de la ONU de 1948. Entre sus fundadores se encuentran los economistas estadounidenses George Stigler (1911-1991) y Milton Friedman (1912-2006), representantes del monetarismo, los austriacos Ludwig von Mises (1881-1973) y Friedrich August von Hayek (1899-1992), y los filósofos Henry Hazlitt (1894-1993) y Karl Popper (1902-1994), entre otros. No sin fricciones, consiguieron consensuar un programa ideológico para convertirlo en un movimiento

Stigler, Popper y Mises en una reunión de la Sociedad Mont Pelerin

político, social y en una suerte de toma de partido por medidas económicas muy concretas. Sus ideas influyeron en las dictaduras sudamericanas fruto de la Operación Cóndor, particularmente en el Chile de Augusto Pinochet (1915-2006), tras el golpe contra el socialdemócrata Salvador Allende (1908-1973). También en el Reino Unido, durante el Gobierno de la conservadora Margareth Thatcher (1925-2013) y en los Estados Unidos de Ronald Reagan. Tras el fin del bloque soviético, las ideas neoliberales fueron defendidas por cada vez más *think-tanks* en todo el mundo. El neoliberalismo consiguió volverse la ideología hegemónica en todo el espectro ideológico democrático, defendiendo la financiación de la agricultura y la industria, bajar la inflación mediante restrictivas políticas de oferta monetaria, reducir impuestos sobre producción, beneficios empresariales y renta personal y aumentar los de consumo, liberalizar y desregular actividades empresariales y privatizar servicios públicos. La extensión universal de sus ideas, y la aplicación, aún desigual, en mayor o menor grado de políticas económicas neoliberales han logrado entretejer estas ideas con el capitalismo, la democracia y la Civilización judeocristiana y grecorromana hasta tal punto que Francis Fukuyama (1952), politólogo estadounidense, afirmó que la situación ya sería irrebasable en su libro *El fin de la historia y el último hombre* (1992).

Comercio, cultura, riqueza y pobreza

Al ser un proceso en marcha, que desconocemos cuándo y cómo acabará, lo que podemos exponer son algunos de sus efectos. Pero también advertir que muchos de los posicionamientos respecto de la globalización lo ven como un proceso aureolar, inevitable, cuya culminación futura es irreversible, ya se sea partidario del mismo en su definición neoliberal dominante, o bien se trate de posturas antiglobalización que, no obstante, ofrezcan proyectos de globalización alternativa (altergobalización). En esto coincide con otros procesos de globalización que se tomaron, también, como aureolados, inevitables. El primero, el de la primera globalización iniciada con el descubrimiento de América en 1492, que hizo pensar a las clases dirigentes del Imperio español que este se constituiría como monarquía católica universal, *Plus Ultra*. El segundo, el marxismo-leninismo que desde la URSS y la Komintern pensó que el comunismo universal llegaría de manera inevitable, a pesar de los sacrificios. Ambos procesos se configuraron pensando en que no caerían, pero cayeron. La segunda globalización, la neoliberal impulsada desde los Estados Unidos, al menos hasta la llegada a la presidencia de Donald Trump (1946) y sus medidas proteccionistas, parecía también un proceso que no podría caer. Pero el surgimiento de los BRICS, el auge de China, el renacer ruso, así como la inestabilidad de la Unión Europea, que busca independizarse de la tutela estadounidense, sin obviar el resurgir del Islam como posible religión mayoritaria en el futuro, son procesos que ponen en tela de juicio la actual globalización. Sin embargo, maniobras como el Acuerdo en Comercio de Servicios (TISA, por sus siglas en inglés), que promueve la liberalización a escala global del transporte y la banca entre la Unión Europea, el TLCAN (Tratado de Libre Comercio de América del Norte, firmado por Estados Unidos, México y Canadá), la Alianza del Pacífico (donde repite México, más Colombia, Perú y Chile), Paraguay, Japón, Pakistán, Turquía, Australia y Nueva Zelanda, se entreteje con otro tipo de acuerdos similares para generar el área de libre comercio más extensa de la historia, precisamente frente a los BRICS, y particularmente contra China. Se trata, por ello, de un proceso dinámico en el que un movimiento es contestado por otro, y vuelto a contestar de nuevo por la primera parte implicada, o por una tercera. En este juego entran todos los países miembros de las cuatro instituciones más importantes a escala interestatal en esta Segunda Globalización: el Banco Mundial (1944), el Fondo Monetario Internacional (1945), la Organización para la Cooperación y el Desarrollo Económico (1960) y la Organización Mundial del Comercio (1995). Todas ellas promueven medidas de corte neoliberal, como muestran los procesos de endeudamiento de los países pobres respecto de los más ricos, que a través de la OCDE reciben prestamos dinerarios que tienen que devolver por triplicado (por cada dólar que reciben los Estados deudores, deben devolver tres a los Estados acreedores). Para que los países pobres se pongan al nivel de los más ricos, deben adoptar medidas como las argumentadas en el llamado Consenso de Washington (1989), que defiende la disciplina fiscal, la redirección del gasto público a la enseñanza y la sanidad primaria, la ampliación de la base tributaria a tipos impositivos marginales moderados, tasas de interés determinadas por la ley de la oferta y la demanda, tipos de cambios competitivos, liberalización de aranceles para la inversión extranjera, de las importaciones y del comercio, privatización de empresas estatales, desregulación financiera y financiación de los sectores agrícola e industrial, minimización de las competencias económicas estatales en materia mercantil hasta volver al Estado gendarme y amplia seguridad jurídica para la propiedad privada de los medios de producción.

Con la segunda globalización, las comunicaciones entre puntos del globo y sus habitantes con medios para ello, se han vuelto casi instantáneas, dando una falsa sensación de aldea global a muchos de los más de 7400 millones de habitantes que actualmente tiene la tierra, repartidos, divididos, enfrentados y entretejidos en 193 naciones políticas soberanas (con asiento en la ONU), con formas políticas muy distintas y diversas, y a su vez divididas en religiones, lenguas (las más habladas, por este orden en número de hablantes nativos, son el chino mandarín, el español y el inglés, siendo el inglés la más hablada en número total de hablantes, convirtiéndose en la lengua franca de la segunda globalización), grupos profesionales y, todavía, clases sociales respecto a los medios de producción de la riqueza social. Todos los procesos globalizadores han conseguido convertir elementos culturales locales, en tanto que mercantilizados, en productos de una cultura mundial. Internet, como conjunto descentralizado de redes de comunicación digitales, nacido en 1969 y hoy prácticamente presente en todas las naciones del mundo, ha supuesto hasta ahora la última gran revolución tecnológica de la historia, pareja a las producidas por la circunnavegación de la tierra, la imprenta, el nacimiento de la filosofía, de la escritura, de la agricultura o de la rueda.

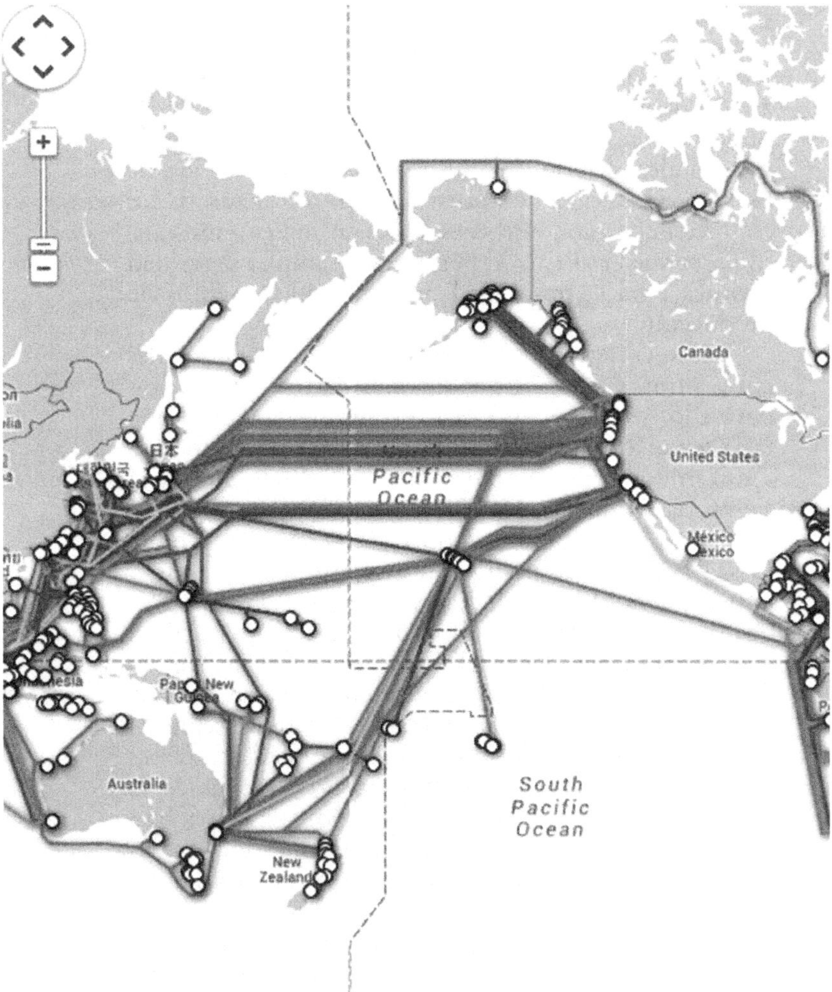

Canada
United States
México
Pacific
Ocean
日本
Australia
New
Zealand
South
Pacific
Ocean

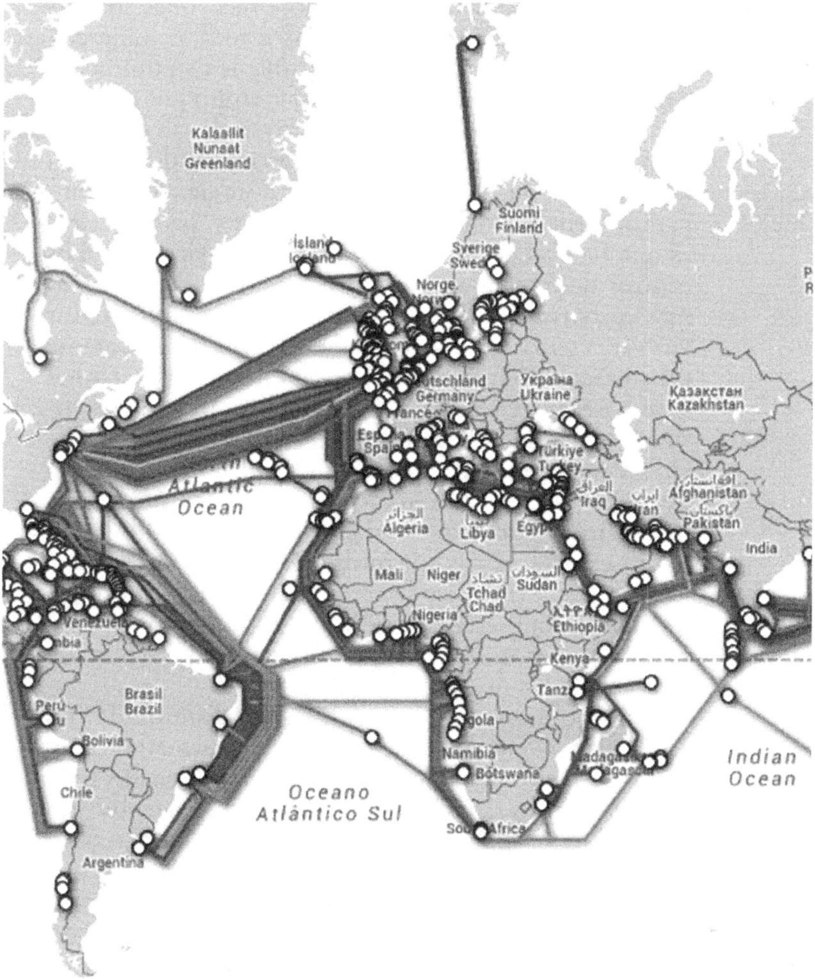

Mapa del cableado marítimo de Internet. El 95 % de la información en red pasa por él

Con Internet, aun reproduciéndose relaciones sociales de tipo capitalista a través de él (intercambios comerciales, contratos de trabajo, etc.), permite la comunicación e intercambio de información casi gratuito por primera vez a una escala prácticamente universal, salvo por las diferencias idiomáticas y por la capacidad de acceso a la tecnología de Estados y regiones disímiles. Es pronto para advertir las consecuencias de Internet, pero lo cierto es que ha potenciado la globalización, y viceversa. Los centros de intercambio de información y de comercio más importantes de este nuevo proceso globalizador vuelven a ser las grandes ciudades, y el efecto de aparente urbanización definitiva del campo en muchas naciones ricas parece irreversible. A nivel sociocultural, la extensión universal de una suerte de ideal cosmopolita, de ciudadanía mundial, mezclado con un individualismo muy acentuado centrado en las identidades que se estimaban marginadas en toda la historia anterior (mujeres, homosexuales, etnias oprimidas, lenguas no universales, jóvenes, etc.), viene acompañado con la descomposición de ciertas competencias públicas en aquellos Estados menos poderosos, algo que sin embargo repercute también en los más desarrollados.

La pobreza absoluta mundial ha disminuido, no así la relativa, pues las desigualdades sociales entre clases distintas han aumentado. Más aún desde la gran recesión, iniciada en el año 2007, y causada por una doble sobreproducción, de casas y de capital ficticio para comprarlas, que endeudó sobremanera a numerosas personas que pidieron créditos para pagar sus hipotecas cuando su tasa de ganancia había decrecido considerablemente, así como la tasa de ganancia de las empresas, tras años de elevación de precios de las materias primas de construcción, agravada por una crisis alimentaria mundial. El resultado fue la quiebra de numerosos bancos crediticios, siendo la más importante la de Lehman Brothers, fundado en 1850 y disuelto en 2008. Después vino una deflación global a nivel mundial y una guerra de divisas entre Estados Unidos, la Unión Europea, Japón y China, que en muchos aspectos se mantiene hasta hoy. Algunos países como Grecia tuvieron que ser rescatados, debido a la imposibilidad de pagar su deuda pública tras esta Gran Recesión. El terremoto fue tal que ha provocado el auge de opciones de gobierno de corte populista en países que nunca tuvieron estos fenómenos, en muchos casos partidarios de cierto proteccionismo económico y, en otros, de control de las fronteras, sobre todo en materia de inmigración. La cantidad de desahucios provocados han generado un aumento en el número de suicidios asociados a la precariedad laboral y la indigencia. A pesar de ello, la esperanza de vida ha aumentado a escala mundial, ha decrecido la mortandad infantil en los países pobres, ha subido la tasa de alfabetización mundial y la presencia social de las mujeres organizadas en movimientos feministas las ha colocado en puestos sociales donde antes eran minoría, al menos en el caso de mujeres en profesiones liberales, en grandes empresas y bancos y en el mundo artístico. No así en sectores obreros y campesinos, donde su situación laboral es pareja a la de los varones. Así, la Segunda Globalización genera contradicciones. De las cenizas de las primaveras árabes, provocadas por la crisis, se mantiene una guerra civil en Siria desde 2011, en la que el Estado Islámico, grupo yijadista sucesor de Al Qaeda, clamó por el Califato Universal sunní mientras aniquilaba a todo aquel que se opusiera a ellos, hasta su aparente reducción por parte del Ejército Sirio. Numerosos procesos étnicos secesionistas se desarrollan en varios países de la Unión Europea (Cataluña en España, Véneto en Italia, Escocia en el Reino Unido, Flandes en Bélgica), los movimientos sociales identitarios de todo tipo se vuelven hegemónicos en la lucha política y una crisis económica en

Turquía, en 2018, causada por una alta inflación, costes altos de deuda exterior e incumplimiento continuado de préstamos, amenaza con sacudir al mundo con otra nueva crisis económica global, la segunda en lo que llevamos de siglo xxi.

Epílogo
La historia y el futuro del campo económico

Hemos ofrecido, con las limitaciones obvias de espacio, una *Breve historia de la Economía*, desde las primeras herramientas prehistóricas hasta la segunda globalización y la gran recesión. Todo lo que hay entremedias, más esos dos episodios que sirven de comienzo y temporal final (o presente), son las coordenadas espacio-temporales en que se configuran las categorías económicas en su núcleo, su cuerpo y su curso, cerrándose así diversas áreas del campo económico y constituyendo, ya en sentido general, la economía política en tanto que ciencia histórica, real, que estudia las relaciones de los sujetos a través de cosas producidas por esos mismos sujetos, cuyo radio de acción anula las operaciones que las han producido. Esas relaciones económicas están mediadas por dinero, moneda y papel moneda, y se configuran en torno a la producción de un valor útil a la sociedad de manera objetiva, concreta e histórica, que políticamente se constituye en patrimonio público y privado de esos mismos sujetos que operan en dichas relaciones. La historia de las categorías de la economía política, y su protohistoria, ha estado llena de todo tipo de fenómenos, ha permitido configurar muy diversas estructuras, referenciándose unas a otras. Y su propia existencia ha generado normas, acciones y organizaciones, partiendo de términos desde muy simples a muy complejos. Sin embargo, a pesar de todos los cambios producidos, la historia de la economía política no ha muerto. El mundo sigue girando, y la evolución de las categorías económicas sigue su curso, si bien es probable que nuevas categorías surjan, que otras se mantengan, algunas cambien y unas cuantas desaparezcan. Algo que, por lo demás, sucede en todas las disciplinas del conocimiento. Incluso es probable que surjan nuevas disciplinas partiendo del propio campo económico, que hoy todavía no podamos ni bosquejar.

Esta evolución de las categorías económicas dependerá, mucho, de la evolución misma de las sociedades políticas, de los sistemas económicos y de los modos, medios y relaciones de producción que puedan darse en el futuro. Las formaciones socioeconómicas que la historia futura analice pueden ser muy diversas. Hoy, las posibles vías evolutivas que puedan seguirse partiendo del aquí y ahora también son muy distintas entre sí, en algunos casos antitéticas y en otros combinables. Los hay que piensan que el capitalismo es irrebasable, y que ya no habrá más modos de producción posteriores, y que la economía política se limitará a estudiar sus propias categorías y a tratar de resolver, mediante la Política Económica, los problemas que surjan, sabiendo que son constitucionales a su campo de manera perenne. Otros, en esa misma línea, afirman sin embargo que la Segunda Globalización, o posteriores, acabarán con los residuos que quedan de interferencia no económica (Estado, sindicatos), y que el equilibrio general de los mercados armonizará la economía de manera *natural*, como sugieren los neoliberales anarcocapitalistas, los agoristas o los partidarios del Bitcoin universal y otras monedas similares. Otros, en cambio, consideran que, tarde o temprano, cuando haya agotado todas sus posibilidades, el capitalismo acabará siendo superado por otro modo de producción, cuyos perfiles hoy solo podemos teorizar. Y que se darán formaciones socioeconómicas históricas de transición hacia ese nuevo modo de producción de manera estable cuando toque, como argumentan todavía muchas escuelas marxistas o los seguidores de Jeremy Rifkin (1945) y su procomún colaborativo. También habría que incluir aquí a los teóricos seguidores de los estudios de consumo energético por civilizaciones del astrofísico ruso Nikolái Kardashov (1932), y su teoría de los tipos de Civilización en base a este consumo. Tipos I, II y III, luego ampliados, en base a la producción y consumo de energía neta, llegando a escalas energéticas que sobrepasan las fronteras de posibilidades de nuestro propio Planeta; según sus seguidores, la actual Civilización se encontraría en un estadio tipo 0,7, muy lejos todavía del tipo I). Que Kardashov haya nacido en la Unión Soviética relaciona mucho sus ideas con ciertas escuelas materialistas y marxistas. Otras teorías, cercanas al estudio de las crisis energéticas, van en un sentido totalmente contrario a todas las anteriores. Se trata de los seguidores de la Teoría de Olduvai, según la cual a partir del 2030 el pico de producción tecnocientífica industrial habrá alcanzado su cénit, y a partir de entonces la civilización irá poco a poco regresando a niveles comparables a los de modos de producción preindustriales, hasta llegar hacia el 3000, otra vez, a la caza y recolección. El cenit petrolero, la tasa de agotamiento a largo plazo de todos los combustibles fósiles, predice un declive de la producción de estos, no por cuestiones tecnológicas y de costes de extracción, sino de agotamiento de estas fuentes de energía. La bajada en la tasa de fertilidad a escala global, un cierto regreso a la explotación del carbón desde 1994 en vez del petróleo (aunque en muchos países se cierran cada vez más minas, como en España, desindustrializando el país para permanecer en la Unión Europea, debido a la división internacional del trabajo que esta organización supraestatal exige), el declive en el consumo de energía en Estados Unidos (contrarrestado por un aumento en otras latitudes), entre otras, son las bases de la Teoría de Olduvai. Esta ha recibido numerosas críticas, pues la población mundial, a pesar del descenso, no ha dejado de aumentar desde que esta Teoría empezó a desarrollarse, se descubren cada vez más yacimientos petrolíferos en Siberia, la Antártida, en tierras aparentemente ya exploradas a través de la extracción por fracturación hidráulica, o *fracking*, por no hablar de hallazgos de posible petróleo inorgánico en el manto de la Tierra, y de mares y ríos de metano líquido en la luna Titán de Saturno. Todo ello abre posibilidades de explotación de recursos a partir de combustibles no fósiles que van más allá de las energías renovables conocidas como la energía hidráulica, eólica, solar, geotérmica o la posible fusión nuclear, etc. Y hace ver que este regreso a Olduvai, lugar en donde empezamos en el Capítulo 1, no tiene visos de ocurrir.

Lo que sí parece que está ocurriendo es que caminamos a sociedades posestatales. Pero no en un sentido anarquista de ningún tipo, sino en dos posibles vertientes. La primera, por descomposición, emulsión o fragmentación sucesiva de las actuales esferas estatales, hacia una situación de extinción de los Estados en regiones federadas entre sí, como parece ser el último proyecto de la Europa de las regiones, desde la Unión Europea actual. La segunda vía, distinta e incompatible en muchos aspectos con la anterior, sería la de una composición acumulativa de alianzas, federaciones o confederaciones de Estados ya existentes que tendría, como límite, la constitución de un Estado universal. En esta segunda vía pueden darse tres alternativas. Una aestatal, por debilitamiento progresivo de los Estados (que puede seguir una vía anarquista, una vía marxista-leninista, o una vía neoliberal). Otra transestatal, que incluye la persistencia de los Estados, pero habiéndose desarrollado formaciones que envuelven y desbordan los límites estatales pero sin aparatos coactivos autónomos, erigiendo organizaciones económicas, financieras, partidos políticos, asociaciones regionales o de municipios interestatales, policiales, de espionaje, sindicales, tribunales de justicia, etc., que puedan ejercer funciones de control coactivo mediante el uso de los tradicionales aparatos de control político, sirviendo de palanca para estas nuevas formaciones transestatales. Y otra supraestatal, por desestructuración por síntesis, o integración acumulativa, de ligas, bloques, mercados, federaciones, etc., en las que los Estados se mantengan como partes formales de totalidades superiores, mediante la cesión de parte de su soberanía a esa unidad, o Estado, común. En el límite, se llegaría a un Estado único internacional, una especie de comunismo universal, en que los Estados siguen existiendo, pero las categorías políticas y económicas han evolucionado de tal manera que desaparecerían las llamadas relaciones internacionales. No obstante, cabe una posible tercera vía, que en realidad podría ser una continuación de la primera o de la segunda. En esta vía, como en la segunda, las ciencias, incluida la economía política, habrán evolucionado hacia categorías y formas que, aun apoyándose en las históricas ya cerradas, serán muy distintas a las que conocemos. Si la construcción del mundo ha sido irregular y desigual, a pesar del orden determinista causal que siempre ha impedido el caos, y si esta situación sigue manteniéndose, habiendo relaciones económicas desiguales a nivel de clases (ricos y pobres, explotadores y explotados) y de Estados (centro rico y desarrollado, semiperiferia en vías de desarrollo y con grandes desigualdades internas, y periferia pobre y subdesarrollada), nadie puede asegurar que estas características no puedan darse en futuras sociedades postestatales, incluidas hipotéticas sociedades socialistas o comunistas, o anarcocapitalistas. Los conflictos, las guerras, las hambrunas, la explotación pueden seguir dándose, pero de maneras hoy inconcebibles. Y el Estado único universal sería, también, una idea aureolar, pudiendo en su lugar existir, mediante la dispersión planetaria, sociedades políticas posestatales interplanetarias, que exploten recursos y generen relaciones económicas hoy inimaginables. Este futuro posestatal no tiene por qué ser capitalista. En todo caso, estas posibilidades caen fuera de las pretensiones de este libro. Pero sí tiene sentido pensar que, de la misma manera en que en modos de producción ya periclitados, se conformaron las raíces de futuros modos de producción, en la actualidad ha de pasar lo mismo. Solo el estudio de la historia económica, desde una concepción racional de la misma, nos puede permitir acertar en los caminos del porvenir. Pero siempre advertidos de que, aun estando determinado por el pasado y el presente, el futuro no nos determina a nosotros.

Bibliografía

Aristóteles. *Política*. Madrid: Austral, 2007.

Armesilla, S. *Trabajo, utilidad y verdad*. Madrid: Maia Ediciones, 2015.

—, *La economía en 100 preguntas*. Madrid: Nowtilus, 2018.

Aston, T. H. y Philpin, C. H. E. (ed.). *El debate Brenner. Estructura de clases agraria y desarrollo económico en la Europa preindustrial*. Barcelona: Crítica, 1988.

Bueno, G. *Ensayo sobre las categorías de la economía política*. Barcelona: La Gaia Ciencia, 1972.

Engels, F. *La situación de la clase obrera en Inglaterra*. Madrid: Jucar, 1979.

Fernández, A. historia *del mundo contemporáneo*. Barcelona: Vicens Vives, 1998.

Godelier, M. *Racionalidad e irracionalidad en la economía*. Madrid: Siglo xxi, 1974.

Gordon Childe, V. *Los orígenes de la Civilización*. México: FCE, 2012.

GLOBAL SLAVERY INDEX 2018. (http://cdn.globalslaveryindex.org/2018-content/uploads/2018/07/07142844/GSI-2018_FNL_180807_DigitalSmall_p.pdf).

Heers, M. L. *El mundo contemporáneo (1848-1914)*. Madrid: Sarpe, 1986.

Hobsbawm, E. J. *La era del imperio, 1875-1914*. Barcelona: Planeta, 2013.

Kovaliov, S. I. historia *de Roma*. Madrid: Akal, 1985.

Lamarck, J. B. *Filosofía zoológica*. Madrid: La oveja roja, 2017.

Lenin, V. I. U. *El imperialismo: fase superior del capitalismo*. Madrid: Taurus, 2012.

Mateo Tomé, J. P. (ed.). *Capitalismo en recesión. La crisis en el centro y la periferia de la economía mundial*. Madrid: Maia Ediciones, 2015.

Marx, K., *Elementos fundamentales para la crítica de la economía política (Grundrisse)*. Madrid: Siglo xxi, 2006.

—, *El Capital*. México D. F.: FCE, 2001.

Marx, K. y Engels, F., *Obras escogidas*. Madrid: Akal, 2016.

Molas, M. D. (coord.). *Grandes civilizaciones*. Barcelona: Thema, 1999.

Platón. *La República*. Madrid: Austral, 2007.

ROCA BAREA, M. E. *Imperiofobia y leyenda negra: Roma, Rusia, Estados Unidos y el Imperio español*. Madrid: Siruela, 2016.

STRUVE, V. V. historia *de la antigua Grecia*. Madrid: Akal, 1981.

THOMAS, H. *El Imperio español. De Colón a Magallanes*. Barcelona: Planeta, 2004.

VERGER, J. *La Alta Edad Media*. Madrid: Edaf, 1986.

VIÑUALES SOLER, J. (dir.). *Orígenes del hombre*. Barcelona: Ediciones Folio, 1993.

WITTFOGEL, K. A. «Despotismo oriental. Estudio comparativo del poder totalitario», *Revista Derecho del Estado*, n.º 112, 2002, pp. 113-168.

Colección Breve Historia...

- *Breve historia de los samuráis*, Carol Gaskin y Vince Hawkins
- *Breve historia de la Antigua Grecia*, Dionisio Mínguez Fernández
- *Breve historia del Antiguo Egipto*, Juan Jesús Vallejo
- *Breve historia de la brujería*, Jesús Callejo
- *Breve historia de la Revolución rusa*, Íñigo Bolinaga
- *Breve historia de la Segunda Guerra Mundial*, Jesús Hernández
- *Breve historia de la Guerra de Independencia española*, Carlos Canales
- *Breve historia de los íberos*, Jesús Bermejo Tirado
- *Breve historia de los incas*, Patricia Temoche
- *Breve historia de Francisco Pizarro*, Roberto Barletta
- *Breve historia del fascismo*, Íñigo Bolinaga
- *Breve historia del Che Guevara*, Gabriel Glasman
- *Breve historia de los aztecas*, Marco Cervera

- *Breve historia de Roma I. Monarquía y República*, Bárbara Pastor
- *Breve historia de Roma II. El Imperio*, Bárbara Pastor
- *Breve historia de la mitología griega*, Fernando López Trujillo
- *Breve historia de Carlomagno y el Sacro Imperio Romano Germánico*, Juan Carlos Rivera Quintana
- *Breve historia de la conquista del Oeste*, Gregorio Doval
- *Breve historia del salvaje Oeste. Pistoleros y forajidos*, Gregorio Doval
- *Breve historia de la Guerra Civil española*, Íñigo Bolinaga
- *Breve historia de los cowboys*, Gregorio Doval
- *Breve historia de los indios norteamericanos*, Gregorio Doval
- *Breve historia de Jesús de Nazaret*, Francisco José Gómez
- *Breve historia de los piratas*, Silvia Miguens
- *Breve historia del Imperio bizantino*, David Barreras y Cristina Durán
- *Breve historia de la guerra moderna*, Françesc Xavier Hernández y Xavier Rubio
- *Breve historia de los Austrias*, David Alonso García
- *Breve historia de Fidel Castro*, Juan Carlos Rivera Quintana
- *Breve historia de la carrera espacial*, Alberto Martos
- *Breve historia de Hispania*, Jorge Pisa Sánchez

- *Breve historia de las ciudades del mundo antiguo*, Ángel Luis Vera Aranda
- *Breve historia del Homo sapiens*, Fernando Díez Martín
- *Breve historia de Gengis Kan y el pueblo mongol*, Borja Pelegero Alcaide
- *Breve historia del Kung-Fu*, William Acevedo, Carlos Gutiérrez y Mei Cheung
- *Breve historia del condón y de los métodos anticonceptivos*, Ana Martos Rubio
- *Breve historia del Socialismo y el Comunismo*, Javier Paniagua
- *Breve historia de las cruzadas*, Juan Ignacio Cuesta
- *Breve historia del Siglo de Oro*, Miguel Zorita Bayón
- *Breve historia del rey Arturo*, Christopher Hibbert
- *Breve historia de los gladiadores*, Daniel P. Mannix
- *Breve historia de Alejandro Magno*, Charles Mercer
- *Breve historia de las ciudades del mundo clásico*, Ángel Luis Vera Aranda
- *Breve historia de España I. Las raíces*, Luis E. Íñigo Fernández
- *Breve historia de España II. El camino hacia la modernidad*, Luis E. Íñigo Fernández
- *Breve historia de la alquimia*, Luis E. Íñigo Fernández
- *Breve historia de las leyendas medievales*, David González Ruiz
- *Breve historia de los Borbones españoles*, Juan Granados
- *Breve historia de la Segunda República española*, Luis E. Íñigo Fernández

- *Breve historia de la Guerra del 98*, Carlos Canales y Miguel del Rey
- *Breve historia de la guerra antigua y medieval*, Francesc Xavier Hernández y Xavier Rubio
- *Breve historia de la Guerra de Ifni-Sahara*, Carlos Canales y Miguel del Rey
- *Breve historia de la China milenaria*, Gregorio Doval
- *Breve historia de Atila y los hunos*, Ana Martos
- *Breve historia de los persas*, Jorge Pisa Sánchez
- *Breve historia de los judíos*, Juan Pedro Cavero Coll
- *Breve historia de Julio César*, Miguel Ángel Novillo López
- *Breve historia de la medicina*, Pedro Gargantilla
- *Breve historia de los mayas*, Carlos Pallán
- *Breve historia de Tartessos*, Raquel Carrillo
- *Breve historia de las Guerras Carlistas*, Josep Carles Clemente
- *Breve historia de las ciudades del mundo medieval*, Ángel Luis Vera Aranda
- *Breve historia de la música*, Javier María López Rodríguez
- *Breve historia del Holocausto*, Ramon Espanyol Vall
- *Breve historia de los neandertales*, Fernando Díez Martín
- *Breve historia de Simón Bolívar*, Roberto Barletta
- *Breve historia de la Primera Guerra Mundial*, Álvaro Lozano
- *Breve historia de Roma*, Miguel Ángel Novillo López
- *Breve historia de los cátaros*, David Barreras y Cristina Durán

- *Breve historia de Hitler*, Jesús Hernández
- *Breve historia de Babilonia*, Juan Luis Montero Fenollós
- *Breve historia de la Corona de Aragón*, David González Ruiz
- *Breve historia del espionaje*, Juan Carlos Herrera Hermosilla
- *Breve historia de los vikingos*, Manuel Velasco
- *Breve historia de Cristóbal Colón*, Juan Ramón Gómez Gómez
- *Breve historia del anarquismo*, Javier Paniagua
- *Breve historia de Winston Churchill*, José Vidal Pelaz López
- *Breve historia de la Revolución Industrial*, Luis E. Íñigo Fernández
- *Breve historia de los sumerios*, Ana Martos Rubio
- *Breve historia de Cleopatra*, Miguel Ángel Novillo
- *Breve historia de Napoleón*, Juan Granados
- *Breve historia de al-Ándalus*, Ana Martos Rubio
- *Breve historia de la astronomía*, Ángel R. Cardona
- *Breve historia del islam*, Ernest Y. Bendriss
- *Breve historia de Fernando el Católico*, José María Manuel García-Osuna Rodríguez
- *Breve historia del feudalismo*, David Barreras y Cristina Durán
- *Breve historia de la utopía*, Rafael Herrera Guillén
- *Breve historia de Francisco Franco*, José Luis Hernández Garvi
- *Breve historia de la Navidad*, Francisco José Gómez

- *Breve historia de la Revolución francesa*, Iñigo Bolinaga
- *Breve historia de Hernán Cortés*, Francisco Martínez Hoyos
- *Breve historia de los conquistadores*, José María González Ochoa
- *Breve historia de la Inquisición*, José Ignacio de la Torre Rodríguez
- *Breve historia de la arqueología*, Jorge García
- *Breve historia del Arte*, Carlos Javier Taranilla de la Varga
- *Breve historia del cómic*, Gerardo Vilches Fuentes
- *Breve historia del budismo*, Ernest Yassine Bendriss
- *Breve historia de Satanás*, Gabriel Andrade
- *Breve historia de la batalla de Trafalgar*, Luis E. Íñigo Fernández
- *Breve historia de los Tercios de Flandes*, Antonio José Rodríguez Hernández
- *Breve historia de los Medici*, Eladio Romero
- *Breve historia de la Camorra*, Fernando Bermejo
- *Breve historia de la guerra civil de los Estados Unidos*, Montserrat Huguet
- *Breve historia de la guerra del Vietnam*, Raquel Barrios Ramos
- *Breve historia de la Corona de Castilla*, José Ignacio Ortega
- *Breve historia de entreguerras*, Óscar Sainz de la Maza
- *Breve historia de los godos*, Fermín Miranda
- *Breve historia de la Cosa Nostra*, Fernando Bermejo

- *Breve historia de la batalla de Lepanto*, Luis E. Íñigo Fernández
- *Breve historia del mundo*, Luis E. Íñigo Fernández
- *Breve historia de los dirigibles*, Carlos Lázaro
- *Breve historia del Románico*, Carlos Javier Taranilla de la Varga
- *Breve historia de la Literatura española*, Alberto de Frutos
- *Breve historia de Cervantes*, José Miguel Cabañas
- *Breve historia de la Gestapo*, Sharon Vilches
- *Breve historia de los celtas* (nueva edición), Manuel Velasco
- *Breve historia de la arquitectura*, Teresa García Vintimilla
- *Breve historia de la guerra de los Balcanes*, Eladio Romero e Iván Romero
- *Breve historia de las Guerras Púnicas*, Javier Martínez-Pinna
- *Breve historia de Isabel la Católica*, Sandra Ferrer Valero
- *Breve historia del Gótico*, Carlos Javier Taranilla de la Varga
- *Breve historia de la caballería medieval*, Manuel J. Prieto
- *Breve historia de la Armada Invencible*, Víctor San Juan
- *Breve historia de la mujer*, Sandra Ferrer Valero
- *Breve historia de la Belle Époque*, Ainhoa Campos Posada

- *Breve historia de las batallas navales de la Antigüedad*, Víctor San Juan
- *Breve historia de las batallas navales de la Edad Media*, Víctor San Juan
- *Breve historia del Imperio otomano*, Eladio Romero
- *Breve historia de la Guerra de la Independencia de los EE. UU.*, Montserrat Huguet Santos
- *Breve historia de la caída del Imperio romano*, David Barreras Martínez
- *Breve historia de los fenicios*, José Luis Córdoba de la Cruz
- *Breve historia de la Ciencia ficción*, Luis E. Íñigo Fernández
- *Breve historia de Felipe II*, José Miguel Cabañas
- *Breve historia del Renacimiento*, Carlos Javier Taranilla
- *Breve historia de Carlos V*, José Ignacio Ortega Cervigón
- *Breve historia de la vida cotidiana del Imperio romano*, Lucía Avial Chicharro
- *Breve historia de la generación del 27*, Felipe Díaz Pardo
- *Breve historia de las batallas de la Antigüedad, Egipto-Grecia-Roma*, Carlos Díaz Sánchez
- *Breve historia de la vida cotidiana del antiguo Egipto*, Clara Ramos Bullón
- *Breve historia de las batallas navales del Mediterráneo*, Víctor San Juan
- *Breve historia de la Guerra Fria*, Eladio Romero

- *Breve historia de la mitología de Roma y Etruria,* Lucía Avial Chicharro
- *Breve historia de la Filosofía occidental*, Vicente Caballero de la Torre
- *Breve historia del Barroco,* Carlos Javier Taranilla
- *Breve historia del Japón feudal,* Rubén Almagón
- *Breve historia de la Reconquista,* José Ignacio de la Torre
- *Breve historia del antiguo Egipto,* Azael Varas
- *Breve historia de los nacionalismos,* Iván Romero
- *Breve historia de la mitología nórdica,* Carlos Díaz
- *Breve historia de los viajes de Colón*, Juan Gabriel Rodríguez Laguna
- *Breve historia de las batallas navales de los acorazados,* Víctor San Juan
- *Breve historia del arte Neoclásico*, Carlos Javier Taranilla
- *Breve historia de la vida cotidiana de la Grecia Clásica*, Gonzalo Ollero de Landáburu
- *Breve historia de la fantasía*, Silvia Pato
- *Breve historia de los trasatlánticos y cruceros,* Víctor San Juan

PRÓXIMAMENTE…

- *Breve historia del futbol,* Marcos Uyá Esteban
- *Breve historia del liberalismo*, Juan A. Granados
- *Breve historia de los ejércitos: Legión romana*, Begoña Rojo

- *Breve historia de España I*, Luis E. Íñigo Fernández
- *Breve historia de España II*, Luis E. Íñigo Fernández
- *Breve historia de Juana I de Castilla*, Javier Manso
- *Breve historia de la guerra de Bosnia*, Fernando Sánchez Arranz
- *Breve historia de la Antigua Grecia*, Rebeca Arranz
- *Breve historia de la vida cotidiana de la Hispania prerromana*, Carlos Díaz Sánchez
- *Breve historia de la literatura universal*, Enrique Ortiz